„Ich bin froh, dass ich ein Junge bin“

Materialien zur Jungenarbeit in der Schule

3. unveränderte Auflage

von

Uli Boldt

Schneider Verlag Hohengehren GmbH

Umschlaggestaltung: Wolfgang H. Ariwald, BDG, 59519 Möhnesee

Fotos: Veit Mette

Zeichnungen: Doro Köster

Gedruckt auf umweltfreundlichem Papier (chlor- und säurefrei hergestellt).

Bibliografische Information Der Deutschen Bibliothek

Die Deutsche Bibliothek verzeichnet diese Publikation in der Deutschen Nationalbibliografie; detaillierte bibliografische Daten sind im Internet über ›http://dnb.ddb.de‹ abrufbar.

ISBN 978-3-89676-806-3 – **3. unveränderte Auflage**

Schneider Verlag Hohengehren, Wilhelmstr. 13, D-73666 Baltmannsweiler
Homepage: www.paedagogik.de

Printed in Germany – Druck: Djurcic, Schorndorf

Inhaltsverzeichnis

1 Vorwort zur zweiten Auflage

Rückmeldungen auf den im Januar 2004 in der Zeitschrift „Brigitte" veröffentlichten Artikel „Fass mich bloß nicht an"[1] machen deutlich, dass die geschlechterbewusste Arbeit in der Schule zu einem breiter diskutierten Thema geworden ist. Mütter, Väter und LehrerInnen äußern sich in LeserInnenbriefen besorgt über die Frage, wie die Schule besser auf die Bedürfnisse der Mädchen und Jungen eingehen und die Kompetenzen der weiblichen und männlichen Jugendlichen erhöhen kann.

Auch und gerade der PISA-Studie und deren Teilveröffentlichungen[2] ist es zu verdanken, dass neue und qualitative höherwertige Diskussionen über den Standard des bundesdeutschen Schulwesens geführt werden. Sowohl in der schulischen als auch in der öffentlichen Diskussion[3] sowie in wissenschaftlichen Kreisen ist spätestens seit der Veröffentlichung dieser international durchgeführten Studie eine breitere Diskussion auch über die Situation der Mädchen und Jungen in der Schule[4] entbrannt. Verfolgt man diese Diskussionen und Diskurse, so stößt man immer wieder auf die folgenden Hauptproblemfelder.

Jungen scheinen große Probleme dabei zu haben, eine Hilfestellung bei der Beantwortung der Frage zu bekommen, wie denn ein „richtiger Junge" aussieht. Mittlerweile wird in dieser Diskussion nicht mehr bestritten, dass die Präsenz von mehr Männern und weniger Frauen sowohl in dem privaten als auch in dem öffentlichen Erziehungsbereich den Jungen bei der Beantwortung dieser Frage eine Hilfestellung geben kann. Dabei schließe ich mich ausdrücklich nicht der Betrachtungsweise einiger PolitikerInnen[5] an, die die Umsetzung einer Männerquote im Bereich der Grundschule fordern. So wünschenswert es wäre, wenn mehr Männer sich auch im Bereich der Kindergärten und der Primarstufe I der Erziehung von Mädchen und Jungen widmen würden, so halte ich in diesem Fall den Weg über eine „Quote" für falsch. Es gilt vielmehr, den Stellenwert der Arbeit in den Grundschulen aller Bundesländer durch eine allgemeine gesellschaftliche Aufwertung, also auch durch bessere Bezahlung und bessere Aufstiegsmöglichkeiten zu erhöhen. Das würde sicherlich schnell und sehr nachhaltig dazu führen, dass sich ein größerer Teil von Männern den in den Kindergärten und in den Grundschulen wichtigen Erziehungsaufgaben stellen würde. Hinzu kommt, dass die von den KultusministerInnen angeführten Leistungsdefizite der bundesdeutschen SchülerInnen im internationalen Vergleich und insbesondere die geschlechtsspezifischen Leistungsdefizite der Jungen gegenüber den Mädchen gerade nicht im Bereich der Bereich der Primarstufe zu beobachten sind,

[1] Zeitschrift Brigitte Heft 2/2004
[2] Deutsches PISA Konsortium (Hrsg.): 2000
[3] Vgl. Hierzu u. a. Romberg, Johanna: Jungs. Hamburg 2003
[4] OECD: Paris (2000: 143ff.)
[5] Spiegel (2003)

sondern erst in den Jahrgangsstufen 5 bis 9 deutlich werden[6], so dass ebenso in allen Schulformen dieser Schulstufe intensiv über eine geschlechterbewusstere Ausgestaltung der Arbeit der Schulen nachgedacht werden müsste.

PISA belegt eindeutig, dass weltweit gesehen alle Jungen im Bereich der kognitiven Lernleistungen schlechter abschneiden als die Mädchen. In Deutschland ist dieses Problem besonders gravierend, wenn man sich die Leistungen der Mädchen und Jungen in der Sekundarstufe I anschaut. Jungen zeigen deutliche Defizite im Bereich der Sprach- und Lesekompetenzen, Mädchen weisen im Bereich der Naturwissenschaften und der Computernutzung deutliche Leistungsnachteile auf. Deutlich wird, dass die Schulen im Bereich der Sekundarstufe I stärker als bisher auf die Bedürfnisse und die Interessen der Mädchen und Jungen eingehen sollte. Dies bezieht sich sowohl auf die konkrete inhaltliche Ausgestaltung der einzelnen Unterrichtsfächer wie auch auf die methodische Planung der Unterrichtsabläufe[7]. Die in der pädagogischen Literatur zunehmend auftauchenden Hinweise und Tipps, wie man die Mädchen stärker für mathematische und naturwissenschaftliche Fächer interessieren kann, und wie man die Leselust und Leseleistungen der Jungen verbessern kann, haben leider in der täglichen Schulpraxis bis heute kaum Einzug gehalten.

Unstrittig scheint auch zu sein, dass es wohl einen Zusammenhang zwischen den Lernleistungen der Jungen und ihrem in der Schule gezeigten Verhaltensweisen geben muss. Schließt man sich dieser Behauptung an, so kann dies nur bedeuten, dass Jungen gerade auch im Bereich ihrer Persönlichkeitsstärkung geholfen werden muss. Stärkung ihrer sozialen Kompetenzen, Stärkung ihrer kommunikativen Fähigkeiten und eine Stärkung der Konfliktfähigkeit werden dazu führen, dass sich Jungen selbstsicherer und engagierter allen unterrichtlichen Prozessen werden öffnen können. Dies wird nicht nur die Leistungen der Jungen verbessern, sondern auch dazu führen, dass die Leistungen aller Mädchen und Jungen steigen werden, da bestimmte von den Jungen häufig gezeigte und den Unterricht störende Verhaltensweisen (wie z.B. der Klassenclown) als „überlebensnotwendige" Verhaltensstrategien nicht mehr so häufig angewandt werden müssen. Da der Lernerfolg von einer Vielzahl unterschiedlicher Faktoren abhängt, die nicht unbedingt immer etwas mit den intellektuellen Grundvoraussetzungen der Jugendlichen zu tun haben, sind durch eine Stärkung der Persönlichkeiten auch positive Auswirkungen auf den Lernerfolg zu erwarten.

Betrachtet man die Arbeit der Schulen in den letzten Jahren, so scheint die Anzahl der Schulen zu wachsen, in denen diese notwendige Stärkung der Mädchen und Jungen auch durch Aktivitäten in geschlechtshomogenen Gruppen vorgenommen wird. Mädchen- und Jungengruppen scheinen den koedukativen Alltag häufiger als früher zu bereichern. Ein Indiz hierfür ist, dass Fortbildungsange-

[6] Vgl. hierzu Röhner, Charlotte (2003)
[7] Praxis Schule 5–10 (2003)

bote zum Themengebiet „Gestaltung der koedukativen Schule" häufig von Schulen unterschiedlicher Schulformen nachgefragt werden. Sowohl innerschulische Fortbildungen als auch schulübergreifende Fortbildungen für Kolleginnen und/ oder Kollegen führen häufig

- zu einer Vermehrung des Angebots an Mädchen- und Jungenarbeitsgemeinschaften,
- zu der partiellen Trennung der Mädchen und Jungen in Unterrichtsfächern wie Technik oder Sport und/ oder
- zu der Umsetzung von Mädchen- und Jungenarbeit in Form der Mädchen- und Jungenkonferenzen.

Schulen – von der Sonderschule bis hin zu den Gymnasien – scheinen sich in dieser Richtung weiter zu entwickeln.

Dabei bin ich auch bei der Frage angelangt, wodurch sich die zweite Auflage von der ersten unterscheidet.

- Zum einen habe ich einzelne neue Methoden, die sich vor allem bei meiner praktischen Arbeit mit Jungen bewährt haben, neu beschrieben und in dieser Veröffentlichung aufgenommen.
- Zur besseren Übersichtlichkeit habe ich eine Methodenübersicht zusammengestellt. In tabellarischer Form habe ich die insgesamt in diesem Buch beschriebenen über 100 Methoden inhaltlichen Feldern der Jungenarbeit zugeordnet. Diese Methodenübersicht soll einen schnelleren Zugriff auf einzelne Methoden ermöglichen.

Die Lektüre dieses Buches kann vielleicht einen Beitrag dazu leisten, Jungenarbeit als Teil der geschlechterbewussten Gestaltung der koedukativen Schule weiterzuentwickeln und innerhalb der Schulen stärker zu verankern.

In den ersten drei Kapiteln wird der Versuch unternommen, die Vielfalt der Jungen und mögliche Ursachen für das unterschiedliche Auftreten der Jungen in der Gesellschaft zu beschreiben. Die für die Persönlichkeitsentwicklung der Jungen bedeutsamen Sozialisationserfahrungen sollen dabei beleuchtet werden. Es soll deutlich gemacht werden, dass Jungen neben Schwächen auch über Stärken verfügen und dass es viele lohnenswerte Ansätze für die Arbeit mit Jungen gibt.

Dabei wird von der These ausgegangen, dass Jungenarbeit nur dann erfolgreich sein wird, wenn die LehrerInnen mit einer neuen Sichtweise gegenübertreten. Diese Sicht- und Betrachtungsweise kann nur dann entwickelt, wenn die LehrerInnen angefangen haben, sich mit ihrer eigenen Rolle und Position innerhalb unserer patriarchal strukturierten Gesellschaft kritisch zu beschäftigen.

In den beiden folgenden Kapiteln sollen einige grundlegende didaktisch-methodische Hinweise für die Arbeit mit den Jungen aufgezeigt werden.

Zugleich soll dargestellt werden, an welchen Stellen der Schule Jungenarbeit konzeptionell und organisatorisch in einem Schulprogramm verankert werden kann.

Das zentrale Kapitel des Buches widmet sich der Frage nach den inhaltlichen Zugängen für die Jungenarbeit. Für einzelne inhaltliche Bereiche (Selbst- und Fremdwahrnehmung, Sexualerziehung usw.) werden diverse methodische Beispiele für die Arbeit in unterschiedlichen Jahrgangsstufen der Sekundarstufe I gegeben.

Die in dem Praxiskapitel häufig genannten Methoden werden in dem folgenden Kapitel ausführlich beschrieben. Dies auch deshalb, weil diese Methoden nicht nur in der Arbeit mit Jungen sondern auch bei Fortbildungen für die Lehrer eingesetzt werden können.

Da es bei allen KollegInnen, aber vermehrt bei den Männern, Widerstände gegen die bewusstere Gestaltung der koedukativen Schule gegenüber der Jungenarbeit als Teil der reflexiven Koedukation gibt, sollen in einem weiteren Kapitel die möglichen Widerstände auf Seiten der Männer benannt werden.

Da Jungenarbeit an der Schule nur unter der Bedingung entwickelt und verankert werden kann, wenn diese Widerstände ernst genommen werden und eine bewusste aktive Auseinandersetzung mit den Zweiflern und Gegnern geführt wird, schließen sich Hinweise zur inhaltlichen und methodischen Gestaltung von innerschulischen Fortbildungen für die männlichen Kollegen an. Für die Durchführung und Gestaltung dieser Fortbildungen werden methodische Beispiele dokumentiert, die zugleich in leicht abgewandelter Form auch im Rahmen der Jungenarbeit eingesetzt werden können.

Eltern sollten in die Erziehungsarbeit der Schule mit einbezogen werden. Dies gilt grundsätzlich für alle Bereiche und Themen der schulischen Arbeit.

Gerade aber die geschlechterbewusste Arbeit mit Mädchen und Jungen setzt die Auseinandersetzung mit den Müttern und Vätern voraus, damit nicht von Seiten des Elternhauses unnötige Widerstände aufgebaut und entwickelt werden, die sich kontraproduktiv für die Mädchen- und Jungenarbeit auswirken könnten.

Hinweise und Tipps zur Elternarbeit können dem Kapitel „Zur Arbeit mit den Eltern“ entnommen werden.

Verschiedene Auszüge aus einem Gespräch mit einem seit zehn Jahren in der Jungenarbeit engagierten Kollegen, die anderen Männern Mut machen sollen und ein Serviceteil, dem vielfältige Hinweise auf Materialien und Kooperationspartner zu entnehmen sind, runden das Buch ab.

Natürlich bin ich immer an Anregungen, kritischen Hinweisen, Lob und allgemeinen Hinweisen interessiert. Wer mit mir Kontakt aufnehmen möchte, sollte die folgende Adresse nutzen:

Uli Boldt, Droste-Hülshoff-Str. 2e, 33619 Bielefeld

Tel.: 0521/ 882363

e-mail: uliboldt@gmx.de

2 Good Boys – Bad Boys

Es ist ein Montag vormittag und wir begeben uns gemeinsam auf eine Reise. Wir suchen irgendeinen Ort in Deutschland auf, betreten eine beliebige Schule und nehmen als BeobachterInnen das Leben im Gebäude wahr. Es schellt zur Pause. Die Kinder laufen aus den Klassenräumen heraus. Einige essen ihre Pausenbrote, andere setzen ihre Walkmen auf, eine Gruppe von Jungen geht mit dem Fußball nach draußen; wiederum andere Jungen packen ihr Kartenspiel aus. Der Kollege Sorge nimmt zwei Jungen mit in das Lehrerzimmer. Sobald der Lehrer die Tür hinter sich schließt, fangen zwei andere Jungen auf dem Flur mit einer Rangelei an. Sofort bildet sich eine Traube um diese beiden Jungen herum. Alle Jungen heizen den Konflikt an, so dass die beiden Jungen aufeinander losgehen. Der aufsichtsführende Lehrer nähert sich. Einige Schüler rufen: „Immerda kommt". Immerda, Fachlehrer der beiden Jungen, bahnt sich einen Weg durch die Traube der Schüler und packt sich die beiden „Kämpfer". Nach kurzem, aber heftigen Wortwechsel nimmt Immerda die beiden Jungen mit in das Lehrerzimmer, um sie seinem Kollegen Sorge zu übergeben …

© Veit Mette

Wie wird diese Geschichte weitergehen?
Viele Lösungen sind vorstellbar und möglich! Da wir ja über vielfältige eigene Praxiserfahrungen verfügen (als ehemalige SchülerInnen – als praktizierende LehrerInnen), können wir uns verschiedene Konfliktlösungen vorstellen.

Wenn wir an die Jungen in der Schule denken, dann fällt uns sofort ein,

★ dass es überwiegend Jungen sind, derentwegen wir pädagogische Konferenzen einberufen und

★ dass die Jungen im Durchschnitt schlechtere Leistungen erbringen und viel häufiger Klassen wiederholen müssen.

„Schon wieder diese Jungen!“, „Heute waren die Jungen echt anstrengend“, „Was machen wir nur mit Tim?“ und „Wo kann eigentlich Markus sitzen, ohne dass er groß den Unterricht stört?“ – Dies sind Aussagen und Fragen, die den pädagogischen Alltag häufig bestimmen.

Aber es gibt auch die anderen Jungen. Aussagen einiger Schüler aus einem 5. Schuljahr[8] mögen dies belegen:

- „Ich finde es gut, dass ich ein Junge bin.“;
- „Ich bin froh darüber, kein wilder Junge zu sein.“;
- „Ich finde schlecht an mir, dass mich keiner gut findet und ich mich immer streite.“;
- „Was ich nicht gut an mir finde? Dass ich manchmal zu spät zum Unterricht komme.“;
- „Ich finde gut an mir, dass ich Humor und viele Freunde habe“;
- „Ich finde schlecht an mir, dass ich so dick bin – ich finde gut an mir, dass ich schon ein paar Pfund abgenommen habe“.

Diese Aussagen von Schülern aus dem 5. Schuljahr zeigen, dass es durchaus Spaß machen kann, mit Jungen zusammen zu sein und mit ihnen zusammen zu arbeiten. Dies vor allem deshalb, weil auch Jungen durchaus in der Lage sind, nicht nur über sich selbst nachzudenken, sondern sich auch zu ihrer Person und zu ihrem Verhalten zu äußern.

Jungen sind sehr vielfältig, und sie treten den LehrerInnen auf unterschiedliche Weise gegenüber. So kann man den weichen, empfindlichen und verletzlichen Jungen genauso beobachten wie den Jungen, „der ‘groß tut’, sich aktiv die Welt aneignet und sich in jeden Kampf stürzt“[9] (Rohrmann 1997, 26).

---

[8] Nachdem die Jungen fünf Wochen die für sie neue weiterführende Schule besucht hatten, wurden sie während der zweiten Jungenkonferenz gebeten, sich schriftlich zu ihren Stärken und Schwächen zu äußern. Die Teilnahme an der Arbeit war freiwillig. Die Aussagen wurden nicht veröffentlicht. Nur der Lehrer erhielt die Antworten. 80% aller Jungen machten mit.

[9] Rohrmann (1997: 26)

Man kann es verstehen, wenn sich die LehrerInnen häufig über störende, verhaltensauffällige und gewaltbereite Jungen beklagen. Auf der anderen Seite sollte man aber auch immer den Blick auf die hilfsbereiten und sozial engagierten Jungen richten.

Festzuhalten gilt: Jungen machen in der täglichen pädagogischen Arbeit nicht nur Freude. Sie dominieren oftmals die Interaktion im Klassenzimmer, finden ihre „Hackordnung" untereinander in der Regel eher durch Raufen, Ringen und Kloppen als durch Gespräche und Spaß bringende Spiele.

Allzu selten wird aber der Zusammenhang zwischen den Problemen, die Jungen machen und den Problemen, die Jungen haben, diskutiert.

Wenn die Schule in Zukunft besser den Anliegen und den Interessen der Jungen [10] gerecht werden will, sollten die LehrerInnen versuchen, nicht nur auf das Verhalten der Jungen zu reagieren.

Sie sollten die mit den Verhaltensäußerungen verbundenen Botschaften und Probleme zu verstehen versuchen und präventive pädagogische Konzepte entwickeln.

Diese Aufgabe kann sicherlich nur dann erfolgreich bewältigt werden, wenn man sich mit den gesellschaftlich vorherrschenden Sozialisationsbedingungen von Jungen und mit den Schwächen und Stärken von Jungen auseinander setzt.

Die Beschäftigung mit diesen beiden inhaltlichen Fragestellungen kann – verknüpft mit der Formulierung von Zielsetzungen – zu möglichen Ansatzpunkten und Handlungsfeldern für die Jungenarbeit führen.

---

[10] Dies wird sicherlich auch dazu führen, dass sich die Zufriedenheit aufseiten aller Beteiligten, der SchülerInnen und der LehrerInnen, erhöhen wird.

3 „Ich bin doch kein Macho – ich bin doch nur Cool“

Schließt man sich dem Sexualpädagogen Mundig[11] an, so kann man beobachten, dass Jungen schon in ihrer frühen Kindheit

- ★ erleben, dass Politik vor allem von Männern gestaltet wird;
- ★ erfahren, dass Ihre Väter meist außer Haus arbeiten;
- ★ lernen, dass die Hausarbeit vor allem von Frauen erledigt wird;
- ★ auf der Straße beobachten, dass Autos von Männern geputzt und repariert werden;
- ★ im Kindergarten fast nur von Frauen erzogen werden;
- ★ bemerken, dass im Sportfernsehen überwiegend Männersport gezeigt wird;
- ★ in der Werbung oft nackte Frauen, aber fast nie nackte Männer sehen;
- ★ fast niemals weinende Männer sehen;
- ★ meistens von Müttern getröstet und von Männern ermutigt werden;
- ★ fast immer männliche Helden in den sogenannten Jugendfilmen im Kino erleben;
- ★ lernen, dass der Weg in eine berufliche Karriere für Männer meistens leichter ist als für Frauen.

Diese Alltagserfahrungen und -beobachtungen haben einen großen Einfluß auf das Verhalten der heranwachsenden Jungen. Jungen beobachten eine nach außen gerichtet männliche Stärke, nehmen selten wahr, dass Männer kommunizieren können und versuchen ihr eigenes Verhalten darauf abzustellen.

Das von vielen Jungen gezeigte Verhalten wird von Mitschülerinnen wie folgt bewertet: Ein zwölfjähriges Mädchen reagiert z. B. auf die Aussage „Wenn ich an die Jungen in meiner Klasse denke, dann fällt mir der folgende Satz ein.“ mit der Bemerkung: „Jungen sagen immer: Ich bin doch kein Macho – ich bin doch nur cool!“.

Und: Ist die Antwort einer anderen Schülerin „Jungen sind nicht cool. Sie zeigen sich nur cool, weil sie keine Gefühle zeigen können!“ ebenso darauf zurückzuführen, dass Jungen häufiger erfolgreiche Männer als Frauen sehen und vor allem selten Männer erleben, die ehrliche Gefühle zeigen?

Sind diese vorgelebten Frauen- und Männerbilder mit ein Grund dafür, dass Jungen in allen Schulformen und in allen Altersstufen zu Verhaltensweisen neigen, die als „jungentypisch“ bezeichnet werden können und häufig mit Begrifflichkeiten wie „aggressiv“, „cool“ und „gemein“ beschrieben werden?

Hempel, als Grundschuldidaktikerin im Bereich der Koedukationsforschung tätig, vertritt hierzu die folgende Position: „Bei vielen Jungen werden im Verlaufe des Grundschulalters körperliche Stärke, Durchsetzungsvermögen ... Gewalt-

[11] Mundig (1995: 24–25)

bereitschaft, Coolness etc. zu den 'wahren' Werten erfolgreicher Männlichkeit, aus denen sie vorwiegend ihr Selbstwertgefühl schöpfen ... Wenn die Jungen und Mädchen in die Schule kommen, haben sie viel darüber gelernt, wie Mädchen / Jungen sein dürfen und sollen, welche gesellschaftlichen Position ihnen zugeschrieben wird ...“ [12]

© Veit Mette

Man darf aber nicht vergessen, dass es neben den traditionell geprägten Jungen auch die stillen, ehrlichen, geduldigen, kooperativen, lustigen und sensiblen Jungen gibt. Hier stellt sich die Frage, ob und welche Sozialisationsbedingungen es geben mag, die dazu führen, dass das Verhalten der Jungen nicht uniform ist.

Geht man zugleich davon aus, dass die erworbene und „gelebte Geschlechtsidentität nicht ein für allemal festgeschrieben“ ist, sondern „situationsspezifisch genutzt, abgerufen und auch verändert werden“ kann [13], dann scheint es Sinn zu machen, sich mit den Sozialisationsbedingungen von Jungen etwas allgemeiner und genauer zu beschäftigen.

In diesem Zusammenhang tauchen immer wieder die folgenden Fragen auf, die im folgenden Kapitel beantwortet werden sollen:

- Wie erfolgt die Aneignung der Geschlechtsidentität bei Jungen?
- Welche Menschen und Gruppen prägen besonders die Entwicklung der Jungen?
- Wie setzen sich die Jungen mit den ihnen angebotenen oder vorgelebten Männlichkeitsbildern auseinander?
- Wie verarbeiten die Jungen die gesellschaftlich-strukturelle Dominanz des männlichen Geschlechts?
- Mit welchen Schwierigkeiten wachsen Jungen auf?
- Was lernen Jungen, was lernen sie nicht?

[12] Hempel (2000: 302)
[13] Hagemann White (1988: 56)

3.1 Es ist schwer, ein Junge / ein Mann zu werden

„Von besonderer Problematik ist die Entwicklung der männlichen Geschlechtsidentität in unserer 'vaterlosen' Gesellschaft. Jungen wachsen von der frühen Kindheit an unter der Obhut und Regie von Frauen auf. Wie sollen sie positiv vorgelebte Männlichkeit initiieren können?“ [14]

© Veit Mette

Auch Meuser erkennt in den fehlenden männlichen real existierenden Vorbildern das Hauptproblem für die Entwicklung einer stabilen und fundierten männlichen Identität durch die Jungen: „Männlichkeit konstituiert sich in unserer Kultur, für die eine Abwesenheit des Vaters und anderer männlicher Identifikationsfiguren während der primären Sozialisation (und darüber hinaus) immer noch typisch ist, weniger durch Identifikation als durch Negation ...“ [15] der vorgelebten weiblichen Lebenswelten und den damit verbundenen Eigenschaften und Verhaltensweisen.

Das Leben von Jungen ist in den ersten Lebensjahren stark geprägt von einer engen Beziehung zur Mutter. Die Mutter ist die Ernährerin, sie ist für die Nahrung

[14] Psychologie heute (11/1996: 68/69)

[15] Meuser (2000: 104)

und für die emotionale Versorgung zuständig. Bei der Mutter erfahren die Jungen wie alle Kinder Trost und Fürsorge, Zuwendung und Körperkontakt.

Schon sehr früh, wahrscheinlich spätestens mit Beginn des dritten Lebensjahres nehmen die meisten Jungen aber wahr, dass es zwei unterschiedliche Geschlechter gibt.

Sie begeben sich auf die Suche nach anderen Personen, mit denen sie sich identifizieren können, finden diese Menschen aber nicht, weil die Männer sich weitgehend aus dem Erziehungsprozess heraushalten:

★ Zu Hause fehlt der Vater oft vollkommen (z. B. der sogenannte Scheidungsvater) oder ist oft nur temporär anwesend, wobei diese Anwesenheit oftmals nur rein physisch ist.

★ Im Kindergarten setzt sich das Bild der „männerlosen Gesellschaft" fort. Erzieherinnen dominieren den Alltag von Jungen.

★ In der Grundschule arbeiten ebenfalls überwiegend Lehrerinnen, so dass auch in dieser Erziehungsinstitution die Auseinandersetzung der Jungen mit Männern entfällt.

Frauen dominieren in allen Beziehungsbereichen [16]. Männer als reale Rollenvorbilder, an denen sich die Jungen bewusst reiben können, sind im Alltag kaum vorhanden. Die traditionelle Gastrolle, die Männer im Haushalt übernommen haben, hat dazu geführt, dass die Frauen fast alle häuslichen Aufgaben und Arbeiten (u. a. auch die Beziehungsarbeit) nahezu vollständig und unbezahlt übernommen haben. „Väter verschwinden in einer für das Kind undurchsichtigen Berufswelt, das Männerbild ..." [17] ist und bleibt über viele Jahre undeutlich. Winter und Willems fassen die Abwesenheit der Männer in dem Satz „Was fehlt, sind Männer!" [18] zusammen und stellen die Frage, welche Konsequenzen das Fehlen der Väter und Männer für den Sozialisationsprozess der Jungen haben kann.

Deutlich ist, dass die Entwicklung der eigenen männlichen Identität nicht direkt über die Auseinandersetzung mit dem Vater oder mit einer männlichen Bezugsperson in der Schule erfolgen kann, da „die Suche nach männlichen Leitbildern, die als vaterähnliche Figuren fungieren" [19], fast immer erfolglos bleibt.

Hagemann-White geht in ihrer Betrachtung einen Schritt weiter. Es „lässt sich zeigen, dass in unserem kulturellen System der Zweigeschlechtigkeit Männlichkeit durch etwas definiert ist, was fehlen kann, dessen Anwesenheit dargestellt und bewiesen werden muss, ohne dass es selbst gezeigt wird ..." [20]

[16] Eine Ausnahme stellen manchmal die Hauptschulen und Gymnasien dar. Dort ist der Anteil der männlichen Lehrkräfte manchmal größer als in den anderen Schulformen.

[17] Sielert (1992: 23)

[18] Titel des 1991 von Winter / Willems herausgegebenen Buches.

[19] Meuser / Behnke (1996: 44)

[20] Hagemann-White (1988: 54)

Für die Erziehung der Jungen hat dies zur Konsequenz, dass sie sich in erster Linie an männlichen Rollenklischees orientieren können. Eine Befragung der Universität Dortmund dokumentiert, dass nur 26 Prozent aller befragten Jungen ihre Väter als Vorbilder benennen. Lediglich 2 Prozent der Befragten würde sich mit ihren Sorgen und Nöten an den eigenen Vater wenden. Die Studie ergab weiterhin, dass es eine hohes Ausmaß an körperlicher Distanz zwischen den Jungen und ihren Vätern gibt: 49 Prozent der befragten 1760 Jungen sind von ihren Vätern nie geküsst worden. Lediglich 5 Prozent der Jungen nehmen den Vater bei der Begrüßung in den Arm oder küssen ihn. Die Väter werden von den Jungen als starke Menschen empfunden. Nur 45 Prozent haben ihre Väter in ihrem Leben weinen gesehen.[21]

Da „die zu erwerbende Männlichkeit ... in der Regel eine abstrakte“ bleibt, wird sie „nicht greifbar vorgelebt.“[22] Alles was für den Jungen Nicht-Mann ist, kann für ihn nicht richtig sein. Die Aneignung von Männlichkeit verläuft somit als doppelte Negation: als Nicht-Nicht-Mann[23]. Der Prozeß der männlichen Sozialisation ist folglich „durch die symbolische Beweislast der Männlichkeit und durch Spannung zwischen Abgrenzung und Angewiesensein im Verhältnis zur Weiblichkeit bestimmt.“[24] Die Folgen sind: Vieles, was den Anschein von weiblichen Eigenschaften hat, wird von den meisten Jungen nicht akzeptiert, wie vorwiegend von Frauen vorgelebte Gefühle und praktizierte Verhaltensweisen. Emotionalität wird somit genauso abgelehnt wie das Übernehmen von sozialer Verantwortung. Beziehungen, Kommunikation und Liebe werden von den Jungen mit weiblicher Identität gleichgesetzt und der Welt des anderen Geschlechts zugeordnet.

So konstruieren Jungen sich verschiedene Bilder von Männlichkeit, deren gemeinsamer Hauptnenner vor allem darin besteht, sich von dem abzugrenzen, was Frauen ihnen vorleben und vorgelebt haben.

„Plastisch ausgedrückt bedeutet dies: „Der Junge“ (der Verf.) hat einen Erfahrungseindruck vom Weiblichen, fertigt in seiner Phantasie ein Negativ davon an und nimmt dies als seine Geschlechterrolle ...“[25]. „Die Frauen ... müssen auf Distanz gehalten werden, während die Männer emotional und räumlich nur wenig erreichbar sind und im Erziehungs- und Wachstumsalltag nicht in Erscheinung treten“[26].

Gleichzeitig beginnen Jungen, unerreichbaren Männerbildern nachzueifern, die ihnen zum größten Teil über die moderne Medienwelt präsentiert werden. „Ein

[21] vgl. hierzu vor allem Zimmermann (1998)
[22] Sielert (1989: 29)
[23] Diese Begrifflichkeit wurde von Hagemann-White geprägt.
[24] Hagemann-White (1988: 54)
[25] Oelemann (1993: 18)
[26] Mundig (1995: 17)

Blick in das TV-Programm fördert eine Fülle von Klischees über 'richtige' Männer ... zutage. In weiten Bereichen der Werbung werden Rollenstereotype vermittelt."[27]

Viele Jungen wollen so stark wie Arnold Schwarzenegger sein, möchten das Ideal des erfolgreichen Sportlers erfüllen, weil sie der Meinung sind, dass sie sich hierdurch dem Bild des erfolgreichen und „richtigen" Mannes annähern. Filme wie „Rambo" oder „Terminator" bieten ebenso wie zahlreiche Videospiele Situationen an, in denen die Jungen und Männer ihre Gegner ständig im Griff haben und die ihnen die Möglichkeit geben, sich auf diese Weise „die Übereinstimmung zwischen Selbst- und Männerbild (zu, der Verf.) fantasieren."[28]

Und diejenigen, die für sich diese Herausforderung zum Beispiel aus körperlichen Gründen ablehnen, werden oftmals von anderen Jungen belächelt oder von den Freunden und der Peer-group nicht akzeptiert und ausgegrenzt. „Anerkennung (von der Peer-group; der Verf.) kann nur erreichen, wer den gängigen Männlichkeitsidealen entspricht, und das heißt: keine Schwächen zeigen, gegenüber den Mädchen den Überlegenen markieren ... an den Spielchen ... hat sich seit Jahrzehnten nichts geändert."[29].

Die in vielen Peer-groups zu beobachtenden Rollenzwänge und Verhaltensrituale[30] stehen „dem Zulassen von mehr Einblick in die eigene Person"[31] entgegen. Das oftmals zu beobachtende kumpelige Klima in der Gruppe und das an Männlichkkeitsriten ausgerichtete „Rudelverhalten" bestimmt den Austausch in der Peer-group und schließt die Kommunikation über sich selbst, über eigene Probleme oder zwischenmenschliche Beziehungen häufig aus. In der Peer-Gruppe „regiert die Gruppendynamik mit ihren schablonenhaften Männlichkeitsnormen. Die Jungen kontrollieren gegenseitig die Einhaltung der Verhaltensvorschriften, obwohl meist kein einziger voll dahintersteht."[32] Und in diesen Gruppen lauert aufgrund der in der Regel nicht offen ausgesprochenen Normen ein ungeheurer Identitätsdruck. Da stets die Gefahr lauert, „Männlichkeit abgesprochen zu bekommen,"[33] passen die Jungen sich dem von ihnen jeweils individuell empfundenen Normen stetig an.

---

[27] Mundig (1995: 17)
[28] Dokumentation des 1. Fachkongresses der BZgA (1996: 46)
[29] Peetz (1966: 64)
[30] Hierzu gehören nach Faulstich-Wieland (1996: 8–9) u. a. „wetteifernde Verunglimpfungen", „aggressives und rauhes Verhalten", Diffamierungen der Mädchen durch die Jungen und gegenseitiges rituelles Beschimpfen.
[31] Sielert (1993: 33)
[32] Sielert (1993: 33)
[33] Möller (1997: 32)

3.2 Stärken und Schwächen von Jungen

Meuser stellt die Behauptung auf, dass die pädagogische Arbeit mit Jungen „nur dann erfolgreich sein wird, wenn sie den Jungen ... neue, positiv bewertete Perspektiven eröffnet."[34] Auch wenn es nach wie vor nötig sein wird, einen großen Teil der Jungen in ihrem oft gezeigten gewalttätigen, sexistischen oder abwertenden Verhalten zu begrenzen, wird es für die erfolgreiche pädagogische Arbeit ganz entscheidend sein, „nach Momenten und Ansatzpunkten bei Jungen zu suchen, an die es positiv anzuknüpfen gilt."[35]

Vorbei scheinen also die Zeiten zu sein, wo die Jungenarbeit nur den Blick auf die Defizite der Jungen gerichtet hat.

Dieser sogenannte Defizitansatz, der vor allem die Sozialisationsdefizite der Jungen thematisiert und ihre Probleme und Schwächen in den Mittelpunkt der Arbeit stellt, verhindert, den Blick über die real vorhandenen Schwierigkeiten von Jungen auch auf ihre Stärken zu richten.

3.2.1 Den Blick auf die Stärken von Jungen richten

„Wenn ich bei Fortbildungen frage, was Jungen eigentlich gut können, dann sitzen sie manchmal fünf Minuten stumm da, weil ihnen keine Antwort einfällt."[36]

Es sind also nicht nur die Erwachsenen, die Schwierigkeiten haben, positive Eigenschaften von Jungen zu benennen. Auch das Selbstbild der Jungen scheint eher von Zweifeln in die eigenen Stärken geprägt zu sein.

Schließt man sich auch aufgrund der eigenen Erfahrungen und Beobachtungen Sielerts an, kommt man zu dem Schluss, dass ein großer Teil der Jungen tatsächlich über vielfältige Stärken verfügt[37]. Sielert geht davon aus, dass viele Jungen in der Lage sind, „nicht nur Wut, sondern auch Trauer, Mutlosigkeit und Schwäche auszudrücken"[38] und eine Vielfalt von positiven Eigenschaften und Verhaltensweisen nicht als etwas ganz Neues von den Jungen angeeignet werden müssen, da sie nach Sielert[39] grundlegend in der Bedürfnisstruktur der Jungen als auch in ihrem potentiellen Verhaltensrepertoire schon angelegt sind.

Auch wenn die Jungen in der Gruppe sich häufig in Szene setzen, den Clown spielen und sich somit auf der „Performanceebene"[40] bewegen, sollte bei der Umsetzung der Jungenarbeit jeweils der Blick auf den einzelnen Jungen ge-

[34] Meuser (2000: 118); Meuser bezieht sich bei seiner Analyse auf Connel (1996)

[35] Kaiser (1997: 6)

[36] Aussage von Jantz (freiberuflicher Jungenarbeiter), zitiert nach: Hinzpeter / Lippoth (2000: 62)

[37] In einer Studie von Winter und Neubauer (1998) wird detailliert beschrieben, dass die Jungen selbst große Schwierigkeiten haben, sich zu ihren Stärken zu äußern. Die interviewten Jungen orientieren sich in ihren Aussagen eher an einem männlichen Defizitmodell.

[38] Sielert (1993: 21)

[39] Sielert (1993: 21)

[40] vgl. hierzu Richter (1991)

richtet werden. Es gilt die in der einzelnen Person vorhandenen Talente und Potentiale ebenso wie seine Schwierigkeiten zu beleuchten. Und wenn Jungen neben Schwächen auch über Stärken verfügen, dann müssen diese Stärken erkannt, aufgespürt und gefördert werden.

© Veit Mette

Nicht nur die Kenntnis und Thematisierung der Schwächen, sondern gerade auch die Stärkung ihrer vorhandenen positiven Eigenschaften kann Jungen dazu verhelfen, sich zunehmend häufiger von der Show-Bühne zu verabschieden und die sogenannte Performanceebene „zu verlassen und zu ihrer eigenen Authentizität zu finden.“ [41]

★ Folgt man Winter und Neubauer, so werden von vielen Jungen in vielfältiger Weise Ängste angesprochen. „Von einigen Jungen werden differenzierte, ganz persönliche Ängste angesprochen: von der Angst vor Hunden über Höhenangst, Prüfungsangst und die Angst vorm Zahnarzt bis zu einer unbestimmten Prüfungsangst. Es gibt auch sozusagen soziale Ängste, … vor der Gruppe etwas Falsches zu sagen oder einen schlechten Eindruck hervorzurufen.“ [42]

Es macht den Anschein, dass ein Teil der Jungen in der Lage ist, auch Gefühle zu zeigen, die nicht dem allgemein für sie vorherrschenden Überlegenheitsimperativ zu zuordnen sind. Hierzu gehört sicherlich auch das Ausdrücken, das Aussprechen von Ängsten.

Leider führt die Befürchtung, die Anerkennung durch die Gruppe abgesprochen zu bekommen, manchmal zum Überspielen der tatsächlich vorhandenen Ängste. Die Angst, sich bloßzustellen und zu blamieren, lenkt das Verhalten vieler Jungen.

Es gilt, zusammen mit den Jungen Gesprächsanlässe und Situationen zu suchen, die es ihnen ermöglichen, Gefühle wie Angst frei zu äußern. Gespräche in Kleingruppen, in Jungengruppen können Jungen ebenso wie Einzelgespräche darin fördern, ihre in diesem Bereich vorhandenen Stärken zu fördern.

[41] Biermann / Boldt (1999: 18)
[42] Winter / Neubauer (1998: 175–176)

★ „An seinem Geburtstag geht Kevin Edriss, 12, lieber nicht zur Schule – denn er will sich nicht verprügeln lassen. In der Gesamtschule in Hannover gibt es nämlich ein schmerzhaftes Ritual: Geburtstagsschläge.“[43]

Auch Kevin äußert Angst. Es ist die Angst vor dem Erleben von Situationen, in denen Jungen körperlich agieren und sich dabei nicht kontrollieren, weil sie dies nicht gelernt haben.

Jungen leben Körperlichkeit gerne aus. Dazu gehört aber auch der faire und sportliche Bereich. Die eigene Kräfte zu spüren und die Kräfte mit anderen zu messen sind Verhaltensweisen, die zu den Stärken gezählt werden sollten. Auch wenn das Ausleben von Körperlichkeit manchmal durch grenzüberschreitende Aktivitäten, unter denen auch ein Großteil er Jungen leidet, begleitet ist, schließen andere Unternehmungen wie z. B. das Break-Dancen, das Skaten, das Fußballspielen oder das Rappen vor allem auch kommunikative und lustbetonte Freizeitaktivitäten dar. Gerade in der Ausübung dieser körperorientierten und oft mit Kraft verbundenen Aktionen begegnet sich ein großer Teil der Jungen auf sehr soziale Art und Weise. Regeln werden beachtet. Man erfährt, dass nicht nur das individuelle Erreichen von Höchstleistungen Spaß mit sich bringt.

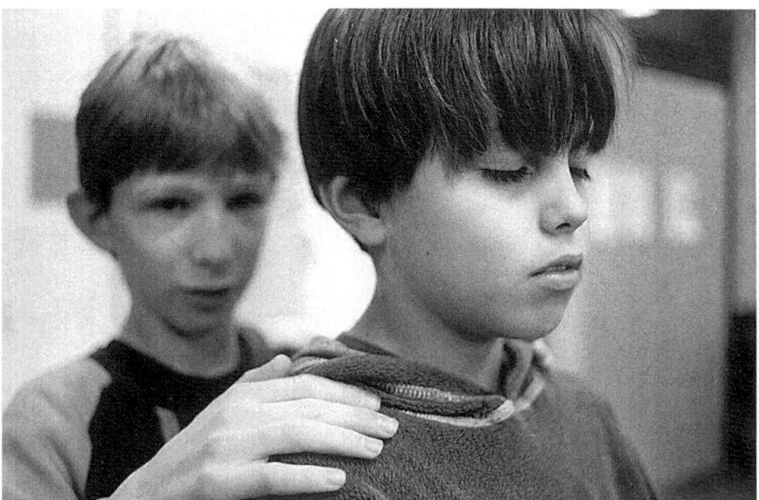

© Veit Mette

[43] Hinzpeter / Lippoth (2000: 54)

★ Die meisten Jungen sind keine Einzelgänger. Sie benötigen die Gruppe, um sich wohl zu fühlen. Stubenhocker stellen eher die Ausnahme dar. Die Untersuchung von Zimmermann[44] aus dem Jahre 1995 belegt, dass zwei Drittel aller Jungen angibt, mehr als zehn Freunde zu haben. Vier Fünftel aller Jungen sind der Meinung, einen richtig guten Freund zu haben. Diese Freundschaften sind aber in der Regel geprägt durch kumpeliges Verhalten. Gespräche – schon gar nicht in Problemsituationen – werden nur selten von den Jungen untereinander geführt. Die meisten Jungen im Alter von 13 bis 17 Jahren verarbeiten ihre Sorgen und Nöte, indem sie sich zurückziehen und verkriechen. Sie reden seltener über sich und machen mehr mit sich selber aus.

Dieses Verhalten verwundert nicht, wenn man sich überlegt, dass Jungen die in der Männerwelt vorherrschenden „Überlebensmechanismen" wahrnehmen und zugleich übernehmen lernen. Dass diese Beobachtungen richtig sind, wird niemand bestreiten. Winter / Neubauer bestätigen dies, indem sie schreiben: Jungen, die offen über sich reden können, gelten bei den Erwachsenen als die Ausnahme."[45] Die Autoren kritisieren an gleicher Stelle, dass über die Bedingungen, die den Jungen Gespräche, verbale Auseinandersetzungen und Kommunikation erleichtern oder erschweren, zu selten nachgedacht wird. Sie stellen zudem die Behauptung auf, dass Jungen zwar häufig fähig sind, über unterschiedliche Inhalte ihrer Kontakte und Beziehungen zu reden, der von den Jungen gesuchte Zugang der Erwachsenenwelt aber nicht gefällt. Dies drückt zugleich die Hilflosigkeit der Erwachsenen aus, geeignete Zugänge zu einem Großteil der Jungen, aber auch generell gegenüber vielen Jugendlichen zu finden.

Zumindest wenn der Druck durch die koedukative Gruppe entfällt, wird die Kommunikationsfähigkeit vieler Jungen sichtbar und erlebbar.

Generell gibt es aber auch den anderen Jungen: den Jungen, der über kommunikative Kompetenzen verfügt, diese auch in koedukativen Gruppenzusammensetzungen zeigen kann und der in der Regel von den Erwachsenen nicht gesehen und wahrgenommen wird, weil er von den eher lauten, lärmenden und die Räume dominierenden Jungen „überstimmt" wird.

★ Jungen, die sich in neuen Gruppen befinden, fangen schnell an, die Rangordnung innerhalb der Gruppe festzulegen. Dies wird zum Beispiel deutlich bei Schulklassen oder Lerngruppen, die neu zusammengesetzt werden. Nach kurzer Zeit wird das gegenseitige Beäugen aufgegeben und durch das Gerangel um Positionen („Chef", Mitläufer) ersetzt.

Für die Entwicklung einer eigenen Biographie ist es von positiver Bedeutung, wenn Menschen in der Lage sind, Grenzen auszutesten und dabei auch ge-

[44] vgl. hierzu Zimmermann (1998)
[45] Winter / Neubauer (1998: 141)

legentlich überschreiten. Dabei kommt es den Jungen zugute, dass sie es gewohnt sind, „aktiv und initiativ zu sein."[46]

Sielert geht noch ein Stück weiter: „Die eigenen Grenzen spüren, sie herauszufordern und gelegentlich erweitern, das sind Grundqualifikationen schöpferischer Umweltgestaltung"[47]

Die Erwachsenen sollten die in den Jungen steckenden Potentiale nutzen, ihren Drang zu Aktivitäten unterstützen, dabei aber auch darauf hinarbeiten, die Aneignung von Ideologien wie „Alles im Griff haben zu müssen" oder „Immer der Stärkste sein zu müssen" zu vermeiden.

3.2.2 Die Schwächen und Probleme von Jungen nicht vergessen

Jungen verfügen aber nicht nur über Stärken. Sie sind auch schwach und hilflos und leiden unter vielfältigen Problemen.

Sie sind im System der Zweigeschlechtigkeit sowohl die Gewinner als auch die Verlierer. Diese Erkenntnis hat sich spätestens seit der Veröffentlichung des Buches „Kleine Helden in Not"[48] durchgesetzt.

In der schulischen Praxis fällt dabei auf den ersten Blick auf, dass die Anzahl von Disziplinarkonferenzen sich häufiger mit problematischen Verhalten von Jungen als Mädchen beschäftigen. Auch die Anzahl der bei Zensurenkonferenzen besprochenen Jungen übertrifft die Zahl der Mädchen bei weitem. In unterrichtlichen Zusammenhängen sind es überwiegend die Jungen, die ermahnend und disziplinierend angesprochen werden.

Statistisch finden diese individuellen Beobachtungen und Erfahrungen ihre Entsprechung:

- ★ Der Anteil der Jungen in Sonderschulen liegt weit über 50%. Sonderschulen für Verhaltensgestörte werden zu 80% von Jungen besucht. In den letzten Jahren sind die Zahlen noch leicht gestiegen.[49]
- ★ Der Anteil der Jungen in Gymnasien ist bundesweit zurückgegangen. Stellten die Jungen in Bayern 1950 noch zwei Drittel der SchülerInnen dieser Schulform dar, so hat sich ihr Anteil gut vierzig Jahre später auf knapp 50% reduziert.[50]
- ★ Der Anteil der männlichen Sitzenbleiber an allen Schulformen liegt weit über 50%.[51]

---

[46] Sielert (1993: 40)
[47] Sielert (1993: 40)
[48] Schnack / Neutzling: 1990)
[49] Schnack / Neutzling (1990: 109)
[50] Staatsinstitut für Schulpädagogik und Bildungsforschung (1996: 255)
[51] Schnack / Neutzling (1990: 142)

★ Der Berufsbildungsbericht des Jahres 1998 belegt, dass die staatlichen Fördermaßnahmen im Bereich der Berufsausbildung für benachteiligte Jugendliche zu zwei Dritteln von Jungen besucht werden. Eine Trendwende ist nicht in Sicht. Im Gegenteil: Der Anteil der Jungen ist in den letzten Jahren noch gestiegen.[52]

Schule reagiert bis heute auf diese Auffälligkeiten und Zahlen hilflos. Die LehrerInnen reagieren auf die auffälligen Schüler, indem sie in der Regel Sanktionen aussprechen. An die Ursachen für die gezeigten Verhaltensweisen gelangen die Lehrkräfte so jedoch nicht.

Dabei besteht in den Schulen besteht Handlungsbedarf, Konzepte zur Förderung der Jungen zu entwickeln. Die Erweiterung der Kompetenzen der Mädchen (Ich-Stärkung, Bewerbungstrainings, Selbstbehauptung usw.) müssten dringend eine Entsprechung durch Programme zur Jungenarbeit finden, damit auch aufseiten des männlichen Geschlechts Kompetenzerweiterungen erfolgen.

Aber nicht nur im Bereich der Schulleistungen sind die Jungen eindeutig die so genannten Verlierer. Die von Schnack / Neutzling[53] veröffentlichten Statistiken belegen eindeutig, dass Jungen häufiger vor allem unter psychischen und psychosomatischen Erkrankungen leiden, häufiger als Mädchen Opfer von Gewalt sind und in den Kriminalstatistiken dominieren.

Auch hieran hat sich in den letzten zehn Jahren wenig zum Positiven verändert.

Die Zeitschrift „Der Stern" beurteilt die Situation folgendermaßen: „Ein Blick in die Kriminalstatistik: Deutlich mehr als zwei Drittel aller jugendlichen Tatverdächtigen unter 14 Jahren sind Jungen, und wenn sie älter werden, wächst dieser Anteil weiter. Nur einer von 28 Jugendlichen im Knast ist ein Mädchen ... Die Medien lügen nicht, wenn sie immer wieder kleine Kerle als Täter zeigen. Und doch blenden sie die andere Hälfte der Wahrheit aus ... Wer die Böse-Buben-Brille absetzt, stellt fest, dass eigentlich sie das schwache Geschlecht sind. Dass sie, die so oft Menschen niederstrecken, zunehmend selbst auf der Strecke bleiben ... Von der Gewalt, die Jungs austeilen, stecken männliche Kinder und Jugendliche auch am meisten wieder ein: Jungen erleiden mehr als doppelt so oft wie gleichaltrige Mädchen eine Körperverletzung und werden sogar achtmal häufiger beraubt ... Jungen sind Bettnässer – doppelt so oft wie Mädchen. Die Wahrscheinlichkeit, dass sie Selbstmord begehen, ist dreimal so hoch. Viermal mehr Jungen als Mädchen stottern, siebenmal mehr leiden am Hyperaktiven Syndrom."[54]

---

[52] Berufsbildungsbericht (1998: 142)
[53] Schnack / Neutzling (1990: 101 ff.)
[54] Hinzpeter / Lippoth (2000: 54)

3.3 Was brauchen Jungen an der Schule?

Jungen wird an den Schulen nur selten geholfen. Sie zeigen sich auffällig, erfordern jede Menge Aufmerksamkeit und klagen diese Aufmerksamkeit auch ein.

Diese Beobachtung wird und wurde in der Vergangenheit durch zahlreiche Untersuchungen im Bereich der Interaktionsforschung hinreichend belegt. Jungen erhalten circa 60% aller unterrichtlichen Zuwendung, Jungen schreien öfter in die Klasse, ohne sich zu melden oder aufgerufen zu werden und üben häufig die soziale Kontrolle im Klassenraum aus.

An diesen Beobachtungen hat sich in den letzten Jahren nicht viel geändert. Aber wie können Veränderungen erreicht werden, die sowohl für die Mädchen als auch für die Jungen eine Hilfestellung beinhalten? Soll die koeduktive Schule den Bereich der Normen und Regeln stärker in's Auge fassen und auf deren Einhaltung auch durch die Jungen intensiver achten? Oder würde es Sinn machen, die koedukative Schule wieder abzuschaffen? Kann die koedukative Schule Konzepte entwickeln, Jungen stärker als bisher bewusster und effektiver auf dem Weg ihrer Identitätsentwicklung zu begleiten? Welche Inhalte und Methoden sollten für den Bereich der Jungenarbeit entwickelt werden?

Gibt es für die Arbeit der Schulen Organisationsstrukturen, die für die Umsetzung der Jungenarbeit besonders hilfreich sind?

Die Praxis der Jungenarbeit ist noch nicht sehr alt. Es fällt daher schwer, verallgemeinernde Hinweise zu geben fällt. Aufgrund erster Erfahrungen im Bereich der Jungenarbeit ist aber zu vermuten, dass Jungen in erster Linie männliche Vorbilder „zum Anfassen" benötigen. Angesichts der Tatsache, dass die Väter häufig diese Aufgabe nicht erfüllen, sollten die männlichen Kollegen diese Verantwortung übernehmen.[55]

Benötigt werden hierfür Lehrer, die sich „stärker für die Besonderheiten sensibilisieren, die aus der jeweiligen Geschlechtsidentität für die Identität und Individualität von Mädchen und Jungen erwachsen."[56]

Die Interessen und Bedürfnisse der Mädchen und Jungen müssen erkannt und ernst genommen werden. Hierbei sollten die jeweils geschlechtsspezifischen Bedürfnisse und der sozialen Bezugsrahmen in den Mittelpunkt der Arbeit gestellt werden.

Schule sollte die jeweiligen Anliegen der Mädchen und Jungen, wo immer es möglich und nötig ist, so häufig wie möglich im geschützten Raum thematisieren. Die jeweiligen unterschiedlichen Erfahrungen können „die Geschlechter-

[55] Kirchliche und städtische Einrichtungen bieten mittlerweile häufig Seminare zur „Väterarbeit" an. Schule sollte Väter ermutigen, diese Angebote zu nutzen.

[56] Hempel (2000: 298)

trennung nötig machen oder gerade als bereicherndes, konträre Sichtweisen erzeugendes Element im koedukativen Unterricht genutzt werden."[57] Die generelle Abschaffung der koedukativen Schule sollte also nicht diskutiert werden, die partielle Trennung ergibt sich jeweils aufgrund der jeweiligen inhaltlichen Schwerpunktsetzungen.

3.4 Wollen Jungen unter sich sein?

Die partielle, phasenweise Trennung könnte sowohl den Jungen als auch den Mädchen die Möglichkeit eröffnen, in einem „geschützten Raum" Hilfestellung bei der Aneignung ihrer Geschlechtsrolle zu erhalten. Dieser „geschützte Raum", in dem das andere Geschlecht nicht vertreten ist, kann das Nachdenken über mädchen- und jungenspezifische Verhaltensmuster und die Auseinandersetzung mit der eigenen Geschlechtsidentität erleichtern.

Für die Jungen gilt also: Durch die Abwesenheit der Mädchen können leichter alte Verhaltensweisen hinterfragt werden, da für die Jungen der permanente Zwang und Druck zur Überlegenheit nicht in der Form erforderlich ist als wenn das andere Geschlecht anwesend wäre.

Neue Verhaltensweisen können diskutiert, eingeübt, erprobt, angenommen und auch wieder verworfen werden.

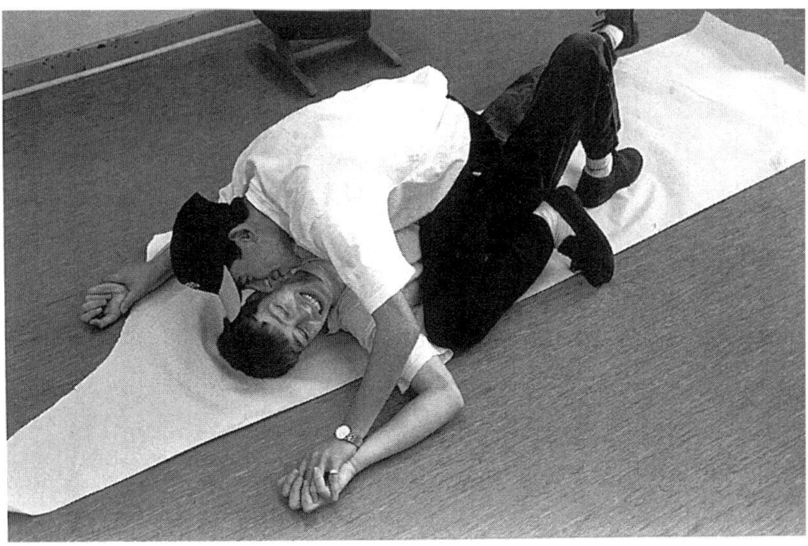

© Veit Mette

[57] Richter (2000: 219)

Um nicht falsch verstanden zu werden: Es geht es nicht um die Abschaffung der koedukativen Schule. Diese sollte sich aber darüber Gedanken machen, in welchen Situationen die Mädchen und Jungen durchaus mal in geschlechtshomogenen Gruppen arbeiten sollten. Formen des Lernens und Arbeitens in geschlechtshomogenen Gruppen sollten gesucht werden.

Diese phasenweise Trennung

★ kann sich dabei auf einzelne Fächer (z. B. Sport, Informatik, Technik usw.) beziehen,

★ kann das projektmäßige Arbeiten bei bestimmten Unterrichtsvorhaben (z. B. Sexualerziehung, Berufs- und Lebensplanung, BewerberInnentraining usw.) bedeuten,

★ kann das Angebot von mädchen- und jungenspezifischen Freizeitaktivitäten bei Klassenfahrten zum Inhalt haben und

★ kann auch die Durchführung von geschlechtshomogenen Arbeitsgemeinschaften oder von regelmäßigen Mädchen- und Jungentreffs in einer Klasse bedeuten.

Wie reagieren die Jungen aber auf das Angebot, in reinen Jungengruppen zu arbeiten? Akzeptieren sie die Form des Zusammenseins? Oder lehnen diese Form der Zusammenkünfte ab?

Leider fehlen bis heute wissenschaftlich fundierte Untersuchungen[58] hinsichtlich der Frage, wie die Jungen auf partielle Trennungen reagieren. Jungen, die sich vom 5. Schuljahr an regelmäßig in Jungengruppen getroffen und gearbeitet haben, haben sich zu diesem Problem folgendermassen geäußert[59]:

„Ich finde die Treffen gut,

- weil wir dort spielen und viel Spaß dabei haben; dass wir gute Spiele spielen, die ich noch gar nicht gekannt habe.
- weil wir viele Spiele spielen und wir über Streitereien reden.
- weil sie mir Spaß machen und wir viel über Streitereien sprechen
- weil man über Streitereien redet.
- weil man dort mal ohne Mädchen ist.

---

[58] Die Auswertung des in Berlin durchgeführten Modellversuches „Mädchen sind besser – Jungen auch“ lassen aber den Schluss zu, dass die Jungen die partielle Trennung als positiv empfunden haben und sich auch für die Zukunft diese Form von Trennung innerhalb der koedukativen Schule wünschen (Senatsverwaltung für Schule, Jugend und Sport Berlin 1998 (Band 1: 135 ff.).
Ähnliche Erfahrungen werden auch im Zusammenhang mit dem im Land Niedersachsen durchgeführten Modellversuch „Soziale Integration in einer jungen- und mädchengerechten Grundschule“ beschrieben (Dil: 1998).

[59] vgl. Fußnote 5

- weil wir da über alles sprechen können; dass wir etwas mit Vertrauen machen.
- weil die Mädchen immer alles rumerzählen, die Jungens behalten das für sich.
- weil man da gut über die Probleme in der Klasse sprechen kann.
- weil es viel zu besprechen gibt.
- weil mir das Spaß macht; weil wir auch über Probleme sprechen.
- weil man Sachen bespricht, die man mit Mädchen nicht besprechen kann.
- weil wir über mehrere Probleme sprechen und wie wir uns am besten verhalten.

Ich finde die Treffen nicht gut,
- weil es immer so langweilig ist.
- weil es nicht so schön ist; weil über andere geredet wird.
- weil es langweilig ist."

Die überwiegende Anzahl der Jungen hat sich positiv geäußert. Deutlich ist, dass die Jungen es gut finden, mal ohne die Mädchen zu sein. Sie finden die Spiele und Übungen gut und haben auch erkannt, dass man „unter Männern" auch ganz gut über Probleme reden kann.

Jungen, die früh die Erfahrung gemacht haben, sich zeitweise in reinen Jungengruppen zu bewegen, scheinen offen zu sein für diese Arbeitsform. Auch diese Jungen werden nicht die Wiedereinführung der monoedukativen Schule fordern. Zu vermuten ist aber, dass sie in höheren Jahrgängen offener und freudiger auf geschlechtshomogene Angebote reagieren werden, weil diese Form der Zusammenkünfte für sie mit überwiegend positiven Erfahrungen verbunden ist.

4 Grundzüge der Arbeit mit Jungen

Bevor einzelne inhaltliche Zugänge der Jungenarbeit beschrieben werden, sollen die wesentlichen Ziele und methodisch-didaktischen Grundprinzipien der Jungenarbeit skizziert werden. Dies u. a. deshalb, weil die Lehrkräfte sich vor dem konkreten Beginn der Jungenarbeit über die von ihnen gewünschten Intentionen Klarheit verschaffen sollten.

4.1 Zur Zielbestimmung

Jungenarbeit im Rahmen der koedukativen Schule ist nur schwer vorstellbar oder gar unmöglich, wenn man sich nicht der Definition von Lemmermöhle anschließt. Lemmermöhle versteht unter geschlechterbewusster Arbeit eine Bildung,

- „die Jungen und Mädchen sowohl als Individuen mit je individueller Geschichte als auch als Angehörige eines Geschlechts mit je eigener Geschichte wahrnimmt,
- ★ die das Geschlechterverhältnis mit den Polen weiblich/ männlich weder biologisch bedingt noch statisch sieht, sondern als historisch geworden und deshalb veränderbares Verhältnis mit ständigen Positionsverschiebungen,
- ★ die das Geschlechterverhältnis als ein Verhältnis sieht, dass ... von Jungen und Mädchen aktiv angeeignet und von Männern und Frauen täglich neu hergestellt wird.“ [60]

Würde man sich dieser Position gegenüber verschließen, so wäre die Suche nach Ansatzpunkten für die Jungenarbeit und die Definition von Zielbestimmungen und -setzungen überflüssig. Die Auseinandersetzung mit den Jungen würde letztendlich auch keinen Spaß bereiten, da Veränderungen auf Seiten beider Geschlechter nur schwer zu erreichen wären.

Soll Jungenarbeit über den Spaß und die Freude hinaus auch inhaltlich erfolgreich sein, so muss vor dem Hintergrund der Vielfalt der Jungen „nach Momenten und Ansatzpunkten bei Jungen gesucht werden, an die es positiv anzuknüpfen gilt.“ [61] In Anlehnung an Meuser [62] könnte man auch formulieren, dass durch Jungenarbeit den Jungen erweiterte, positiv formulierte Perspektiven eröffnen werden müssen.

Die pädagogischen Konzepte, die vor allem die Defizite der Jungen als Anknüpfungspunkte für die Jungenarbeit gesehen haben, haben zu selten die Frage gestellt, worin denn der Gewinn für die Jungen bestehen kann.

---

[60] Lemmermöhle (1996: 194)
[61] Kaiser (1997: 6)
[62] Meuser (2000: 18); Meuser bezieht sich wiederum auf Connel (1996)

Für die Entwicklung eines schulischen Konzeptes von Jungenarbeit scheint die Auseinandersetzung mit irgendwelchen „Labeln" oder „Etiketten" von Jungenarbeit (antisexistische Jungenarbeit", „patriarchatskritische Jungenarbeit", „emanzipatorische Jungenarbeit", reflektierte Jungenarbeit" und „parteiliche Jungenarbeit") überflüssig zu sein.

Wer Jungen in vielerlei Hinsicht fördern will, ihre Kompetenzen erweitern möchte, ihnen ein solidarischer und zugleich sich des eigenen Geschlechtes bewusster Partner sein möchte, sollte sich vor dem Hintergrund dessen, was viele Jungen können oder bzw. nicht können immer wieder verdeutlichen, dass die erworbene und „gelebte Geschlechtsidentiät nicht ein für allemal festgeschrieben" [63] ist.

Verhalten kann situationsspezifisch genutzt, abgerufen und auch verändert werden.

4.2 Inhalte und Methoden von Jungenarbeit

„Ziel von Jungenförderung ist die Ausbildung einer männlichen Identität, die eigene und die Grenzen anderer erkennt und akzeptiert, zu partnerschaftlichen Umgang befähigt und durch soziale Kompetenz gekennzeichnet ist. Angestrebt wird eine männliche Identität, die – ausgehend vom Bewusstsein eigener Bedürfnisse und Interessen – einen Standpunkt der Umsichtigkeit und gegenseitigen Wertschätzung entwickelt." [64]

Nach Zieske sollte es bei der Jungenarbeit in erster Linie darum gehen, „die stereotypen Vorstellungen von Männlichkeit zu hinterfragen, die Wahrnehmung auf sich selbst und die eigenen Lebensverhältnisse zu lenken, Kommunikation und Konfliktaustragung mit anderen zu üben und andere, nichtkonkurrente Verhaltensweisen zwischen Jungen zu erleben". [65]

Folgt man Böhnisch und Winter [66], könnten die Zielsetzungen von Jungenarbeit folgendermaßen formuliert werden:

- ★ Jungen sollen lernen, zu sich zu kommen.
- ★ Jungen sollen Bezogenheit zu sich selbst und zu ihrer Umwelt herstellen und aufnehmen.
- ★ Jungen sollen Körperlichkeit neu wahrnehmen und im Gegensatz zur Funktionalisierung des Körpers die Aufmerksamkeit auf innere Körperempfindungen wie Gefühle und Zärtlichkeit lenken.

---

[63] Hagemann-White (1988: 56)

[64] Ministerium für Schule und Weiterbildung, Wissenschaft und Forschung des Landes Nordrhein-Westfalen / Ministerium für Frauen, Familie und Gesundheit des Landes Nordrhein-Westfalen (1999: 2)

[65] Zieske (1997, 67)

[66] Böhnisch / Winter (1993: 89ff.)

- ★ Jungen sollen verschiedene Bilder von Männlichkeit und verschiedene Lebensentwürfe kennen lernen.

Die Ministerien in Nordrhein Westfalen greifen die Zielsetzungen der o. g. Autoren auf und benennen für das mittlerweile zum zweiten Male aufgelegte Initiativprogramm „Selbstbehauptung und Konflikttraining für Mädchen und Jungen an Schule“ [67] für die Jungenarbeit die folgenden inhaltlichen Schwerpunkte:

- ★ die „kritische Reflexion des bestehenden Geschlechtsverhältnisses“, die „männliche Identitätsfindung, die eigene und die Grenzen anderer erkennt und akzeptiert“,
- ★ die „Förderung der Kommunikationsfähigkeit“,
- ★ die „Förderung der Konfliktfähigkeit“ und
- ★ die „Sensibilisierung für alltägliche Gewalt und die eigene passive und aktive Betroffenheit.“ [68]

Konkrete Themen zur Umsetzung werden in dem Initiativprogramm nicht genannt. Diese sollen aber dem Alter, dem Entwicklungsstand, dem Bedürfnis und den Interessen der Jungen entsprechen.

Bei einer Durchsicht der Literatur zur Praxis der Jungenarbeit fallen aber immer wieder ähnliche Inhalte auf. Häufig werden Themen wie Selbst- und Fremdwahrnehmung, Konfliktlösungsmodelle, Streitschlichterprogramm, Sexualerziehung, Liebe und Freundschaft, Gewaltverhalten, Suchtverhalten, Berufs- und Lebensplanung und Selbstwertgefühl genannt.

Dabei wird dem präventiven Charakter der Arbeit ein hoher Stellenwert beigemessen.

4.3 Zur Didaktik und Methodik

„Würde von mir verlangt, nur eine einzige These zum Thema Jungenarbeit zu formulieren, so wäre es immer die, dass Jungenarbeit keine Methode ist, sondern eine Sichtweise.“ [69]

Mit diesem Satz verdeutlicht Karl die vielleicht wichtigste Grundvoraussetzung für die erfolgreiche Praxis der Jungenarbeit. Nur wenn die in der Jungenarbeit tätigen Männer ihre Motivation ansatzweise geklärt haben, kann sich der Erfolg einstellen. Denn: Für die Arbeit mit den Jungen haben die Methoden „nur eine

[67] vgl. Fußnote 63

[68] Ministerium für Schule und Weiterbildung, Wissenschaft und Forschung des Landes Nordrhein-Westfalen / Ministerium für Frauen, Familie und Gesundheit des Landes Nordrhein-Westfalen (1999: 3)

[69] Karl (1994: 214)

unterstützende Funktion."[70] Es kommt mehr darauf an, dass die Lehrer ein Gefühl für die Situation der Jungen und für die eigenen Handlungsmöglichkeiten entwickeln.

Dennoch gibt es einige didaktisch-methodische Rahmenbedingungen, die bei der Arbeit mit Jungen bedacht werden sollten.

4.3.1 Das Prinzip des geschützten Raumes

Die Entwicklung und Realisierung geschlechterbewusster Bildungskonzepte in einer Schule sollte auch die Frage des gemeinsamen oder getrennten Unterrichts von Mädchen und Jungen berücksichtigen.

Diese „Trennungsfrage", die in der pädagogischen Diskussion häufig an erster Stelle und sehr kontrovers diskutiert wird, sollte je nach Situation der einzelnen Schule beantwortet werden. Dogmatische Antworten helfen dabei nicht weiter.

Würde man die generelle Abschaffung der koedukativen Schule fordern, so sollte man sich sicherlich intensiver mit den Ergebnissen von Faulstich-Wieland und Horstkemper[71] auseinandersetzen, die bei Befragungen von Mädchen und Jungen festgestellt haben, dass beide Geschlechter eine generelle Trennung in allen Unterrichtsfächern und die Wiedereinführung der monoedukativen Schule ablehnen. Richtigerweise stellen die Autorinnen darüber hinaus fest, dass die Trennung der SchülerInnen in geschlechtshomogene Gruppen auch „nicht ohne weiteres Einstellungen und ... Vorstellungen von Geschlechtsrollen"[72] in den Köpfen der Mädchen und Jungen verändern würde.

Aber da es ja nicht um eine generelle, sondern um eine partielle Trennung geht, sollte man die Einschätzungen von Jungen, die Erfahrung in zeitweise geschlechtshomogenen Gruppen gesammelt haben, ernst nehmen.

Spricht man mit Jungen, die schon in der Grundschule oder zu Beginn der Sekundarstufe I Erfahrungen in Jungengruppen gemacht haben, vergegenwärtigt man sich die Ergebnisse des Modellversuches aus Berlin „Mädchen sind besser – Jungen auch"[73], so wird deutlich, dass die Jungen wie auch die Mädchen die partielle Trennung positiv einzuschätzen wissen.

Warum? Welche Erklärung gibt es dafür?

Die Jungen scheinen die Erfahrung zu machen, dass es ihnen ohne die Mädchen leichter fällt, miteinander zu reden und sich gegenseitig zu verhalten. Der Druck zur übertriebenen Selbstdarstellung entfällt. Ziele der Jungenarbeit wie das

[70] Sielert (1993: 93)
[71] vgl. hierzu Faulstich-Wieland / Horstkemper (1995)
[72] vgl. hierzu Faulstich-Wieland / Horstkemper (1995)
[73] Senatsverwaltung für Schule, Jugend und Sport Berlin (1998 Band 1: 135 ff.)

„Sich Einlassen auf und Anwenden von Körperarbeit", das „Gespräch über Stärken und Schwächen von Jungen" oder das „Gespräch über Zukunftsperspektiven' " setzen zumindest zu Beginn der Arbeit den „geschützten Raum" voraus.

Der „geschützte Raum", in dem sich die Jungen untereinander solidarisch vergewissern können, hilft den Jungen, Dinge zu erfahren und zu lernen, die danach im Umgang zwischen den beiden Geschlechtern angewandt und überprüft werden können.

4.3.2 Prinzip der Verschwiegenheit

Die Arbeit im „geschützten Raum" bietet auch die Möglichkeit, das Prinzip der Verschwiegenheit zu realisieren. Bei der Arbeit mit Jungengruppen sollte auf jeden Fall Verabredungen in der Richtung getroffen werden, dass einzelne Äußerungen nicht an andere Personen weitergegeben werden. Die Mitschülerinnen, Eltern, Lehrerinnen und Lehrer sowie Freundinnen und Freunde sollen von dem, was in der Gruppe von einzelnen Jungen gesagt worden ist, nichts erfahren. Werden diese Absprachen nicht getroffen, wird diese Vertrauensebene nicht thematisiert, wächst die Verunsicherung auf Seiten der Jungen.

4.3.3 Prinzip der männlichen Leitung

Der folgende kurze Dialog zwischen einem Mann und einer Frau verdeutlicht das Problem.

„Ist doch klar, die Leitung muss ein Mann machen!"

„Aber woher nehmen, wenn nicht stehlen? Sollen wir die Jungenarbeit solange auf Eis legen bis sich endlich ein Mann an unserer Schule findet?"

„Aber die Jungen brauchen einen Mann. Mit Frauen können sie sich nicht identifizieren. Sie stellen den Frauen auch nicht ihre wirklichen Fragen."

„Ja, alles richtig, aber erstens sind in einigen Schulformen so gut wie keine Männer zu finden und zweitens haben mir meine Jungen gesagt, dass es vor allen Dingen eine Person ihres Vertrauens sein muss, denen sie sich öffnen können. Das Geschlecht spielt da nicht so eine große Rolle."[74]

Nimmt man die Ergebnisse der Sozialisationsforschung ernst, dann sollte es der Normalfall sein, dass die Jungenarbeit von Männern durchgeführt wird. In der Jungenerziehung braucht es mehr Mann und weniger Frau."[75] Aber wo gibt es diese engagierten Männer, die schon damit begonnen haben, sich mit der eigenen Biographie als Mann zu beschäftigen?[76]

---

[74] Biermann / Boldt (1999: 18)

[75] Winter (1991: 185)

[76] Innerschulische Fortbildungen für Männer können eine Möglichkeit darstellen, mehr Männer für das Thema zu gewinnen (vgl. hierzu das Kap 8.3).

Fehlen an einer Schule die für die Geschlechterfrage sensibilisierten Männer gänzlich, so müssen entweder außerschulische „Jungenarbeiter“ oder die Väter (z. B. in der Grundschule) für die Arbeit gewonnen werden oder die Diskussion darüber geführt werden, ob und unter welchen Bedingungen Jungenarbeit auch von Frauen übernommen werden kann.[77]

Patentrezepte und einfache Lösungen kann es für dieses Problem nicht geben[78]. Gefordert sind sicherlich „starke“ Frauen, die sich der Zielsetzungen ihrer Arbeit aufgrund ihrer Kenntnisse in den Bereichen des Geschlechterverhältnisses und der Jungensozialisation bewußt sind. Frauen sollen sich vergegenwärtigen, dass die Jungen sich ihnen anders als männlichen Kollegen gegenüber öffnen werden. Sie sollten sich im Vorfeld ihrer Arbeit darauf einstellen, dass sie im Vergleich zur Mädchenarbeit bei der Arbeit mit Jungen noch bewusster und sorgfältiger über die Reaktionen und mögliche Widerstände auf Seiten der Jungen nachdenken müssen. Die zwischen den Frauen und den Jungen behandelten Themen und Inhalte werden sorgfältig ausgewählt sein müssen, wenn sich Frauen mit den Jungen auseinander setzen.

Jungen werden darüber hinaus manchmal auf die Frauen stärker als auf die Männer provokativ reagieren Diese Provokationen, aber auch diskrimierende Äußerungen und die Herabsetzung des „Weiblichen“ durch die Jungen müssen für die Arbeit mit den Jungen eingeplant werden. Die Grenzen für das Verhalten der Jungen sollten von den Frauen klar abgesteckt werden.

Auf der anderen Seite kann die persönliche Betroffenheit der Frauen, so sie sich nicht nur moralisierend zeigt, positive Auswirkungen auf die Arbeit mit den Jungen haben. Diese persönliche Betroffenheit, verbunden mit dem Bedürfnis der Jungen nach Anerkennung durch Frauen wird Atmosphären schaffen, die eine Öffnung der Jungen auch Frauen gegenüber ermöglichen kann.

An vielen Schulen wird die Suche nach geschlechterbewussten Männern schwierig sein. Da Jungenarbeit aber grundsätzlich eine Frage der Sichtweise ist, sollte die Jungenarbeit auch nur dann von Männern durchgeführt werden, wenn sie zumindest ansatzweise hinsichtlich der eigenen Geschlechtsrolle ein Problembewußtsein entwickelt haben.

So wird wohl für viele Schulen das folgende aus dem weiter oben ausschnittweise dokumentierten Dialog stammende Zitat zutreffen:

„Und in einem hast Du Recht: Besser eine klare, emanzipierte, einfühlsame Frau als ein Mann, der keine Zielvorstellungen hat, der entweder nur der

[77] Das Problem wäre optimal gelöst, wenn die einzelnen Klassen einer Schule immer von einer Kollegin und einem Kollegen geleitet würden, die zugleich für das Geschlechterverhältnis sensibilisiert sind.

[78] Auf diesen Zusammenhang weist auch Engelfried (1991: 138) hin. Die Autorin hat Jungenarbeit in einem Heim für Jungen durchgeführt und beschreibt die widersprüchlichen Verhaltensweisen der Jungen denjenigen Frauen gegenüber, die engagiert Jungenarbeit durchgeführt haben.

Kumpel der Jungs sein will, ohne ihnen auch mal Grenzen zu setzen, oder der angebliche Frauenfreund, der nur korrigiert und moralisiert. Das spüren die Jungen sofort und werden abblocken."[79]

4.3.4 Prinzip der Klarheit

Mundig fordert, „dass sich Jungen mit dem, was sie gelernt und was sie erfahren haben, angenommen und verstanden fühlen".[80] Moralische Vorwürfe in Richtung der heranwachsenden Jungen sollten weitestgehend vermieden werden. Die Jungenarbeiter haben deshalb den Jungen mit einer fürsorglichen, solidarischen Haltung entgegenzutreten, ohne in eine unkritische Haltung zu verfallen. Dies hat zur Konsequenz, dass die Arbeit mit Jungen sich durch Klarheit und durch begründete Grenzziehungen auszeichnen muss.

In Bereichen, wo Jungen eindeutig Grenzen übertreten (z. B. sexuelle Belästigung), gilt es allerdings, diese Überschreitungen zu hinterfragen und zu thematisieren.

Die Stärkung der Selbstsicherheit der Jungen und das Kennenlernen der eigenen Grenzen schon in jungen Jahren kann dazu führen, dass diese Arbeit ohne die bekannten Verweigerungsstrategien und Erklärungsmuster aufseiten der Jungen („Ich wollte doch nur ...!"; „Der hat aber angefangen ...!" und „Immer werde ich angesprochen!") auskommen kann.

4.3.5 Prinzip der Subjektorientierung

Jungen darf nicht das Gefühl vermittelt werden, dass lediglich über sie und nicht mit ihnen diskutiert wird. Zwingt man ihnen Themen auf, könnte dies eher zu ablehnenden Verhalten und zu Verweigerungen führen. Gegenteilige als die intendierten Ziele würden dann erreicht, wenn Geschlechterfragen allzu „missionarisch" in der Schule thematisiert werden.

Die Jungen sollten folglich ständig in die Planung von Themen und Inhalten miteinbezogen werden. Damit dies gelingen kann, sollte in den Jungengruppen regelmäßig auf der Grundlage der gemachten Erfahrungen über weitere Inhalte und Methoden gemeinsam nachgedacht werden.

4.3.6 Prinzip der Freiwilligkeit

Jungen sind nicht gleich – Jungen sind vielfältig! Diese Aussage bezieht sich nicht nur auf das von den einzelnen Jungen gezeigte Verhalten, sondern ebenso auf die Bereitschaft, das Interesse und die Fähigkeiten, sich auf bestimmte Methoden einzulassen.

[79] Biermann / Boldt (1999: 20)
[80] Mundig (1993: 96)

Aufgrund dieser Erkenntnis sollte nicht von vornherein auf bestimmte Methoden verzichtet werden. Das wäre falsch. Jungenarbeiter können aber davon ausgehen, dass einige Methoden von der gesamten Gruppe dann eher akzeptiert werden, wenn man das Prinzip der Freiwilligkeit bei bestimmten Übungen (körperorientierte Methoden, Präsentationsübungen, Traumreisen usw.)[81] immer wieder betont.

Einige Jungen werden gar keine Schwierigkeiten haben, sich allen Methoden zu öffnen, andere werden durch den Zwang „Mitmachen zu müssen" eher eine Abwehrhaltung entwickeln, wiederum andere werden das Prinzip das Freiwilligkeit eher zum Ausprobieren nutzen, und es wird auch Jungen geben, die erst einmal nur beobachten wollen, was im Raum passiert. Auch dabei werden sie für ihre eigene Weiterentwicklung wichtige Dinge beobachten und sich dabei Fragen zu ihrer Person stellen.

Das Prinzip der Freiwilligkeit bedeutet aber zugleich, dass alle Jungen, die an bestimmten Übungen nicht teilnehmen, sich ruhig im Raum hinsetzen müssen. Bei einigen Übungen kann es ihnen auch freigestellt werden, während des Verlaufs noch nachträglich mitzumachen.

4.3.7 Prinzip der Handlungsorientierung

Wie auch bei anderen Unterrichtsvorhaben sind die Prinzipien der Handlungs- und Problemorientierung zu berücksichtigen.

Jungenarbeit sollte „von bestimmten Problemen ausgehen und problemorientiert angelegt sein". Sie sollte „auf Handlungssituationen vorbereiten und zugleich Handeln im Unterricht ermöglichen".[82] Die Jungen müssen folglich selber aktiv werden und einen Teil der Inhalte durch eigenes Handeln und Tun bearbeiten und gestalten. Gefordert ist eine Selbsttätigkeit der Jungen, die sie befähigt, eigenverantwortlich „weiter zu überlegen, nachzudenken, selbständig ein Problem zu lösen."[83]

---

[81] Weitere Hinweise zu diesem Problem sind dem Kapitel 6.4 zu entnehmen.
[82] Lemmermöhle u. a. (1992: Band 2; 13)
[83] Singer (1991: 136)

© Veit Mette

Handlungsorientierung ist aber nur dann möglich, wenn man den Jungen mit offenen Fragestellungen und Problemen gegenübertritt. Für diese Fragestellungen können von den Jungen unterschiedliche Lösungsmöglichkeiten erarbeitet und diskutiert werden. Die Jungen werden dadurch befähigt, bewußt eigene Entscheidungen zu formulieren und zu treffen.

Dies trifft insbesondere auf Themen wie „Vereinbarkeit von Familie und Beruf" oder „Leitbild Männlichkeit" zu. Der Mythos eines neuen Leitbildes sollte verhindert werden. Eindimensionales Denken und Handeln sollte zugunsten bewußt begründeter Entscheidungen vermieden werden.[84] Logische Konsequenz all dessen ist, dass man den Jungen genügend Zeit zur Verfügung stellt, sich für neue Fragestellungen zu öffnen.[85]

Das Prinzip der Handlungsorientierung erfordert auch den Einsatz von Methoden, die in der täglichen Unterrichtsarbeit häufig zu wenig beachtet werden.

Durch Rollenspiele können die Schüler sich in untypische Situationen begeben und sich in diesen neuen Situationen erleben. In der Gesellschaft tatsächlich vorhandene Rollenbilder und -klischees können verfremdet und/oder überzeichnet und somit für Jungen leichter erfasst werden.

Die Jungen außergewöhnliche Erfahrungen erleben zu lassen, kann ein weiterer Aspekt der handlungsorientierten Arbeit sein. Gemeinsame Aktionen (Essen kochen; Raum gemütlich einrichten; Tisch schön decken; Saunabesuch durchführen; Praktika in Sozialberufen; eine gemeinsame Fahrradtour, eine Videonacht ...) stellen untypische Erfahrungen dar, die Jungen neue Perspektiven eröffnen können.

Das Prinzip der Handlungsorientierung erfordert nicht zwingend die Arbeit im Projektunterricht. Erfahrungen haben aber gezeigt, dass Jungenarbeit ein großes Ausmaß an Zeit erfordert. Die normale Rhythmisierung des Unterrichtsalltags stellt diese Zeit und die damit verbundene Ruhe nicht zur Verfügung. Aus diesem Grunde sollte häufiger über die Verlagerung des Unterrichts aus der Schule heraus und über die Blockung mehrerer Unterrichtsstunden auch in Zusammenhang mit der Jungenarbeit nachgedacht werden.

[84] Kaiser (1996: 215)
[85] Sielert (1993: 62)

5 Zur Praxis der Jungenarbeit

Der koedukative Unterricht soll nicht abgeschafft werden. Bei der Ausgestaltung der koedukativen Schule sollte aber stärker als bisher der Blick auf die beiden Geschlechter gerichtet werden. Die didaktischen Kategorien sollten um die Kategorie „Geschlecht“ als Bezugsrahmen der pädagogischen Arbeit erweitert werden.

Einer gründlichen und umfassenden Bestandsaufnahme bezüglich der Praxis der koedukativen Schulen sollten schrittweise Veränderungen folgen.

Konkrete Folgen könnten sein:

★ Einzelne Fächer sollten sich die Frage stellen, ob der Unterricht den Interessen der Mädchen und Jungen entspricht.

  Die Fremdsprachen dürften gefordert sein, bei der Auswahl der Inhalte und methodischen Zugänge zu analysieren, wie das Fachinteresse der Jungen stärker angesprochen werden kann. Fächer wie Mathematik und Physik sollten die fehlende Akzeptanz ihrer Fächer auf Seiten der Mädchen stärker als bisher hinterfragen und nach neuen Wegen suchen.

★ Schon heute trennen viele Schulen die Mädchen und Jungen in einzelnen Unterrichtsfächern.

  In einzelnen Jahrgängen, manchmal aber auch während der gesamten Schulstufe werden z.B. in Sport, Informatik und Technik geschlechtshomogene Gruppen gebildet. Die Erfahrungen dieser Arbeit scheinen für beide Geschlechter positiv zu sein, so dass einzelne Schulen auch in diesem Bereich sich an einzelne Veränderungen heranwagen sollten.

★ Bestimmte Unterrichtsprojekte fordern geradezu die partielle Trennung.

  Sexualerziehung im 6. Jahrgang kann beleidigende Witzeleien verhindern, wenn Mädchen und Jungen wenigstens für einige Stunden getrennt unterrichtet werden. Auch die Durchführung von Bewerbungstrainings scheint erfolgreicher zu sein, wenn die Arbeit in einer geschlechtshomogenen Gruppe durchgeführt wird.

★ Projekttage zu Themen wie „Gewaltprävention“ und „Drogenprävention“ gehören in den meisten weiterführenden Schulen zum festen Bestandteil des schulischen Curriculums.

  Diese Maßnahmen sind erfolgreicher und nachhaltiger, wenn die Schulen auf der Grundlage der Bedürfnisstruktur des jeweiligen Geschlechtes die Jugendlichen zumindest phasenweise in geschlechtshomogene Gruppen aufteilen.

★ Projekttage sind wichtige Bestandteile der schulischen Arbeit.

  Erfolgreiche Persönlichkeitsstärkung, gezieltes Konflikttraining und nachhaltige Präventionsarbeit setzt aber die kontinuierliche Arbeit mit den Mädchen und Jungen voraus.

Enthält das Schulprogramm einer Schule Aussagen zur geschlechterbewussten Bildungsarbeit, so sollte bei der Umsetzung dieser Ziele gerade auch über regelmäßige und immer wiederkehrende Aktivitäten nachgedacht werden. Das Angebot von Mädchen- und Jungenarbeitsgemeinschaften sowie die Durchführung von Mädchen- und Jungenkonferenzen können hierbei sinnvolle Maßnahmen darstellen.

5.1 Arbeitsgemeinschaften für Jungen

SchülerInnen aller Schulformen können Arbeitsgemeinschaften wählen.

Von der Grundschule bis hin zum Gymnasium werden in vielfältiger Art und Weise und mit unterschiedlicher Verbindlichkeit diese Arbeitsgemeinschaften angeboten.

An einigen Schulen müssen die SchülerInnen eines ganzen Jahrgangs für eine bestimmte Zeitdauer sich für eine AG festlegen. An anderen Schulen werden diese Arbeitsgemeinschaften den SchülerInnen freiwillig angeboten.

Seit mehr als 10 Jahren tauchen bei den Inhalten dieser Arbeitsgemeinschaften immer wieder Titel wie „Mädchen-AG“, „Massagen für Mädchen“, „Mädchenfußball-AG“ und „Selbstsicherheitstraining für Mädchen“ auf.

Angebote für Jungen sind eher die Ausnahme. Wenn es denn welche gibt, können Jungen Fußball oder Basketball spielen, Klettern, Paddeln und Kanu fahren. Inhaltliche Verknüpfungen zur geschlechterbewussten Jungenarbeit sind selten zu beobachten, obwohl es zwischen einer „Kletter-AG“ oder einem Wochenendausflug mit dem Kanu und den Zielsetzungen der Jungenarbeit durchaus Überschneidungen gibt.

Angebote zur Erweiterung ihres Verhaltensrepertoires und damit der Sozialkompetenzen von Jungen sind seltener anzutreffen. Dabei können auch in diesen Arbeitsgemeinschaften Themen angesprochen werden, die in der gemischten Gruppe so nicht zur Sprache kommen. Damit die Jungen das Zusammensein in den Arbeitsgemeinschaften auch als spannende Erfahrung einschätzen, dürfen das Spielen, das Toben und sportliche Aspekte nicht zu kurz kommen. Aber nur aktiv zu sein und das Gespräch und die Reflexion über das Erlebte zu ignorieren, dafür bedarf es keiner neuen Form von Jungenpädagogik. Diese Erfahrungen machen Jungen in Sportvereinen und in Schulmannschaften.

„Ich bin doch kein Macho – ich bin doch nur cool“, „Männer unter sich“, „Wilde Kerle“ und „Jungen können auch anders sein“ – an einigen Schulen kann man diese Ankündigungen für Jungenarbeitsgemeinschaften lesen. Zumindest an größeren Schulen, an denen Arbeitsgemeinschaften verpflichtend angeboten werden, werden diese Angebote dann auch von einer ausreichenden Zahl von Jungen gewählt. Attraktive Werbung und eine geeignete Präsentation können dazu führen, dass die Akzeptanz dieser Angebote wächst. Wenn eine Jungenarbeitsgemeinschaft einmal erfolgreich durchgeführt worden ist, ist damit zu rechnen, dass sie auch in Zukunft aufgrund der „Mund-zu-Mund-Propaganda" wieder zustandekommt.

Für das erfolgreiche Gelingen einer Jungenarbeitsgemeinschaft sollten folgende Dinge beachtet werden:

★ Die Jungen kommen aus verschiedenen Klassen.

  Damit eine neue Gruppe entstehen und zusammenwachsen kann, ist es sinnvoll, wenn die Schüler sich verbindlich für ein halbes Jahr für das Angebot anmelden.

★ In den ersten Treffen sollte das Spielen und der Spaß nicht zu kurz kommen.

  Die Treffen sollen Freude bereiten. Zugleich soll aber auch bei den ersten Zusammenkünften deutlich gemacht werden, welche Grundprinzipien von allen Beteiligten beachtet werden sollen.

★ Es kann Sinn machen, die Schule mal zu verlassen.

  Je nach Alter der Gruppe, aufgrund der Interessen der Schüler und aufgrund der Fähigkeiten des Leiters kann mal eine Fahrradtour, ein Badmintonspiel oder ein Saunabesuch durchgeführt werden.

★ In Arbeitsgemeinschaften können Dinge praktiziert werden, die üblicherweise nicht mit dem Etikett „jungenspezifisch" in Verbindung gebracht werden.

  Jungen kann es durchaus Spaß machen, einen Raum schön zu gestalten, ein Essen zu kochen und hierfür den Tisch vorzubereiten.

★ Der auf diese Weise geschaffene, geschützte Raum sollte für die Erweiterung des Verhaltensrepertoires genutzt werden.

  Die Jungen können nach einer Eingewöhnungs- und Annäherungszeit mit Inhalten und Übungen konfrontiert werden, die ihnen diese neue Erfahrungen ermöglichen. Da sie durch die Abwesenheit der Mädchen nicht unter dem Druck stehen, dominantes Verhalten zeigen zu müssen, kann ihnen die Arbeitsgemeinschaft Hilfe zur bewussten Auseinandersetzung mit der eigenen Identität geben.

★ Letztendlich gilt auch für diese Form der Jungenarbeit, dass die Leitung durch Männer erfolgen sollte.

  Männer, die keine Zielvorstellungen haben, die entweder nur der Kumpel der Jungs sein wollen, ohne ihnen auch mal Grenzen zu setzen oder nur moralisierende Männer eignen sich allerdings nicht für diese Arbeit. Benötigt werden Männer, die zumindest angefangen haben, sich auch mit ihrer eigenen Verhaltensmustern und dem Verhältnis zwischen den Geschlechter auseinander zu setzen.

Damit die Jungen nicht nur einmal in ihrem Schulleben Erfahrungen in einer Jungengruppe machen können, sollten zumindest die Schulen der Sekundarstufe I darüber nachdenken, ob Arbeitsgemeinschaften nicht in verschiedenen Jahrgangsstufen angeboten werden können.

5.2 Jungenkonferenzen

An Jungenkonferenzen[86] nehmen alle Jungen einer Klasse teil. Parallel zu den Jungen treffen sich auch die Mädchen der Klasse. Die Jungen und Mädchen einer Klasse arbeiten also zeitgleich an unterschiedlichen und/oder gleichen Themen und Fragestellungen.

Im Unterschied zu den Arbeitsgemeinschaften, in denen sich an den meisten Schulen Jungen aus mehreren Klassen zusammenfinden, bieten die Mädchen- und Jungenkonferenzen die Möglichkeit, konkret auf die jeweilige Lerngruppe bezogen (Konflikte in der Klasse, Erweiterung der Kompetenzen usw.) pädagogisch zu arbeiten.

Diese Organisationsform bietet zudem den Vorteil, dass man über mehrere Jahre hinweg mit einer stabilen Gruppe arbeiten kann.

Das folgende Beispiel, der Brief einer Jungengruppe an die Mädchen ihrer Klasse mag verdeutlichen, dass diese Form der Arbeit das Klassenklima positiv beeinflussen kann:

„Für die Mädchen der Klasse 7d!

Wir würden uns wünschen, dass Ihr uns selbst sagt, wenn Euch Äußerungen mißfallen und nicht nach ein paar Tagen zu den Lehrern geht.

Wir wünschen uns, dass wir nicht von Euch provoziert werden, damit es nicht zu so solchen Vorfällen kommt. Wir geben unsere Fehler zu. Ihr solltet Eure Fehler auch zugeben.

Wir werden nichts mehr über eure Sexualität sagen, um Euch damit zu ärgern oder zu verletzen.

Auf schöne Änderungen

Eure Jungs“

Die Situation oder Situationen, die dem Schreiben und der Übergabe dieses Briefes vorausgegangen sind, sind leicht vorstellbar.

Nur schwer vorstellbar ist aber, dass die Jungen in einer gemischtgeschlechtlichen Gruppe ohne Nebenbemerkungen oder Witzeleien eigene Fehler gegenüber den Mädchen zugeben können.

---

[86] Der Ansatz der Mädchen- und Jungenkonferenzen ist an der Laborschule Bielefeld entwickelt worden. Eine ausführliche Darstellung ist der Veröffentlichung von Biermann (1997) zu entnehmen.

Gestärkt durch den Austausch und das Gespräch in der homogenen Gruppe sind sie aber über ihren eigenen Schatten gesprungen. Sie haben ihr Verhalten problematisiert. Zugleich äußern die Jungen das Bedürfnis und den Wunsch, in Zukunft freundschaftlicher miteinander umzugehen.

Sollen Probleme und Konflikte, die sowohl zwischen Mädchen und Jungen aber auch unter den Jungen entstehen, produktiv gelöst werden, dann sollte eine ruhige und vertrauensvolle Atmosphäre geschaffen werden.

Mädchen- und Jungenkonferenzen bieten diesen Rahmen.

Das Aufgreifen von Problemen in der Klasse stellt dabei lediglich einen inhaltlichen Bezugsrahmen für die Konferenzen sein. Die zentralen Inhalte ergeben sich aus den allgemeinen Zielbestimmungen für die Jungenarbeit.

Bei der Durchführung dieser Treffen sollte man darauf achten, dass sie regelmäßig stattfinden. Dies unterstreicht die Bedeutung dieser Treffen auch für die Jungen.

Es empfiehlt sich, den Treffen eine immer wiederkehrende Struktur (Ritualisierung) zu geben. Diese könnte wie folgt aussehen:

Ablauf einer Jungenkonferenz

1. Einstieg / Beginn (Spiel, Bewegung)
2. Gespräch (themenbezogen)
3. Praktische Übung (im Idealfall auf das Thema bezogen)
4. Reflexion und Ausblick (Rückmeldung zum Treffen und Klärung neuer Themen)

Die Arbeit sollte sich deutlich von anderen Unterrichtsstunden abheben. Der besondere Rahmen kann durch einen Raumwechsel erreicht werden. Vielleicht existiert in der Schule ein Gesprächsraum für die Erwachsenen, für die Schülerselbstverwaltung oder ein Ruheraum. Aber auch durch Saft und Kekse kann die besondere Gesprächssituation betont werden.

Für die Durchführung von Jungenkonferenzen sollte man sich Zeit nehmen. Einzelne Unterrichtsstunden sind eigentlich zu kurz, aber leider stehen nicht immer Doppelstunden zur Verfügung[87].

Dass die Arbeit mit den Jungen in den Konferenzen nicht zensiert wird, muss sicherlich nicht extra betont und begründet werden.

[87] Weitere Hinweise zur Gestaltung von Jungenkonferenzen sind dem Kapitel 8.4.5 zu entnehmen.

Da Jungen vielfältig sind, reagieren sie natürlich unterschiedlich auf die ihnen gemachten Angebote. Danach befragt, welche Inhalte[88] ihnen bei den letzten Jungentreffen am meisten Spaß gemacht haben, antworteten Jungen eines 5. Schuljahres[89]:

• Das Massieren	• Körpererfahrungen
• Die Schwebebahn	• Vertrauensübung
• Das gemeinsame Essen	• Frühstück planen
• Die vielen Spiele	• Spiele nach Regeln
• Pizza backen (Massagen)	• Körpererfahrung
• Roboterspiele	• Spiel nach Regeln
• Das Spiel, den anderen über die Mauer zu ziehen	• Spiel nach Regeln
• Die Aufgaben mit den Karten (positive Rückmeldungen)	• Fremdwahrnehmung
• Das mit den Karten, wo man das machen muss, was drauf steht.	• Selbstwahrnehmung
• Das mit den Karten,	• Fremdwahrnehmung
• Die Massage, die Autowäsche,	• Körperarbeit
• Im Ruheraum Theater spielen und andere Dinge besprechen	• Konflikttraining
• Karten spielen,	• Fremdwahrnehmung
• Wettermassage	• Körperarbeit
• Pizza backen	• Körperarbeit
• Waschanlage, Massagen	• Körperarbeit
• Kämpfen	• Spiel nach Regeln
• Waschanlage, Pizza backen,	• Körperarbeit
• Was finde ich gut an Dir?	• Fremdwahrnehmung
• Das Massieren	• Körperarbeit

Auffallend ist, dass viele Jungen körperorientiertes Arbeiten (in der Regel Massagen) als sehr angenehm empfinden.

Die Übungen zur Fremdwahrnehmung, durch die einzelne Jungen positive, aber auch negative Eigenschaften durch einzelne Jungen oder die Gruppe gespiegelt bekommen, werden akzeptiert.

Der von den Jungenarbeitern intendierte Zugewinn an neuen Erfahrungen scheint von den Jungen selbst als ein positives Erlebnis und vielleicht auch als ein persönlicher Zugewinn eingeschätzt zu werden.

[88] Ein großer Teil der von Jungen genannten Methoden und Inhalte sind im Kapitel 6 ausführlich beschrieben.

[89] vgl. Fußnote 5

6 Jungenarbeit konkret

„Was kann ich eigentlich mit den Jungen machen?"
„Sind die Jungen für bestimmte Inhalte zu motivieren?"
„Reicht es nicht auch schon aus, wenn ich mit den Jungen mal Fußball spiele?"

Diese und ähnliche Fragen werden häufig von Männern formuliert, wenn man mit ihnen über die Inhalte der Jungenarbeit spricht.

Auch wenn die Inhalte der Jungenarbeit auf die Situation der jeweiligen Gruppe und auf jeweils spezifische Bedürfnisse der Jungen zugeschnitten werden müssen, sollen im folgenden zu immer wiederkehrenden Problemstellungen kurze Einführungstexte, Zielsetzungen und Materialien dargestellt werden.

Für den konkreten Einsatz der Materialien sollte aber das Alter der Jungen und ihre jeweiligen Vorerfahrungen ebenso Berücksichtigung finden wie zum Beispiel aktuelle Probleme und Konfliktsituationen in der Klasse.

Bleibt noch der Hinweis, dass von einem Einsatz der methodischen Zugänge in gemischtgeschlechtlichen Gruppen abzuraten ist.

6.1 Übungen zur Selbst- und Fremdwahrnehmung

Bedeutung des Themas:

„Wenn Jungen aus der Rolle fallen, sind die Bewertungen auch heute noch unerbittlich: Ein ängstlicher Junge ist eine „Memme". Jungen fürchten das Stille an der Trauer, weil Stille Innehalten bedeutet ... Ein stiller Junge stellt die unattraktive, langweilige Abweichung von der Norm dar. Weinen ist letzten Endes immer noch „weibisch". [90]

Jungen reden selten persönlich miteinander.

Jungen fällt es oftmals schwer, Ängste zu thematisieren.

Ihnen gelingt es auch nicht immer, eigene positive Eigenschaften zu benennen.

Jungen sind zwar nicht stumm, allerdings sprechen sie häufig (wie die erwachsenen Männer) nicht über sich selbst, sondern über Sport, Abenteuer und Fernsehsendungen.

„Wie geht's?" – „Gut! Und Dir?" – dieser kurze Dialog ist Beispiel dafür, dass Jungen große Schwierigkeiten haben, über sich selbst zu sprechen.

Dahinter steht die Angst vieler Jungen, sich durch Offenheit angreifbar und verletzbar zu machen. Diese Ängste, verständlich aufgrund ihrer Unsicherheiten im Prozeß der männlichen Identitätsfindung, verhindern das „In-Sich-Hineinhören", das „In-Andere-Hineinversetzen" und das differenzierte Gespräch untereinander.

---

[90] Schnack / Neutzling (1990: 116)

Ähnlich wie die Erwachsenen neigen Jungen häufig dazu, sich die persönliche Anerkennung durch ein nach außen gerichtetes Handeln zu verschaffen, dass durch eine Vielzahl von Aktivitäten gekennzeichnet ist.

In Jungengruppen kann der Versuch unternommen werden, Jungen die Möglichkeit zu verschaffen, das Sprechen und Zuhören über die eigenen Gefühle, über die eigene Person zu erlernen. Der geschützte Raum kann und sollte dazu genutzt werden, den Jungen diese Möglichkeit anzubieten.

Über das Ausdrücken von Gefühlen hinaus sollte es aber auch darum gehen, neue Körpererfahrungen in Form von Spielen und Massagen zu erlangen.

Wie bei fast allen Themen gilt, dass sehr früh mit dieser Arbeit begonnen werden sollte: je jünger die Schüler sind, desto offener sind sie für neue Erfahrungen. Mit diesen neuen Erfahrungen ausgestattet, können sie vermutlich auch in Phasen, wo sie sich eher verschlossen zeigen (Pubertät) und diese Arbeit als „Kinderkram“ abtun würden, ihre hinzugewonnenen Fähigkeiten anwenden.

Ziele:

→ Eigene Gefühle wahrnehmen;
→ Eigene Gefühle verbal und nonverbal ausdrücken;
→ Bewusste Auseinandersetzung mit ihren Stärken und Schwächen;
→ Gegenseitiger Austausch über die eigenen Stärken und Schwächen und die Stärken und Schwächen anderer Jungen;
→ Kennenlernen neuer Kommunikations- und Begegnungsformen.

Einzelne Methoden:

Entscheidungsspiel „Wie gut kennt mich die Gruppe?“[91]

Zu Beginn erhält jeder Mitspieler (bis zu 10 Jungen) von den in der Mitte liegenden Bonbons (Spielchips, Streichhölzer ...) 5 Stück. Ein Stapel von Entscheidungskarten wird reihum gegeben. Jeweils eine Person liest einen Text laut vor und entscheidet sich heimlich für eine Meinung (A, B oder C). Die Mitspieler versetzen sich in die andere Person und entscheiden sich ebenfalls für eine Lösung. Sind alle Jungen fertig, werden die Karten aufgedeckt. Der Junge begründet seine Entscheidung, womit der kurze inhaltliche Austausch zum Thema beginnt.

[91] Die Idee für dieses Kommunikationsspiel geht auf das Spiel „Traum Berufe Und Mehr ...“ zurück, welches vom Niedersächsichen Landesinstitut für Fort- und Weiterbildung im Schulwesen und Medienpädagogik (NLI) 1998 herausgegeben worden ist. Es ist Bestandteil der didaktischen Materialien zum Film „Alles Klar? ... Nichts Ist Klar!“, welcher vom gleichen Landesinstitut erstellt und vertrieben wird. Die Grundidee des Spiels wurde von Christiane Höke aufgegriffen, indem sie für andere inhaltliche Zusammenhänge im Rahmen der Mädchenarbeit Karteninhalte formuliert hat.

Alle Jungen, die die „richtige Entscheidung“ getroffen haben, erhalten zur Belohnung ein weiteres Bonbon, Alle anderen müssen eins abgeben. Gab es mehr als zwei oder drei Übereinstimmungen zwischen den einzelnen Jungen und dem Jungen, der die Karte vorgelesen hat, so erhält er noch eine Belohnung in Form von drei Bonbons aus der Kasse.

Entscheidungskarten

Welcher Meinung würdest du zustimmen? A. Pickel finde ich nicht schlimm, die haben doch alle in unserem Alter. B. Ein Pickel kann mir den ganzen Tag versauern. C. Wenn ich Pickel habe, gucke ich erst gar nicht in den Spiegel.	**Was würdest du am ehesten von dir sagen?** A. Ich bin vor allem cool. B. Ich bin eher ein nachdenklicher und ruhiger Mensch. C. Ich bin ein hilfsbereiter Mensch.
Was wäre, wenn dein Freund ständig an deiner Figur rummeckern würde? A. Ich sage ihm, dass er endlich damit aufhören soll. B. Ich meckere auch an ihm rum. C. Ich spreche kein Wort mehr mit und beende die Freundschaft.	**Was wäre, wenn ein paar Mädchen deinen Bauch kritisieren würden, weil er zu dick ist.** A. Ich würde Sport machen, damit ich abnehme. B. Ist mir doch egal – entweder man mag mich oder nicht. C. Ich fange auch an, die Mädchen zu beleidigen.
Wie findest du deine Haare? A. Ich kann machen, was ich will – meine Haare sehen einfach schlimm aus. B. Wenn ich dürfte, würde ich meine Haare jede Woche anders färben. C. Ich finde meine Haare klasse.	**Du hast deine Hausaufgaben nicht erledigt. Was sagst du deinem Lehrer?** A. Ach ja, die Hausaufgaben, die habe ich ganz vergessen. B. Ich hatte einen Arzttermin und hatte keine Zeit. C. Entschuldigung, ich zeige sie morgen.

Welche Meinung findest du richtig? A. Ein Mädchen, das ich mögen soll, muss cool sein. B. Die Mädchen sollten auch Gefühle zeigen. C. Die Mädchen sollten auch sportlich sein.	**Was würde dir am schwersten fallen?** A. Deinem Freund sagen, dass seine Jeans nicht gut sitzen. B. Deinem Freund sagen, dass er Körpergeruch hat. C. Mit deinem Freund, dessen Jeans schlecht sitzt und der Mundgeruch hat, in die Schuldisco zu gehen.
Wovor hast du am meisten Angst? A. Vor einem Krieg. B. Vor der Arbeitslosigkeit. C. Vor einer Krankheit.	**Welche Aussage stammt von dir?** A. Angst habe ich noch nie gehabt. B. Natürlich hatte ich schon einmal Angst. C. Angst gehört zum Leben dazu.
Welche Eigenschaft müssen Freunde für dich vor allem haben? A. Zusammen Spaß haben können. B. Zuverlässigkeit C. Gut zuhören können.	**Wie gehst du mit Lob um?** A. Ich freue mich riesig und zeige das auch den anderen. B. Das ist mir peinlich. C. Ich zeige es nicht, aber es gefällt mir gut.
Wie findest du Schulausflüge? A. Nicht besonders, aber sie sind besser als Unterricht. B. Ich finde sie grässlich. C. Sie machen Spaß.	**Du fühlst dich von einem Lehrer ungerecht behandelt oder benotet!** A. Ich versuche, mit ihm gemeinsam in Ruhe zu reden und eine Lösung zu finden. B. Ich rege mich fürchterlich auf und ziehe mit meinen Freunden über den Lehrer her. C. Ich bin der Meinung, dass man gar nichts dagegen tun kann.

Dein bester Freund spannt dir deine Freundin aus. Wie gehst zu damit um? A. Ich ziehe mich zurück und spreche mit beiden kein Wort mehr. B. Ich werde um meine Liebe kämpfen. C. Ich wünsche beiden Glück und suche mir was Neues.	**Wenn dir ein Verkäufer aus Versehen 25 EUR zuviel herausgibt ... was würdest du dann machen?** A. Sie sollte besser aufpassen. Ich gebe ihr das Geld nicht zurück. B. Ich gebe das Geld nur zurück, wenn die Verkäuferin nett ist. C. Natürlich gebe ich das Geld zurück.
Wo möchtest du am liebsten leben? A. In einer interessanten Großstadt. B. In einer gemütlichen Kleinstadt. C. Auf dem Lande.	**Die Eltern haben die Nase voll und wollen dich rauswerfen. Was tust du?** A. Ich habe viele Freunde. Bei irgendeinem werde ich schon unterkommen. B. Ich schließe mich ein und lasse mich nicht rauswerfen. C. Ich lasse mich erst einmal von einem Freund oder dessen Eltern beraten und suche dann das Gespräch mit meinen Eltern.
Wenn dich jemand ärgert ... Wie reagierst du? A. Dann bin ich vor allem beleidigt. B. Dann krieg ich vor allem Wut. C. Dann sage ich ihm sofort, dass ich mich geärgert habe.	**Was machst du, wenn du in eine Rauferei geraten bist?** A. Dann wehre ich mich und mische kräftig mit. B. Dann versuche ich, da möglichst schnell wieder herauszukommen. C. Dann lasse ich mir meistens alles einfach gefallen.

Wenn dich jemand beschimpft oder beleidigt, was machst du dann? A. Dann beschimpfe ich diese Person auch. B. Dann drohe ich der Person Prügel an. C. Dann versuche ich der Person klarzumachen, dass ich das nicht gut finde.	**Wenn zwei Mitschüler einen Gegenstand durch die Klasse werfen, der einer anderen Person gehört. Was machst du dann?** A. Ich mache das Spiel einfach nicht mit. B. Ich versuche den Gegenstand zu kriegen und gebe ihn der Person zurück. C. Dann spiele ich das Spielchen mit.
Wenn dich jemand schlägt, was machst du dann? A. Dann schlage ich sofort zurück. B. Dann lasse ich mir das gefallen, versuche mich aber zu schützen, damit ich möglichst wenig abkriege. C. Ich suche Hilfe und bemühe mich um Schlichtung.	**Was machst du, wenn du mal jemanden beleidigt hast und merkst, dass das die Person ärgert?** A. Dann entschuldige ich mich bei der Person. B. Dann tut mir das einfach leid. C. Dann denke ich, das wird schon vorübergehen.
Wie reagierst du, wenn jemand schlecht über deinen besten Freund spricht? A. Dann sage ich der Person, dass ich das nicht mag. B. Dann bin ich zwar sauer auf die Person, sage aber nichts. C. Ich reagiere gar nicht darauf und nehme einfach keine Notiz.	**Wie reagierst du, wenn dir jemand etwas wegnimmt?** A. Dann versuche ich, der Person auch etwas wegzunehmen. B. Dann hole ich mir mit Gewalt zurück, was mir weggenommen worden ist. C. Dann warte ich erst einmal ab, ob ich es nicht wiederbekomme.

Wenn ich mich über etwas so richtig ärgere, dann ... A. ... spreche ich mit einem Lehrer / einer Lehrerin darüber. B. ... spreche ich mit einem Freund darüber. C. ... rede ich mit meinen Eltern darüber.	**Was tust du, wenn du dich über etwas heftig geärgert hast?** A. Dann spreche ich mit einer Person des Vertrauens darüber. B. Dann sage ich nichts und fresse den Ärger in mich hinein. C. Dann reagiere ich mich ab.
Was machst du am liebsten in deiner freien Zeit? A. Rauchen, Saufen, Rumhängen und Leute ärgern. B. Sport und meinen Hobbys nachgehen. C. Nebenbei arbeiten und Geld verdienen.	**Reizt es dich, mal Klassensprecher zu sein?** A. Klar doch, da kann man sich so richtig mit den Lehrerinnen anlegen. B. Teils, teils. Es ist aber gut, wenn man die Interessen der SchülerInnen vertreten kann. C. Bloß nicht. Ich bin doch nicht blöd.
Wie gehst du mit persönlichen Problemen in der Schule um? A. Da erzähle ich eigentlich nie etwas von. B. Das kommt auf die SchülerInnen und LehrerInnen an. C. Wenn man mich fragt, erzähle ich eigentlich auch fast allles.	**Gehst du bei einer Grippe sofort zum Arzt?** A. Klar, meine Gesundheit ist mir ganz wichtig. B. Nein, nur wenn es mir ganz dreckig geht. C. Nein, ich werfe lieber ein paar Tabletten ein.

„So lange du deine Füße unter meinen Tisch steckst, hast du zu tun, was ich dir sage!“ Wie findest du diesen Spruch?	**Dir gefällt ein Mädchen. Wie verhältst du dich?**
A. Typischer Spruch, wenn die Eltern nicht mehr weiter wissen.	A. Ich schaue sie so oft an, bis sie mich mal anspricht.
B. Die Eltern wollen eigentlich doch nur das Beste für ihre Kinder.	B. Ich werde erst mal ein kleines Briefchen oder eine SMS schreiben.
C. Ich mache sowieso nur das, was ich für richtig halte.	C. Ich ergreife sofort die Initiative und spreche sie direkt an.
Welche Schulfächer interessieren dich am meisten?	**Wie ist dein Ansehen in der Klasse?**
A. Alle naturwissenschaftlichen Fächer.	A. Ich bin allgemein beliebt.
B. Sport und Englisch.	B. Wenn ich will, komme ich mit allen gut aus.
C. Eigentlich alle Fächer, auch wenn die Noten ganz unterschiedlich sind.	C. Mich kann keiner besonders gut leiden, manche lachen wohl auch über mich.
Wie reagierst du, wenn du jemanden im Kaufhaus beim Diebstahl beobachtest?	**Interessierst du dich für Dinge, die deinen MitschülerInnen passieren?**
A. Ich schaue diskret weg.	A. Da ist mir total egal.
B. Ich versuche denjenigen zu überreden, dass er die Ware wieder auspackt.	B. Natürlich, denn mir könnten ja ähnliche Dinge passieren.
C. Ich melde den Diebstahl einer Verkäuferin.	C. Eigentlich interessieren mich nur Angelegenheiten, die meinen besten FreundInnen passieren.

Was tust du, wenn du in Zukunft 3000 EUR Schulden haben solltest? A. Ich versuche, meine Stereoanlage und ein paar andere Dinge, auf die ich zur Not verzichten kann zu verkaufen. B. Ich würde ein paar Freunde und meine Eltern anpumpen. C. Ich suche eine Schuldnerberatung auf. Vielleicht können die mir helfen.	**Was sagst du einem guten Freund, der Liebeskummer hat, weil seine Freundin Schluss gemacht hat?** A. Ich versuche, ihn zu trösten. B. Ich versuche ihn abzulenken, indem wir viel unternehmen. C. Ich rede schlecht über die Exfreundin.
Die Eltern stellen dir ständig Fragen zu deinem Freund. Wie reagierst du? A. Ich knalle die Tür zu und sage: „Lasst mich in Ruhe." B. Ich erzähle ihnen locker, was so läuft. C. Mir ist das peinlich und das sage ich ihnen auch.	

Aus Platzgründen sind hier lediglich beispielhaft einige Karteninhalte abgedruckt worden.
Weitere Karten sind einfach zu erstellen. Wenn sich zum Beispiel einige Kollegen hinsetzen und ein paar Karteninhalte formulieren, wird man feststellen, dass die Vielfalt der Inhalte zunimmt. Zugleich erfährt man, dass die Arbeit Spass macht.

Ich traue mich

Ein Stapel von Karten wird herumgegeben. Nacheinander deckt ein Junge eine Karte auf und liest die Aufgabenstellung leise durch. Danach kann er die Aufgabe lösen oder auch ablehnen. Lehnt er die Karte ab, so steckt er sie unter den Stapel und nimmt eine weitere Karte. In diesem Fall ist er gezwungen, die Aufgabenstellung der zweiten von ihm aufgedeckten Karte laut vorzulesen und danach zu erledigen.

Aufgabenkarten

Sage einem Jungen aus der Gruppe, was du nicht an ihm magst <u>und</u> was du dir von ihm in Zukunft wünscht.	Gehe zu allen anderen Jungen, die im Kreis sitzen und begrüße sie freundlich (Hand geben) und mit einem Lachen.
Gehe zu allen Jungen, die im Kreis sitzen und begrüße sie mit einem „bösen" Blick.	Erzähle uns ein Erlebnis aus deinem Leben, dass du schön findest.
Zeige uns, wie du dir einen besonders coolen Typen vorstellst.	Laß dir die Augen verbinden und Dich von einer Person deiner Wahl durch den Raum führen.
Erzähle uns, ob du schon einmal Angst gehabt hast und schildere uns die Situation.	Schildere uns einen Konflikt aus deinem Leben und erlaube uns, drei Fragen dazu zu stellen.
Erzähle uns eine Geschichte, wo du schon einmal Angst gehabt hast und frage zwei andere Jungen, ob sie eine ähnliche Situation kennen.	Führe uns drei ordentliche „Liegestütze" vor.
Sage einem Jungen aus der Gruppe, welche zwei Dinge du an ihm magst.	Erzähle uns zwei Dinge, die du gut an dir findest.
Wähle einen Jungen aus, der auf deinem Rücken eine Runde reiten darf.	Führe mit einem Jungen deiner Wahl das Spielchen „Armdrücken" durch.
	Laß dir die Augen verbinden. Ertaste danach eine Person und nenne ihren Namen.
Führe uns zehn ordentliche Kniebeugen vor.	
Erzähle, uns zwei Dinge, die du an dir nicht leiden kannst.	Laß dir die Augen verbinden und dir von einem anderen Jungen den Rücken massieren. Errate, wer es war.

Aufgrund der jeweiligen Vorerfahrungen der Gruppe, der Interessen der Jungen und der konkreten Zielsetzungen können weitere Karten erstellt werden. Man sollte darauf achten, dass ein ausgewogenes Verhältnis zwischen sprachlich zu lösenden Aufgaben und spielerischen Aktivitäten gefunden wird.

Wahrheit oder Lüge

Die Jungen erhalten eine DIN-A 5-Pappe und schreiben zwei Informationen auf diese Pappe. Eine Information soll zum Beispiel das Lieblingsessen, die andere kann einen Traumberuf benennen. Oder: Lieblingsurlaubsort und bevorzugtes Getränk. Oder: Lieblingsmusikgruppe und größtes Hobby.

Die eine Information soll der Wahrheit entsprechen, die andere Information soll eine Lüge darstellen. Danach kleben sich alle Jungen die Pappe auf den Rücken. Alle Jungen laufen nun gleichzeitig und gleich ausgestattet durch den Raum. Jeder Junge bekommt die Aufgabe, bei den anderen Jungen die Information anzukreuzen, die er für falsch, also für gelogen einschätzt.

Nachdem alle Kreuze verteilt sind, werden die Pappen abgenommen. Meistens wird es jetzt etwas lauter, Lachen ist angesagt.

Danach setzt man sich in einen Kreis und jeder Junge gibt an, welches die wahre Information und die Lüge gewesen sind.

Die Torte

Allen Jungen wird ein größeres Stück runde Pappe (in der Größe einer Torte) auf den Rücken geklebt. Zugleich nehmen sich alle Jungen einen Stift in die Hand, um die Torte der anderen Jungen zu beschriften.

Die Rückmeldung, die die einzelnen Jungen erhalten, sollen sich dabei auf die positiven Eigenschaften der jeweiligen Person beziehen. Negative Rückmeldungen sind nicht erlaubt, sondern ausdrücklich verboten. Ziel ist, dass die einzelnen Torten hinterher voll beschrieben sind. Dies bedeutet, dass möglichst jeder Junge allen anderen Jungen etwas auf „den Rücken" schreiben soll.

Manchmal haben die Jungen Schwierigkeiten, positive Eigenschaften zu formulieren, die über „Standardaussagen" wie „Du bist nett", „Du bist hilfsbereit" oder „Mit Dir kann man viel unternehmen" herausgehen. Um die Vielfalt der Aussagen zu erhöhen, kann es deshalb Sinn machen, den Jungen eine Hilfestellung an die Hand zu geben. Hierzu eignet sich gut die Adjektivliste, die sich in diesem Buch bei der Beschreibung der Methode „Schattenrisse" befindet.

„Wir lernen uns kennen" (Videoarbeit)

Einzeln werden die Jungen auf Video gefilmt. Sie nennen ihren Namen, ihr Alter, äußern sich zu ihren Hobbys und beenden Satzanfänge wie:

- „Ich bin gerne ein Junge, weil …“
- „Von einem guten Freund erwarte ich, dass …“
- „An den Mädchen finde ich besonders gut, dass …“

Es empfiehlt sich, dass die Jungen einzeln im Raum sind, wenn sie gefilmt werden.

Nach dem Filmen sehen sich alle Jungen das Video an und sprechen über Auffälligkeiten.

Soziometrische Linien[92]

Diese Methode eignet sich gut, einen Einstieg in ein Thema zu finden. Die teilnehmenden Jungen positionieren sich zu einzelnen Aussagen im Raum und tauschen sich anschließend über die jeweilige Aussage aus. An diesem Gespräch können auch die am Rande sitzenden Jungen teilnehmen.

Es sollte auf jeden Fall vermieden werden, die Äußerungen und Reaktionen der Jungen positiv oder negativ zu bewerten.

© Doro Köster

Aussagen könnten sein:

- Jungen und Mädchen verhalten sich gleich.
- Alle Jungen sind gleich.
- Das können wir Jungen besser als die Mädchen.
- Wenn ich mir die Jungen dieser Gruppe anschaue, dann fällt mir zu jedem eine Sache ein, die ich an ihm gut finde.
- Angst zu haben ist doch die natürlichste Sache der Welt.
- Entschuldigen – das fällt mir schwer.
- Es fällt mir leicht, vor dieser Gruppe drei meiner positiven Eigenschaften zu nennen.

---

[92] Diese Methode ist genauer im Kapitel 7.9 beschrieben.

Schattenrisse

Mit Hilfe einer Tapetenrolle werden Schattenrisse der Jungen erstellt. Diese sollen in einem weiteren Schritt mit Eigenschaften und Verhaltensweisen von Jungen beschriftet werden.

Dabei empfiehlt es sich, jüngeren Schülern eine Reihe von Adjektiven an die Hand zu geben, die unterschiedliches Verhalten (positives und negatives) beschreiben. Hierzu kann die weiter untenstehende Liste von Adjektiven auf Karton kopiert und ausgeschnitten werden.

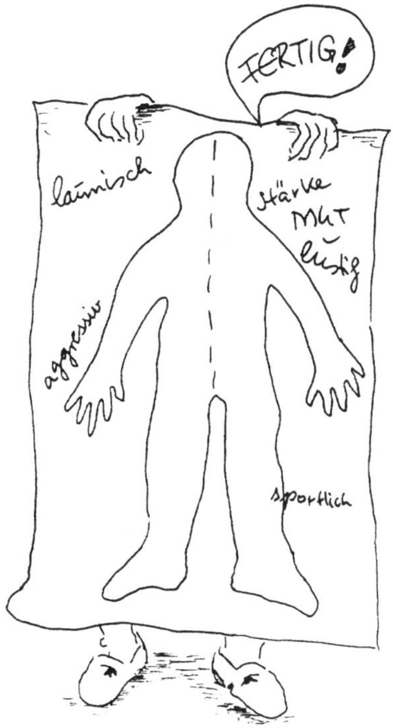

© Doro Köster

Die so entstandenen Karten können auch für die auf der nächsten Seite beschriebenen Methoden verwandt werden.

Diese Hilfestellung erleichtert es gerade jüngeren und ungeübteren Jungen, die Schattenrisse zu beschriften oder zu bekleben.

Die Aufgabenstellung könnte dabei lauten:

- Welche Eigenschaften sollte der „ideale“ Junge haben?
- Welcher Jungentyp gefällt Dir überhaupt nicht?
- Wie sollte ein Jungen sein, wenn ihn die Mädchen toll finden sollen?

Nach dem Erklären der Aufgabenstellung lösen die Jungen die Aufgabe in Kleingruppen. Dabei gilt die Regel, dass nur die Begriffe aufgehängt oder aufgeschrieben werden, worauf sich die Gruppe im Konsens geeinigt hat. Diskussionen sind folglich für die Kleingruppenarbeit angesagt. Zum Schluß werden die Ergebnisse vorgestellt und verglichen.

Ebenso vorstellbar ist die folgende Variante. Man kopiert Schattenrisse (DIN-A-4). Die Jungen beschriften die Schattenrisse in Einzelarbeit. Diese werden eingesammelt. Man läßt die Jungen raten, wessen Ergebnis wohl gerade durch den Leiter der Gruppe vorgelesen worden ist.

Aggressiv	Cool	Fair	Hart	Kooperativ	Mutig
Albern	Disziplinlos	Fordernd	Hilfsbereit	Schwach	Nachdenklich
Artig	Dynamisch	unzuverlässig	Hochnäsig	Laut	Offen
Aufmerksam	Schüchtern	Geduldig	Intelligent	Lieb	Pfiffig
Ausgeglichen	Egoistisch	Gelangweilt	Kämpferisch	Liebenswert	Protzig
Kontaktfreudig	freundlich		Rechthaberisch	Verständnisvoll	streitsüchtig
Clever	Einsam	Gemein	Kreativ	Lustig	Verlässlich
Pünktlich	Selbstsicher	Stur	Still	Unsensibel	Interessiert
Launisch	Lustlos	Egoistisch	Langweilig	Schlau	
Sachlich	Witzig	Sportlich	Traurig	Vielfältig	Witzig
Selbstbewusst	Sensibel	Stark	Unkonzentriert	Wild	Zärtlich
Selbstständig	Nett	Ehrlich	Sozial	Frech	Kritisch

Meine besten fünf und meine schlechtesten zwei Eigenschaften

Auch für den Einsatz dieser Methode kann man die Adjektive von der vorherigen Seite nutzen.

Die Jungen werden gebeten, sich 7 Adjektive aus dem Material herauszusuchen, von denen 5 ihre Stärken und zwei ihre Schwächen beschreiben sollen. Zugleich werden sie gebeten, auch ihre größte „Macke“ und ihr Lieblingsessen zu notieren.

Die Jungen schreiben jeder für sich die Eigenschaften auf einen Zettel. Nacheinander werden die Zettel vorgelesen. Die Gruppe errät die Person.

Zufällige Beschreibung einer anderen Person

Die Jungen sitzen im Kreis. Verdeckt werden die Karten zur Beschreibung von Verhaltensweisen herumgereicht. Der Junge, der an der Reihe ist, bestimmt die Person – auf die bezogen – er danach eine Karte aufdeckt. Das Adjektiv wird vorgelesen: „Julian ist hilfsbereit“, könnte zum Beispiel der Satz lauten. Nun hat der Junge die Gelegenheit, etwas zu der Aussage zu sagen. Das kann in sehr verschiedene Richtungen gehen: „Dem stimme ich zu, denn Julian ...“, „Manchmal könnte Julian noch etwas hilfsbereiter sein“ und „Früher war es nicht so, aber in der letzten Zeit ...“ – so oder so ähnlich könnten die ersten Reaktionen lauten.

Im Anschluss daran wird in diesem Fall Julian die Möglichkeit gegeben, etwas zu der Äußerung zu sagen. Findet er die Äußerung gut? Fühlt er sich richtig erkannt und beschrieben? Oder: Ärgert er sich vielleicht? – Alle Reaktionen sind denkbar.

Besteht noch das Interesse, können die anderen Jungen sich zu dem vorher Gesagten äußern.

Egal, ob positive oder negative Adjektive mit den Namen verbunden werden. Dieses Spiel tut den Jungen gut, denn sie erfahren überwiegend positive Rückmeldungen. Dies auch deshalb, weil natürlich jeder Junge im Mittelpunkt des Gespräches stehen kann.

Ein weiterer Nebeneffekt dieser Übung besteht darin, dass die Jungen in einer ruhigen Atmosphäre kommunizieren lernen.

Der geheime Freund

Heimlich ziehen die Jungen den Namen eines anderen Jungen aus einem Topf. Für einen bestimmten Zeitraum (ein oder zwei Wochen) wird nicht verraten, wen man gezogen hat.

Alle Jungen bekommen die Aufgabe, innerhalb der verabredeten Zeit sich möglichst freundlich zu der gezogenen Person zu verhalten und ihr gegenüber besonders aufmerksam zu sein.

Nach Beendigung des Zeitraumes sprechen die Jungen darüber, wer wohl der geheime Freund gewesen ist und belegen ihre Vermutungen mit Situationen, die sie erlebt und gefühlt haben.

Oftmals wünschen sie danach eine Wiederaufnahme dieses Spieles, da es für sie einfach angenehm gewesen ist, mal ganz intensiv Anerkennung in Form von Beachtung erfahren zu haben.

Typen darstellen (Videoarbeit)

Die Jungen stellen nacheinander unterschiedliche Jungen- und Männerbilder dar. Die Darstellungen und Präsentationen werden gefilmt. Dabei können folgende Typen aufgenommen werden. Eventuell ist es ratsam, dass die Jungen sich aus der Fülle von unterschiedlichen Verhaltensweisen diejenige heraussuchen, das sie gerne darstellen möchten.

Angeboten werden könnte Ihnen u. a.:

- der Rambo
- der Coole
- der Sanfte
- der Aggressive
- der Sportliche
- der Ängstliche

Bei dieser Übung ist zu beobachten, dass es den Jungen sehr schwer fällt, ganz bewußt die negativ besetzte Typen darzustellen, da es in diesem Fall nicht um die bekannte Form der Selbstdarstellung geht.

Warme Duschen

Die Jungen erhalten durch diese Form der Arbeit positive Rückmeldungen bezüglich ihrer Person und ihres Verhaltens.

Folgende Varianten, bei denen die unter der Methode „Schattenrisse“ aufgelisteten Adjektive eingesetzt werden können, sind denkbar:

- Ein Junge sucht sich drei Personen aus der Gruppe aus, die darum gebeten werden, sich positiv zu seiner Person zu äußern.
- Dabei sollte möglichst in der Form ritualisierter Sätze gesprochen werden, weil die Ritualisierung für die Jungen eine Formulierungshilfe darstellt. Der vorgegebene Satz lautet: „Ich finde gut / toll an dir, Julian, dass du ...“.
- Alle Jungen der Gruppe geben jeweils einem Jungen eine positive Rückmeldung.
- Nachdem sich alle Jungen gegenseitig ein DIN-A-4-Plakat auf den Rücken geklebt haben, erhalten sie die Aufgabe, sich gegenseitig positive Eigenschaften auf das Plakat zu schreiben. Dabei sollen sie sich durch den Raum bewegen.

Nach einigen Minuten wird die Übung beendet. Die Jungen schauen sich die einzelnen Aussagen an, lesen die Inhalte leise für sich (bei Interesse: auch in Kleingruppen) und sprechen über die gemachten Erfahrungen.

Arbeit mit Traumreisen

Bei dem Einsatz von Traumreisen muss auf alle Fälle das Prinzip der Freiwilligkeit erwähnt werden. Auch der Hinweis, dass man während der Traumreise auch „aussteigen“ kann, wenn man sich nicht mehr wohlfühlt, wird die Akzeptanz dieser Übung bei den Jungen grundlegend erhöhen.

Wichtig ist, den Text langsam vorzutragen und zwischen den einzelnen Textpassagen jeweils den Jungen ein bis zwei Minuten Zeit zu geben, Gedanken zu entwickeln.

Vorankündigung: Bequem sitzen, Augen schließen und entspannen
Vorbereitung: Evt. Decken und ruhige Meditationsmusik besorgen.

Text Nr. 1: Die Reise ohne Mädchen

- „Stell Dir vor, dass Du ganz entspannt zu Hause sitzt. Die Schule hat Dich ganz schön geschafft, viele Lehrer waren heute ganz schön nervig, einige Deiner Mitschüler haben dich auch ganz schön geärgert. Es hat zwar auch ein paar gute Dinge gegeben, aber unterm Strich und insgesamt war der Tag für Dich doch nicht zufrieden stellend. Rufe Dir noch einmal alles in Erinnerung, was an diesem Tag in der Schule passiert ist. Denke dabei an die schönen und die weniger schönen Erlebnisse.
- Gut, dass Du jetzt gemütlich zu Hause sitzt und das Wochenende auch eine Menge an Freizeit mitbringt. Zwei Tage ohne Schule: das ist doch Klasse. Also gut: packe all die Probleme, an die Du nicht mehr denken möchtest, in einen Koffer und achte darauf, dass Du den Koffer gut verschließt. Denn Dein Kopf und Körper soll frei sein für das lange Wochenende.
- Stell Dir nun bitte vor, dass Dich ein Mitschüler zu Hause anruft und Dir mitteilt, dass Du mit einer 20-köpfigen Gruppe von Jungen und einem Lehrer für 10 Tage auf eine einsame und unbewohnte Insel mitfahren kannst. Die Kosten für die Reise werden von der Schule übernommen. Überlege Dir, ob Du das Angebot gut findest ... und überlege Dir auch, ob Du Lust hast, mit der Jungengruppe wegzufahren.
- Viele Gedanken sind Dir gekommen. Manchmal hattest Du Lust wegzufahren, manchmal aber auch gar nicht. Letztendlich fährst Du aber doch mit. Wie ist Dein Gefühl? ... Bist Du gut auf die Reise vorbereitet? ... Welche Gedanken gehen Dir jetzt durch den Kopf?
- Die Reise beginnt. Mit dem Flugzeug geht es in ein fremdes Land. Am Flughafen steht der Bus bereit, der die ganze Gruppe zum Hafen bringt. Das Boot

wartet schon auf Euch. Du steigst gemeinsam mit den 19 Jungen und dem Lehrer in das Boot, mit dem Ihr zu der einsamen Insel gelangt. Du stellst fest, dass auf dem Boot Proviant gelagert ist und schaust Dir alle Jungen an … Sieh sie dir genau an … Was siehst Du? … Was passiert alles auf dem Boot? … Laß Deinen Gedanken freien Lauf.

- Die Überfahrt endet. Das Boot legt an. Alle Reisenden steigen aus. Das Boot legt wieder ab. Es wird in circa 10 Tagen wieder anlegen, um Euch abzuholen. Was passiert nun? … Wie sieht die Insel aus? … Wie gestaltet sich das Leben? … Wo hält man sich den ganzen Tag auf? … Welche Aktivitäten gibt es? … Wo schlafen die einzelnen Mitglieder der Gruppe? … Welche Aufgaben hast Du?
- Der Tag der Rückkehr und des Abschiedes naht. Du triffst Dich mit allen Teilnehmern der Reise. Viele Dinge werden gesagt, es wird gelacht. Manche sitzen auch nachdenklich da. Einer aus der Gruppe macht da den Vorschlag, dass jeder sich überlegt, was er der ganzen Gruppe noch sagen möchte. Die Gruppe läßt sich darauf ein. Auch Du überlegst Dir einen oder mehrere Sätze … Was sagst Du den Anderen? … Denk noch einmal nach: hast Du vielleicht etwas wichtiges vergessen?
- Die Reise geht nun ihrem Ende zu. Du bist wieder zu Hause, kannst nun in Ruhe die Augen öffnen und wieder langsam in die Gegenwart zurückkehren.

Text Nr. 2: Auf der Lichtung:

- Du liegst zu Hause im Bett. Es ist wunderschönes Wetter. Die Sonne scheint.
- Du achtest auf Deinen Atem. Atmest ruhig tief ein und aus. Spürst dabei jeden Atemzug … Du überlegst, was Du mit dem Tag anfangen sollst.
- Du entscheidest Dich für einen Waldspaziergang und gehst los. Die Sonne erwärmt die Landschaft. Du hörst Vögel zwitschern, einen Bach rauschen. Ab und zu hörst und siehst Du Kaninchen durch den Wald laufen.
- Du kommst an eine Lichtung (Wiese) und setzt Dich. Du genießt den Ausblick.
- Auf einmal siehst Du, wie alle anderen Jungen Deiner Klasse sich nähern. Sie setzen sich alle auf einer geraden Linie im Abstand von 20 Metern von Dir entfernt auf. Du betrachtest langsam alle Jungen, überlegst Dir dabei, ob sie so sitzen bleiben sollen oder ob Du einige von ihnen näher zu Dir heran holen sollst. Dein Blick gleitet ganz langsam über alle Jungen hinweg.
- Nun schaust Du Dir alle Jungen noch einmal an. Du siehst Fritz. Überlege und entscheide Dich, ob Du ihn näher zu Dir holen willst … Du siehst Rüdiger. Überlege … (nacheinander werden alle Jungen der Klasse genannt).
- Schaue Dir jetzt noch einmal alle Jungen aus der Klasse an. Sitzen sie alle richtig? Oder willst Du noch einige näherholen?

- Mit diesen Überlegungen verabschiedest Du Dich. Du stehst auf, verläßt die Lichtung (Wiese) und gehst langsam durch den Wald zurück nach Hause. Dort angekommen, legst Du Dich auf das Sofa, genießt noch den schönen Spaziergang ...
- Langsam öffnest Du nun die Augen und kommst ruhig wieder in die Gegenwart zurück.

Nach der Durchführung der jeweiligen Traumreise sollte das Gespräch gesucht werden. Zum Inhalt der 1. Traumreise könnte die Auswertung in den folgenden Schritten erfolgen:

- Zuerst in allgemeiner Form: „Wie ging es Euch bei der Traumreise?" ... „Was machte der Gedanke mit Euch, eine Reise nur mit Jungen zu machen?"
- In einer zweiten Runde sollten genaue Schilderungen dessen erfolgen, was auf der Reise passiert ist. Vor allem sollten die an die Jungen gerichteten Äußerungen thematisiert werden.

Die weitere Auswertung sollte darauf eingehen, was an solch einer Reise anders ist als im Alltagsleben oder bei Fahrten, bei denen auch immer Mädchen dabei sind.

Welche Dinge waren anders? Hätten Ihr Euch anders verhalten, wenn Mädchen dabei gewesen wären?

Hättet Ihr auch bei der Durchführung der Traumreise und dem anschließenden Gespräch genauso verhalten, wenn Mädchen dabei gewesen wären?

Zum Umgang mit Schimpfwörtern[93]

Schimpfwörter werden nicht nur von Jungen in den Mund genommen. Dennoch: Der größte Teil von Beschimpfungen in einer gemischtgeschlechtlichen Gruppe geht von den Jungen aus.

Darunter leiden auch die Jungen, die sich in besonderer Weise durch den Gebrauch von Schimpfwörtern hervortun. Auch diese Jungen möchten nicht beleidigt und degradiert werden[94].

Ist diese Einschätzung richtig, so kann mit den Jungen auf eine sehr bewusste Art und Weise versucht werden, zu dem Thema „Umgang mit Schimpfwörtern" zu arbeiten. Dabei sollte die Zielsetzungen (generelle Vermeidung von Schimpfwörtern, Nichtgebrauch von abwertenden und diskriminierenden Schimpfwörtern ...) von dem jeweiligen Leiter der Gruppe während der Arbeitsphase zusammen mit den Jungen erarbeitet werden.

---

[93] in Anlehnung an Krabel (1998: 47)

[94] Auch der Gebrauch von beleidigenden Schimpfwörtern, die dem Bereich der Homosexualität angesiedelt sind, kann durch diese Arbeitsweise reduziert werden.

Die folgende Vorgehensweise ist für die Arbeit auch in jüngeren Jungengruppen denkbar:

- Der Leiter der Gruppe benennt das Thema und erklärt die Gründe für das Thema: „Ich möchte heute mit Euch über den Gebrauch von Schimpfwörtern sprechen, da mir in der letzten Zeit aufgefallen ist, wie häufig Ihr diese benutzt."
- Die Jungen erhalten an dieser Stelle die Möglichkeit, sich zu dem aufgeworfenen Problem zu äußern. Eventuell wird schon an dieser Stelle deutlich, welche Zielsetzung erreicht werden soll.
- Die Jungen erhalten einen Stapel von leeren Zetteln und werden gebeten, auf jeden Zettel jeweils ein Schimpfwort zu notieren, das sie selber benutzen oder welches sie schon mal von jemanden aus der Gruppe gehört haben. Für diese Phase suchen sich die Jungen einen Platz aus, an dem sie von den anderen Jungen ungestört die Begriffe notieren können.
- Für die nächste Phase setzen sich alle Jungen in einen Kreis. Einzeln werden die Schimpfwörter genannt und auf den Boden gelegt. Gleiche und/oder ähnliche Schimpfwörter werden aufeinander gelegt.

Der Gruppenleiter kann alternativ auch alle Zettel einsammeln und diese selber vorlesen. Die Jungen haben dann lediglich die Aufgabe, die Sortierung der Zettel vorzunehmen.

Egal, wie man in dieser Phase vorgeht: nicht nur der Gruppenleiter wird über die Menge der aufgeschriebenen Schimpfwörter erstaunt sein.

Aufgrund der Zielsetzung kann nun sehr unterschiedlich weitergearbeitet werden.

- Eine Möglichkeit besteht darin, einige der Schimpfwörter erklären zu lassen. Dabei wird in der Regel deutlich werden, dass viele dieser Begriffe nicht mit Inhalten wiedergegeben oder nicht richtig erklärt werden können. Diese Erkenntnis führt manchmal schon auf Seiten der Jungen zu der Einsicht, in Zukunft auf einen Teil der Schimpfwörter zu verzichten.
- Eine andere Möglichkeit besteht darin, die Schimpfwörter nach vorgegebenen oder gemeinsam zu entwickelnden Kriterien zu sortieren. Kriterien können sein: Witzige Schimpfwörter; beleidigende Schimpfwörter; verletzende und diskrimierende Schimpfwörter; gruppenfeindliche Schimpfwörter (AusländerInnen, Mädchen usw.). Ist die Sortierung erfolgt, sollten sich die Jungen die einzelnen Stapel genauer anschauen. Hierbei können beispielhaft einzelne Schimpfwörter herausgegriffen werden. Dabei sollte jeweils über die Funktion und die Wirkung des jeweiligen Schimpfwortes nachgedacht werden.

Das Gespräch kann damit enden, dass die Gruppe sich vornimmt, bestimmte Schimpfwörter in der Zukunft nicht mehr zu benutzen.

Ein anderes Ergebnis könnte darin bestehen, für einen gewissen Zeitraum (eine Woche) die Verabredung zu treffen, ganz auf Schimpfwörter zu verzichten.

Letztendlich können auch einzelne Jungen gebeten werden, auf einzelne Schimpfwörter für einen bestimmten Zeitraum zu verzichten.

Unabhängig von der konkret mit den Jungen getroffenen Vereinbarung sollte zum Schluß verabredet werden, nach einiger Zeit das Thema noch einmal aufzugreifen, um zu prüfen, ob sich auch aus der Sicht der Jungen der Gebrauch von Schimpfwörtern verbessert hat.

6.2 Übungen zum Thema „Einfach nur mal spielen"

Bedeutung des Themas:

„Oben angekommen wissen die sieben Jungen nichts miteinander anzufangen, überhaupt haben wir den Eindruck, dass sich die Jungen viel stärker als die Mädchen isolieren und als Einzelkämpfer auftreten ... Gemeinsamkeit gibt es zumeist nur, wenn sich ein äußerer Feind findet. Einfach nur zusammen spielen, sich etwas zeigen, etwas erzählen: solche Aktivitäten haben wir bei diesem Schulausflug ausschließlich bei Mädchen beobachten können ... Zum Abschluß des Ausfluges möchte die Lehrerin mit allen Kindern gemeinsam einige Kreisspiele machen. Drei Jungen sind trotz massiven Zuredens nicht zu bewegen, am Gemeinschaftsspiel teilzunehmen."[95]

Gemeinsames Spielen muss wahrscheinlich zunehmend gelernt werden. Nicht nur von den Jungen sondern auch von den Mädchen.

Die Veränderungen im Bereich der Medien und der Kommunikation, die veränderten Familienstrukturen scheinen dazu geführt zu haben, dass nicht nur die verbalen Kommunikationsfähigkeiten sich verändert haben. Auswirkungen auch im Bereich der nonverbalen Kommunikation sind deutlich zu beobachten.

Wenn in Gruppen gespielt wird, so fördert das die Kenntnis der Personen untereinander und Freundschaften. Wenn gemeinsam gespielt, so wird aber auch allgemein die Kommunikation gefördert. Gemeinsames Spiel fördert zugleich das Einhalten von Regeln, denn Spielen macht nur dann Spaß, wenn sich alle Teilnehmer an die Regeln halten. Das Spielen von Jungen untereinander kann auch die Verbissenheit, den Ehrgeiz und den enormen Druck des Besserseins und ständigen Gewinnenmüssens reduzieren und abbauen.

Ebenso können Spiele gut zur Auflockerung von Gruppensituationen eingesetzt werden. Hierbei bietet sich ein ritualisierter Einsatz der Spiele an (zu Beginn des Treffens, zur Hälfte der Sitzung usw).

Ziele:

→ Erfahren, dass gemeinsames Spielen Spaß macht;

→ Kennenlernen von Spielen als Ausdruck von Kooperation und bewusstem Austausch;

→ Einüben von Kooperation auf spielerischer Ebene;

→ Regeln wahrnehmen und anwenden lernen;

---

[95] Schnack / Neutzling (1990: 135–136)

Einzelne Methoden:

Buchstabensalat

Zwei Jungen aus der Gruppe verlassen den Raum. Die andere einigen sich auf ein Wort, das aus drei Silben zusammengesetzt ist (z. B. „Jungenklo“).

Die im Raum verbliebenen Jungen erhalten durch Abzählen eine Nummer von 1 bis 3. Alle Jungen mit der Nummer 1 erhalten die Aufgabe, lediglich die Silbe „Jun“ laut und immer wiederholend zu sprechen. Die Jungen mit der Nummer 2 sprechen dementsprechend die Silbe „gen“ und die Jungen mit der Nummer 3 die Silbe „klo“.

© Doro Köster

Sobald die beiden Mitspieler den Raum wieder betreten haben, gehen alle durch den Raum, wobei sie laut ihre jeweilige Silbe vor sich hinsagen.

Das Ziel ist klar. Die beiden Jungen sollen das Wort erraten. In der Regel gelingt dies auch.

Das Atomspiel

Drei Jungen fassen sich an die Hände und bilden ein kreisförmiges Atom. Der vierte Junge bestimmt, welchen der Jungen er fangen möchte, indem er ihn auf dem Rücken berührt.

Das „Atom“ kann sich im Raum bewegen. Durch geschickte Bewegungen (um sich herum drehen und weglaufen) wird die zu fangende Person geschützt. Es gelingt der vierten Person normalerweise nicht, die Person zu berühren.

Das Spiel macht Spaß, weil jede Menge Bewegung im Raum entsteht.

Spots in Movement:

Alle Jungen bewegen sich zur Musik im Raum. Dabei wird die Musik immer wieder unterbrochen, wobei kurz vorher jeweils einzelne verschiedene Anweisungen gegeben.

- Begrüßt auch freundlich.
- Begrüßt euch aggressiv.
- Umarmt euch.
- Begrüßt Euch mit einem Fuß.
- Begrüßt Euch nur mit den Hintern.
- Hebt ein Bein hoch.

Verharrt in der Position, so lange die Musik verstummt und schweigt dabei.

Zeitlupe

Alle Jungen sitzen im Kreis. Jeder sucht schweigend mit Augenkontakt einen Partner. Bestätigt wird der Kontakt durch gegenseitiges Zuzwinkern.

Sind die Kontakte hergestellt, gehen alle auf ihren Partner zu, begrüßen ihn still mit Händedruck und setzen sich auf den Stuhl des Partners. Dort angekommen, zwinkern sie sich noch einmal zu.

Zweikampf

Die Jungen bilden Paare, fassen sich gegenseitig an den Schultern an und müssen dabei versuchen, den anderen über eine vorher gekennzeichnete Mittellinie zu drücken.

In weiteren Durchgängen werden die Partner getauscht.

Energizer „Ich bin der Hannes“[96]

Zu Beginn müssen die Jungen den folgenden Text erlernen. Dabei schlagen sie sich mit beiden Händen dem Rhythmus entsprechend auf die Knie.

- Moin ... ich bin der Hannes
- hab ‘ne Frau und vier Kinder und ich arbeite in einer Knopffabrik ...
- eines Tages kommt mein Chef und sagt Hannes
- hasste Zeit
- ich sag jau
- dann nimm diesen Knopf und dreh ihn ... ...

Ganz wichtig ist es, einen gemeinsamen Rhythmus zu finden, da ansonsten die weiteren Veränderungen im Bereich der Körperbewegungen nicht funktionieren werden.

[96] In Anlehnung an Johanning, Werner (2003)

Nachdem der Rhythmus gefunden worden ist und der Text sitzt, wird der Text im Schlussteil ergänzt. Somit ergeben sich auch Veränderungen im Bereich der Körperbewegungen.

➢ ... dann nimm diesen Knopf und dreh ihn mit der rechten Hand.
- Nun wird nur noch mit der linken Hand auf das Knie geschlagen, der rechte Arm wird waagerecht gestreckt, die rechte Hand führt einer Maschine ähnlich immer wieder eine Rechtsdrehung durch.

➢ ... dann nimm diesen Knopf und dreh ihn mit dem rechten Fuß.
- Nun wird zusätzlich noch das rechte Bein gehoben, der rechte Fuß führt ebenfalls eine Rechtsdrehung durch.

➢ ... dann nimm diesen Knopf und dreh ihn mit der linken Hand.
- Der linke Arm wird nun ebenfalls waagerecht gestreckt und mit der linken Hand wird ebenfalls versucht, die Kreisbewegung aufzunehmen.

Für geübte Gruppen kann die Übung noch ein Stückchen weiter gehen: das linke Bein fehlt noch, der Kopf und wem es immer noch nicht reicht: es gibt ja auch noch die Schultern.

Energizer „Zwanzig Zwerge“[97]

Die Jungen stehen im Kreis und sprcchen gemeinsam langsam, aber stakkatomäßig die folgenden Satzteile:

➢ Zwanzig Zwerge
➢ Machen einen Handstand
➢ Zehn im Wandschrank
➢ Zehn am Sandstrand

Zeitgleich erlernen sie die dazugehörigen Körperbewegungen:

➢ Zwanzig Zwerge	Fingerdemo 2x10; danach Hände als Hut
➢ Machen einen Handstand	rhythmisch mit dem Oberkörper nach unten
➢ Zehn im Wandschrank	Finger: 10; danach Handbewegung: Kasten
➢ Zehn am Sandstrand	Finger: 10; Handbewegung wellenförmig

Nachdem der Text und die dazugehörigen Handbewegungen erlernt worden sind, wird der Text wiederum stakkatomäßig gesprochen und alle dazugehörenden Bewegungen ausgeführt. Der Text wird immer wieder von vorne begonnen, so dass es auch möglich ist, im Laufe der Zeit das Tempo zu erhöhen.

---

[97] In Anlehnung an Johanning, Werner (2003)

Folgende Varianten sind noch möglich:

- Man kann die Gruppe in Untergruppen aufteilen, so dass das Sprechen als Kanon möglich ist.
- Man kann noch mehr an Bewegung initiieren, wenn die teilnehmenden Jungen sich im Kreis herum laufend bewegen.

Kreuz, Pik, Herz und Karo – Eine Farbe gewinnt

Ziel dieser Übung ist es, auf spielerische Weise die Jungen in Bewegung und Aktion zu versetzen und ihnen dabei zugleich Körperkontakte und Körpererfahrungen zu vermitteln.

Zur Durchführung des Spiels setzen sich alle Jungen auf einem Stuhl in einen Kreis. Den Jungen wird nacheinander und abwechselnd jeweils eine Spielfarbe zugeordnet.

- 1. Junge Kreuz
- 2. Junge Pik
- 3. Junge Herz
- 4. Junge Karo
- 5. Junge Kreuz
- usw.

Der Spielleiter hat ein Kartenspiel und mischt die Karten kräftig durch. Wird zum Beispiel zu Anfang eine Kreuz-Karte gezogen, so dürfen alle Jungen, denen die Spielfarbe Kreuz zugeordnet worden ist, einen Platz weiter nach rechts rutschen. Sie kommen dabei dem Ziel des Spiels, als erste Person eine Runde im Stuhlkreis weiter zu rücken, ein kleines Stückchen weiter. Nun sind alle Jungen, die die Spielfarbe Pik haben, blockiert und können – auch wenn ihre Spielfarbe gezogen wird, nicht weiter vorrücken. Wird beim zweiten Mal die Farbe Karo gezogen, so dürfen alle Jungen mit dieser Spielfarbe einen Platz weiter rücken. Im hier konstruierten Fall ist das ein freier Stuhl. Wird danach noch einmal sofort eine die Spielfarbe Karo gezogen, müssen die Jungen wieder einen Stuhl weiter rutschen. Sie setzen sich nun auf die Jungen, die die Spielfarbe Kreuz haben. Nun sind sowohl die „Kreuz-Jungen“ als auch die „Pik-Jungen“ blockiert.

Während des Spieles kann es zu einigen Blockaden kommen, die auf den ersten Blick sich vielleicht nicht aufzulösen scheinen. Dies täuscht aber. Irgendwann lösen sich die Blockaden wieder auf und irgendwann hat irgendein Junge den Kreis umrundet und das Spiel gewonnen.

Schreimauer

Fast alle Jungen der Gruppe stellen sich in einer geraden Linie nebeneinander auf, bilden eine Kette. Jeweils zwei Jungen stehen im Abstand von 4 Metern auf beiden Seiten der Mauer.

Anders als bei anderen Spielen hat bei diesem Spiel nur das Glück Einfluss auf den Gewinn oder das Verlieren.

Als Nebeneffekt kann man gut erkennen, welche Jungen Schwierigkeiten haben, Körperkontakte zu erlauben und welchen Jungen es ganz leicht fällt, sich auf Körperkontakte einzulassen.

© Doro Köster

Zwei Jungen haben die Aufgabe, den anderen zwei Jungen eine mündliche Informationen (ein Satz, ein Wort) zukommen zu lassen. Die Jungen, die die Mauer bilden, fangen an zu schreien, bevor die beiden Jungen den Versuch starten, ihre Information weiterzugeben.

Nach einer Minute wird die Übung unterbrochen. Die anderen zwei Jungen teilen mit, ob sie etwas verstanden haben und sind nun an der Reihe.

Das Wäscheklammerspiel

Alle Jungen gehen durch den Raum. Jeder hat zuvor an seiner Kleidung auf dem Rücken fünf Wäscheklammern befestigt.

Ziel des Spiels ist es, von den anderen Personen so viele Wäscheklammern wie möglich zu „erbeuten" und sich diese wiederum an den eigenen Kleidung auf dem Rücken zu befestigen.

Dabei gilt die Regel, dass man sich nur durch das Gehen im Raum verteidigen darf. Wegschubsen, Schlagen oder ähnliche Verhaltensweisen sind nicht erlaubt. Gefordert ist geschicktes Bewegen.

Nach einigen Minuten wird das Spiel abgebrochen und neu gestartet.

Plätze tauschen

Die Jungen sitzen im Kreis. Ein Stuhl fehlt, so dass ein Junge in der Mitte des Kreises steht.

Der in der Mitte des Kreises stehende Junge formuliert einen Satz und alle Jungen, auf die der Satz zutrifft, müssen die Plätze tauschen. Dabei versucht der Junge, der aktuell der Spielleiter ist, einen frei werdenden Stuhl zu erwischen.

Der übriggebliebene Junge ist folglich der nächste Spielleiter.

Mögliche Satzanfänge können sein:

- „Alle Jungen, die schwarze Socken anhaben, wechseln die Stühle."
- „Alle Jungen mit blonden Haaren wechseln die Stühle."
- „Alle Jungen, die schon einmal eine Freundin hatten oder haben, wechseln die Stühle."
- „Alle Junge, die heute mit dem Bus gekommen sind, wechseln die Stühle."
- „Alle Jungen, die heute noch nicht ihren Vater gesehen haben, wechseln die Stühle."

Dieses Bewegungsspiel hat einen schönen Nebeneffekt: Die Jungen erfahren auf unbewusste Art und Weise einiges voneinander, ohne dass darüber gesprochen werden muss.

Dieses Spiel kann auch dazu benutzt werden, in ein Thema einzusteigen. Hierzu überlegt sich der Leiter der Jungengruppe einige Sätze. Während er diese Sätze nacheinander vorliest, läuft das Spiel nach den oben beschriebenen Regeln ab. Der Leiter der Gruppe hat die Möglichkeit, die Bewegungen im Raum zu beobachten.

Blinde unter sich

Zwei Jungen werden die Augen verbunden. Alle anderen Jungen stehen in einem Kreis zusammen und halten sich an den Händen.

Dabei befinden sich die beiden „Blinden" in dem Kreis. Einer der „Blinden" hat die Aufgabe, den anderen zu fangen.

Die anderen Jungen sind still und achten darauf, dass keiner der anderen den Kreis verlassen kann.

Da sich die Spielteilnehmer einzig und allein auf ihr Gehör verlassen müssen, muss es im Raum ganz leise sein.

Pferderennen[98]

Zur Vorbereitung des Spieles setzen sich die Jungen dichtgedrängt in den Stuhlkreis und ahmen Geräusche von Pferden nach. Danach wird das Traben von Pferden (schnelles gleichmäßiges Trippeln mit den Füßen auf dem Boden) eingeübt.

[98] in Anlehnung an Preuschoff (1992: 78–79)

Es folgen die Erklärungen für den Rennverlauf. Alle Pferde werden gleichauf liegen, so dass die Reiter immer zum gleichen Zeitpunkt Aufgaben lösen müssen.

Im einzelnen gibt es die folgenden Aufgaben:

- „Rechtskurve" – alle legen sich nach rechts;
- „Linkskurve" – alle legen sich nach links;
- „Oxer" – alle deuten mit erhobenen Armen und kurzem Aufstehen eine Sprungbewegung an;
- „Doppeloxer" – Oxerbewegung zweimal hintereinander;
- „Dreifacher" – Oxerbewegung dreimal hintereinander;
- „Zuschauertribühne links" – alle winken mit der rechten Hand nach links;
- „Zuschauertribühne rechts" – alle winken mit der linken Hand nach rechts;
- „Gerempel zwischen den Pferden" – alle buhen;
- „Wassergraben" – alle sagen platsch und unterbrechen das Rennen, um es sofort wieder aufzunehmen;
- „Hufeisen verloren" – alle machen mit dem Finger im Mund „klong" und
- „Zieleinlauf" – alle winken mit beiden Händen den Fotografen und dem Publikum zu.

Die einzelnen Aktionen können beliebig oft und natürlich in unterschiedlicher Reihenfolge wiederholt werden.

Bei jüngeren Mitspielern ist es ratsam, nicht alle Aktionen gleichzeitig einzuführen.

Wortkette

Ein Junge sitzt in der Mitte des Kreises auf dem Stuhl. Zwei leere Stühle stehen neben ihm.

Der Junge stellt sich mit einem Begriff vor (z. B. „Ich bin der Tag."). Zwei andere Jungen setzen sich auf die anderen Stühle und stellen sich mit einem Begriff vor, der etwas mit dem Begriff „Tag" zu tun hat (z. B. „Ich bin der Morgen." oder: „Ich bin sieben Tage.").

Daraufhin entscheidet der erste Junge, wer von den beiden anderen Jungen bleiben darf, indem er z. B. sagt: „Ich bin sieben Tage bleibt".

Er und der zweite Junge verlassen den Spielort, worauf der zurückgebliebene Junge die nächste Runde wieder eröffnet.

Mit dem Satz „Ich bin sieben Tage." beginnt die nächste Runde. Wieder bestimmt der in der Mitte sitzende Junge, wer von den beiden anderen bleiben darf.

Das Spiel ist zu Ende, sobald ein Junge den Satz sagt: „Ich bin das Ende."

6.3 Übungen zur Raumaneignung und Ausgrenzung

Bedeutung des Themas:

„Im Park ist ein Kicker für die Jungen die Hauptattraktion. Vier größere Jungen besetzen das Spielgerät, nach einer kurzen Rangelei muss einer der vier gehen und wird durch einen etwas langsameren, aber stärkeren Jungen ersetzt. Die vier beschließen – obwohl sechs andere aufgeregt drumherum stehen, erst einmal ein Hin- und Rückspiel bis 11 zu spielen und dann das Ganze in wechselnder Besetzung zu wiederholen ... Auf Intervention eines Erwachsenen wird der freie Platz am Kicker von einem kleineren Jungen besetzt“[99]

Männer besetzen und benutzen Räume, grenzen dabei andere (Frauen, aber auch Männer) aus. Jungen sind auf diesem Gebiet ebenfalls schon ganz pfiffig. Sie lernen halt schnell.

In der Schule führt dies dazu, dass bestimmte Bereiche der Schule von einzelnen Personen oder Personengruppen gemieden werden. Sie haben keine Chance, sich dort wohl zu fühlen oder die dort vorhandenen Angebote zu nutzen. Der Kickerbereich, die Tischtennisplatten, der Computer im Klassenraum und bestimmte Flurbereiche in Schulen kennzeichnen sich dadurch aus, dass sie immer wieder von den gleichen Gruppen genutzt werden.

Parallel zur dominanten Nutzung von Räumen ist manchmal das sehr bewusste und aktiv betriebene Ausgrenzen von einzelnen SchülerInnen oder SchülerInnengruppen zu beobachten, wobei dieses Verhalten oftmals auch im Klassenraum und während des Unterrichts wahrzunehmen ist.

Dieses Verhalten wird von den Jungen nicht unbedingt gezielt eingesetzt. Es ist eher Ausdruck eines unbewussten und unreflektierten Verhaltens. Dennoch ist es wichtig, dieses Verhalten mit der Zielsetzung zu thematisieren, dass sich die Jungen ihres Verhaltens bewusster werden und über Verhaltensänderungen nachdenken.

Dies deshalb, weil unter dieser Situation die Mädchen und auch ein großer Teil der Jungen leidet. Sie, die Mädchen wie die Jungen, können häufig tun und lassen, was sie wollen, sie strampeln sich ab, finden aber keine Anerkennung und werden abgelehnt durch diejenigen Jungen, die die Situation im Raum bestimmen.

Damit sich möglichst alle SchülerInnen mit den in der Schule vorzufindenen Räumen positiv identifizieren und sich auch in den Räumen wohl fühlen können, gilt es, auch zu diesem Themenbereich mit den Jungen zu arbeiten.

Da die dominanten und ausgrenzenden Jungen „sich durch dieses Verhalten selbst unter Streß“ setzen, bleiben sie oft „einsame Einzelkämpfer und miß-

---

[99] Schnack / Neutzling (1990: 134)

achten nicht nur andere, sondern auch die eigenen Grenzen.“ [100] Dieser von den Jungen nach außen nicht gezeigte Druck kann als Ansatzpunkt für die pädagogische Arbeit genutzt werden.

Dabei sollte versucht werden, mit Methoden und Übungen zu arbeiten, die den Jungen ihr Verhalten widerspiegeln und ihnen erklärlich machen, welche Folgen das von ihnen gezeigte Verhalten hat.

Der Spielleiter ist bei all diesen Übungen gefordert, genau zu beobachten, wie weit die einzelnen Jungen belastbar sind. Konkret heißt dies auch, dass ein Spiel unter- oder abgebrochen werden sollte, wenn sich ein Mitspieler deutlich verunsichert und ängstlich zeigt.

Ziele:

→ Ausgrenzung als eine Form von gewalttätigem Verhalten wahrnehmen;
→ Verhalten nicht als zufälliges Agieren, sondern als eigenverantwortliches Handeln einschätzen lernen;
→ Formen der Ausgrenzung anderer Menschen erfahren;
→ Auswirkungen von Ausgrenzungen nachvollziehen können;
→ Über Ausgrenzungen nachdenken und reden lernen.

Einzelne Methoden:

Fremder Besucher

Die Jungen versetzen sich in die Rolle eines fremden Besuchers, der den Klassenraum während einer Schulpause überraschend besucht. Dieser Besucher kann der Schulleiter, ein Student, ein Elternteil oder ein Regierungsangestellter sein.

Die Besucher haben die Aufgabe, nach einem kurzen, aber intensiven Blick in den Klassenraum einen Bericht anzufertigen, dem zu entnehmen ist, was alles so im Klassenraum passiert. Dieser Bericht soll gute und schlechte Dinge, Positives und Negatives enthalten. Und da der Besucher ein gebildeter Mensch ist, macht er zu beiden Aspekten jeweils drei positive und negative Aussagen. Er notiert also insgesamt 6 Beobachtungen auf sechs unterschiedlichen Zetteln.

Der Spielleiter hat diese Zettel vorbereitet und erklärt den Jungen, dass er diese nach dem Ausfüllen einsammeln, mischen und selber vorlesen wird.

Beim Vorlesen nehmen die Jungen die Sortierung vor. Zettel mit ähnlichem Inhalt werden zusammengelegt, wobei der Raum vorher in eine positive und eine negative Zone unterteilt worden ist. Nach Abschluß der Ergebnisvorstellung findet ein Auswertungsgespräch statt. Die Zettel können in Form einer Wandzeitung aufgehängt werden, wenn die Jungen dem zustimmen.

[100] Karl, Holger (1994: 221)

Mit Hilfe dieser Übung wird auch optisch sehr gut deutlich, welche Dinge von vielen Jungen als angenehm und schön empfunden werden. Sie bilden eine Kontrapunkt zu Dingen und Situationen, die als weniger schön und als unangenehmer wahrgenommen werden.

Das Burgspiel[101]

Die Jungen stehen eng zusammen bilden gemeinsam einen engen Kreis. Dabei haben sie die Arme untergehakt. Ein Junge versucht, von außen in den Kreis zu gelangen. Mit allen Jungen ist besprochen, dass Gewalt und Aggression (Treten, Kneifen usw.) nicht erlaubt sind. Der Spielleiter sollte dennoch während der Übung genau darauf achten, dass diese Regel auch beachtet wird. Zugleich muss er darauf achten, wann die Übung abgebrochen werden sollte. Dies könnte der Fall sein, wenn zu beobachten ist, dass der Junge erfolglos in seinen Bemühungen bleibt.

Konkret sollte der Spielleiter auf die folgenden Dinge achten:

- ★ Welche Methode, welche Mittel setzt der Junge ein?
- ★ Handelt der Junge vorsichtig?
- ★ Versucht er eher Kraft oder List einzusetzen?
- ★ Benutzt er mehr die Sprache oder die Gestik?

In der Auswertung der Übung wird dem Hauptakteur als erstes die Gelegenheit zur Äußerung gegeben.

- ★ Wie hat er sich gefühlt?
- ★ War die Aufgabe einfach oder schwierig?
- ★ Danach äußert sich die Gruppe.
- ★ War es ein angenehmes oder unangenehmes Gefühl?
- ★ Warum hatte der Junge vielleicht doch Erfolg?

Das Pinguinspiel

„Benötigt wird eine Rolle Tapetenpapier. Diese wird ... in 2 bis 3 Meter lange Streifen gerissen und auf dem Boden zu einer Eisscholle zusammengelegt.“[102]

Alle Jungen nehmen auf der Eisscholle Platz. Der Spielleiter erzählt schnell eine Geschichte: „Die Eisscholle bewegt sich in wärmere Gegenden. Die Sonne scheint kräftig, wodurch die Eisscholle zu schmelzen anfängt“. Dabei werden immer einzelne Ecken von dem Tapetenpapier abgerissen.

Im Laufe der Zeit wird der Platz enger.

- Was passiert?
- In welcher Form nähern sich die Jungen an?

[101] in Anlehnung an Baer u. a. (o. J.)
[102] in Anlehnung an Posselt / Schumacher (1993)

- Klettern die Jungen aufeinander oder ärgern sie sich?
- Stoßen sie sich vielleicht gegenseitig herunter oder wehren sie sich gemeinsam bis zum bitteren Ende?

Das Schwungtuch[103]

Ein Schwungtuch wird auf dem Boden ausgebreitet. Alle Mitspieler stellen sich darum im Kreis auf. Alle Jungen fassen den Rand des Tuches mit beiden Händen und gehen so weit zurück, bis das Tuch gut gespannt ist.

Danach erzählt der Spielleiter eine Geschichte:

- „Wir befinden uns weit draußen auf dem Meer. Das Meer bewegt sich ganz still."
  (Die Jungen heben und senken ganz leicht die Arme.)
- „Sturm kommt auf."
  (Die Bewegungen der Jungen werden heftiger.)
- „Das Meer beruhigt sich wieder."
  (Der Lehrer wirft einen kleinen Softball in das Meer.)
- „Auf einmal sehen wir das Boot von Jürgen. Jürgen segelt durch das Meer und ist auf der Suche nach einer Insel."
  (Die Jungen bewegen das Schwungtuch so, dass Jürgen – der Ball – möglichst alle Stellen des Meeres besucht.)
- „Leider findet Jürgen keine Insel."
  (Der Lehrer wirft einen zweiten Ball auf das Schwungtuch.)
- „Dafür sieht er aber Ralf, der ebenfalls mit seinem Segelboot unterwegs ist. Zusammen begeben sie sich auf die Suche nach einer Insel."
  (Der Lehrer wirft nun einen flachen Pappkarton auf das Schwungtuch.)
- „Auf einmal sehen Jürgen und Ralf eine kleine, aber wunderschöne Insel. Sie wollen natürlich an Land gehen."
  (Die Jungen versuchen mit Kreativität – natürlich ohne die Bälle mit den Händen zu berühren – die beiden Bälle in den Karton zu bekommen.)
- „Das Leben auf der Insel ist wunderschön. Allerdings nur bis zu dem Tag, an dem der große Ausflugsdampfer mit 300 Passagieren an der Insel anlegt."
  (Der Lehrer wirft einen großen Softball auf das Schwungtuch.)
- „Diese Menschen wollen natürlich auch die Insel erkunden."
  (Wiederum versuchen die Jungen, diesen Ball in den Karton zu manövrieren.)
- „Aus ist es mit dem ruhigen Leben auf der Insel. Alles Schöne ist einmal zu Ende."
  (Der Lehrer entfernt die Gegenstände vom Schwungtuch.)

---

[103] in Anlehnung an Rahier (2000)

- „Plötzlich ist ein Wetterumschwung da. Das Meer wird immer unruhiger und wir fliehen vor den großen Wellen.“
  (Alle Jungen schwingen plötzlich das Schwungtuch hoch und verstecken sich so unter dem Tuch, dass von niemandem mehr etwas zu sehen ist.)

Diese Übung ist zwar von der Vorbereitung her etwas aufwendig. Sie macht aber Spaß und fördert die Kooperationsfähigkeiten der Jungen.

Ringkampf nach Regeln[104]

Die Jungen sitzen im Kreis. Ein Junge geht in die Mitte und fragt einen anderen Jungen, ob er mit ihm ringen möchte. Dabei können die einzelnen Jungen den Kampf aufnehmen oder ablehnen.

Die vorher verdeutlichten Spielregeln (Schlagen, Boxen, Beißen ... sind verboten) beinhalten den fairen Wettstreit. Weiterhin wird verabredet, dass der Kampf beendet wird, wenn einer der Jungen „Stop“ schreit.

Vor Kampfbeginn geben sich die Jungen die Hand, schauen sich in die Augen und sagen gemeinsam: „Ich will mit Dir fair kämpfen und Dich achten“.

Nach circa 2 Minuten wird der Kampf abgebrochen, die Jungen werden nach ihrem Wohlbefinden gefragt. Danach verläßt der erste Junge den Ring, der zweite sucht sich einen neuen Partner. Das Kämpfchen beginnt von neuem.

Nach einigen Kämpfen wird die Übung ausgewertet. Die beteiligten Jungen werden gefragt, ob sie sich wohl gefühlt haben und ob die Regeln eingehalten worden sind. Danach beurteilen die anderen Jungen den Kampfverlauf.

Während der Durchführung der Kämpfe wird manchmal von einigen Jungen Protest geäußert: „Da kämpfen ja immer die selben Jungen!“ und „Ich bin noch gar nicht drangekommen!“ sind häufige Äußerungen dieser Jungen.

Dieser Protest sollte für die Diskussion die Frage genutzt werden, ob für die Auswahl oder das Ablehnen von Partnern neben der Frage von Sympathie auch die Vertrauensfrage eine wichtige Rolle gespielt hat. Konkret: mit welchem Jungen lasse ich mich gerne auf solche Übungen ein? oder: Welchem Jungen kann ich so weit vertrauen, dass er auch wirklich nicht gegen die Regeln verstößt?

Das Zugabteil

Mit zwölf Stühlen werden zwei Zugabteile nachgestellt. Zehn Jungen sitzen in den Zugabteilen.

Der elfte Junge, der zu Beginn der Übung aus dem Raum geschickt worden ist, betritt den Raum. Er hat die Aufgabe erhalten, sich einen Platz in einem der Abteile zu suchen.

---

[104] Senatsverwaltung für Schule, Jugend und Sport Berlin (1998)

Die anderen Jungen haben die Aufgabe erhalten, die Plätze in irgendeiner Form zu belegen und diese nicht freizugeben.

Alle Beteiligten haben vor der Übung erfahren, dass Körperkontakte nicht erlaubt sind. Allerdings sind Gespräche zugelassen.

Auf verschiedene Art und Weise (Füße hochlegen, Zeitung auf den Sitz legen, sich breit machen, Plätze wechseln) wird der freie Platz blockiert.

Die Spielpraxis zeigt, dass die Mehrheit der Jungen so kreativ mit der Situation umgehen, dass der einzelne Junge in der Regel erfolglos bleibt.

Nach ein paar Minuten wird die Übung beendet.

In dem sich anschließenden Gespräch erhalten alle Jungen zuerst die Möglichkeit, sich zu ihren Erfahrungen und Gefühlen zu äußern.

- „Wie ist es Dir/Euch ergangen?",
- „Kennt Ihr ähnliche Situationen aus eurem Leben?" und
- „Wie würdet Ihr Euch in Wirklichkeit verhalten?"

könnten Fragen eines abschließenden Gesprächs sein.

Danach wird die Übung mit einer weiteren Person durchführen, die allerdings schon vor dem ersten Durchgang ebenfalls den Raum verlassen haben muss.

Variiert werden kann die Übung dadurch, dass in einem weiteren Durchgang auch körperliche Auseinandersetzungen zugelassen werden. Auch diese Form der Interaktion wird in der Regel nicht dazu führen, dass die „Versuchsperson" ihren Platz erhält. Die Ablehnung wird so auf eine andere, sicherlich noch stärker erfahrbare Art deutlich gemacht.

Der dunkle Tunnel

Ähnliche Erfahrungen können die Jungen bei einer Übung gewinnen, bei der zwei Jungen die Aufgabe erhalten, durch einen relativ dunklen und schmalen Tunnel (der Tunnel ist durch zwei Klebestreifen: Breite circa 175 cm; Länge circa 700 cm nachgebildet worden) gehen zu wollen.

In diesem Tunnel kommen ihnen allerdings zwei andere Passanten entgegen, die durch ihre Körperhaltung und durch Bewegungen deutlich machen, dass sie die anderen Personen nicht vorbeilassen wollen.

Wird die Übung das erste Mal durchgeführt, sind sowohl Gespräche als auch Körperkontakte verboten.

Bei weiteren Durchgängen kann variiert werden: zuerst werden Gespräche, danach auch Körperkontakte erlaubt.

Die nicht an der Übung teilnehmenden Jungen beobachten die handelnden Jungen.

Günstig ist, wenn jeder Junge einmal an die Reihe kommt.

Nach jeder Übung sollte ein Auswertungsgespräch erfolgen, das formal und inhaltlich dem der Übung „Zugabteil“ ähnelt.

Gruppen im Raum

Einzelne Jungen werden aus dem Raum geschickt. Den anderen werden die Spielregeln erklärt:

„Die Gruppe soll sich im Raum in Dreier- und Vierergruppen aufteilen, die sich intensiv über diverse Themen unterhalten. Wenn ein Junge hereingerufen wird, soll dieser den Kontakt mit den Anderen suchen. Die Gruppen verhalten sich ablehnend und nehmen keinen Kontakt mit dem Hereinkommenden auf. Er soll verbal und körperlich ignoriert werden. Dabei können sich die einzelnen Gruppen auflösen, so dass sich immer wieder neue Dreier- und Vierergruppen bilden.“

Danach wird der erste Junge hereingerufen und erhält die Aufgabe: „Bitte stelle Kontakt mit den anderen Personen im Raum her.“

Der Junge wird verschiedene Anläufe nehmen, den Kontakt herzustellen. Der Lehrer (eventuell auch vorher bestimmte Jungen aus der Gruppe) beobachtet das Scheitern und die Gefühlslage des Probanden.

Zum richtigen Zeitpunkt (bestimmt durch die aktive Person oder den Lehrer) wird der Versuch beendet.

Der Versuch wird besprochen, wobei die „Versuchsperson“ sich als erste Person dazu äußern darf, wie er sich gefühlt hat und fühlt.

- „Was war schlimm?“,
- „Ist das Erlebte im Alltag anzutreffen?“ und
- „Wozu führt solch ein Verhalten?“

könnten Fragen des Auswertungsgespräches sein.

© Doro Köster

Danach wird der Versuch mit ein oder zwei weiteren Jungen, die allerdings vor der ersten Spieldurchführung den Raum verlassen haben müssen, nach den gleichen Spielregeln durchgeführt.

6.4 Übungen zu Köpererfahrungen

Bedeutung des Themas:

„Wenn Du eine gedonnert kriegst, schüttelst Du nach dem Schlag, der jedem normalerweise den Schädel zertrümmert hätte, einfach heftig den Kopf, so dass der Schweiß spritzt, und schon geht's weiter ... Es ist ein Jammer, dass Jungen so wenige andere akzeptierte Möglichkeiten haben, ihren Körper zu testen, Stärken und Schwächen ausfindig zu machen, einen Körperstolz zu entwickeln und sich ganz einfach an ihrem männlichen Geschlecht zu erfreuen."[105]

Die meisten Jungen achten weniger auf ihren Körper als die Mädchen. Viele Jungen gehen weniger behutsam und rücksichtsloser mit ihrem Körper um als die Mädchen. Insgesamt gesehen haben Jungen weniger körperliche Kontakte mit anderen Menschen und lehnen diese zum Teil auch heftig ab. Ausdruck hierfür sind die häufigen Erkrankungen, die leider viel zu selten diagnostiziert werden. So leiden Jungen stärker als Mädchen z. B. unter Stottern, Bettnässen, Zwangsvorstellungen und Asthma. Ähnlich wie die erwachsenen Männer es ihnen vorleben, wenden sie sich aber prozentual gesehen seltener an Beratungsstellen und ÄrztInnen.

Der Umgang mit dem eigenen Körper sollte deshalb mit den Jungen thematisiert werden und stellt ein weiteres Aufgabenfeld für die Jungenarbeit dar. Dabei sollten die Jungen im ersten Schritt in sehr vorsichtiger Weise für den bewussteren Umgang mit dem eigenen Körper sensibilisiert werden. Erst danach können bei gegenseitigem Vertrauen und Wohlfühlen in der Gruppe Körpererfahrungen untereinander gemacht werden, welche die Grenzen anderer Personen berücksichtigen und den Jungen auch jede Menge Spaß vermitteln.

Ziele:

→ Gefühle für den eigenen Körper erweitern;

→ Angenehme von unangenehmen Gefühlen unterscheiden lernen;

→ Angenehme Körpererfahrungen kennenlernen und benennen können;

→ Erweiterung der sozialen Kompetenzen durch das Erlernen situationsangemessener Berührungen;

→ Vertrauen anderen Personen gegenüber entwickeln lernen.

---

[105] Schnack / Neutzling (1990: 189–190)

Einzelne Methoden:

Massagen

Vorweg zwei Bemerkungen und wichtige Hinweise, die bei dem Einsatz von körperorientierten Methoden unbedingt beachtet werden sollten.

★ Bei der Durchführung von Massagen sollte jedes Mal auf das Prinzip der freiwilligen Teilnahme hingewiesen werden.

★ In Jungengruppen, bei denen bei dieser methodischen Arbeit Unbehagen oder Widerstand zu beobachten ist, sollte man mit den Varianten beginnen, die mit spielerischen oder wettkampfähnlichen Komponenten verknüpft sind.

Wer war es? (1)

Ein Junge liegt mit dem Bauch auf dem Boden und schließt dabei die Augen.

Die anderen Jungen sitzen um ihn im Kreis herum. Der Spielleiter bestimmt einen Jungen, der sich leise an die Person heranschleicht und mit einer Massage anfängt. Auf ein Klatschen hin beendet der Junge die Massage und der nächste Junge wird bestimmt. Nach einem erneuten Klatschen setzt sich auch dieser Junge in den Kreis.

Nun öffnet der Junge seine Augen und schaut sich die Jungen an. Nach kurzer Zeit muss er die Personen nennen, die ihn massiert haben.

Danach kommt ein anderer Junge an die Reihe.

Wer war es? (2)

Drei Jungen sitzen nach vorne gebeugt nebeneinander auf Stühlen. Sie verschließen dabei die Augen.

Auf ein Zeichen hin schleichen sich drei Jungen von hinten an die drei Jungen heran und massieren sanft den Kopf und den Nacken. Auf ein Zeichen des Spielleiters hin tauschen die drei massierenden Jungen die Plätze. Die drei Jungen bleiben aber auf ihren Stühlen sitzen. Die Massagen beginnen von vorne. Nachdem ein letztes Mal die drei Masseure die Plätze getauscht haben, so dass jeder von ihnen alle drei Jungen einmal massiert hat, schleichen sich drei wieder zur Jungengruppc zurück.

Danach beraten die anderen drei Jungen untereinander, wer wohl die Masseure gewesen sind und in welcher Reihenfolge sie von wem massiert worden sind und äußern anschließend ihre Vermutung.

Danach kommt eine andere Gruppe an die Reihe.

© Doro Köster

Wer war es? (3)

Die Hälfte der Jungen sitzt auf Stühlen und bildet einen nach innen gerichteten Sitzkreis. Sie schließen die Augen.

Die anderen Jungen stellen sich nun hinter die Sitzenden und beginnen mit einer sanften Kopf- und Nackenmassage. Auf ein Zeichen hin wechseln die Masseure ihren Standort, indem sie zum Beispiel drei Stühle weiter nach rechts gehen. Dort angekommen, fangen sie wieder mit den Massagen an. Auf ein weiters Zeichen hin verändern sie noch einmal in beliebiger Form ihren Standort.

Nun öffnen die anderen Jungen die Augen und erraten, wer sie massiert hat.

Danach tauschen die beiden Teilgruppen ihre Rollen. Die eben noch massierenden Jungen können nun Massagen genießen.

Vergnügungskarussel[106]

Die Hälfte der Jungen liegt auf dem Bauch auf dem Boden. Die andere Hälfte der Jungen massiert mit bestimmten Gegenständen, die vorher allen Jungen gezeigt worden sind.

Die Jungen erraten nach circa einer Minute den Gegenstand, mit dem sie massiert worden sind.

Danach können kurze Gespräche durchgeführt werden:

- Welcher Gegenstand war besonders angenehm?
- Welcher Gegenstand war besonders unangenehm?

---

[106] in Anlehnung an Lintzen / Middendorf-Greife (1998)

- Bei welchem Gegenstand ist die Berührung intensiver?
- Lag das Wohlbefinden mehr an dem konkreten Gegenstand oder an der massierenden Person?

„Pizza backen“

Die Hälfte der Jungen sollte sich für diese Übung mit dem Bauch entspannt auf den Boden legen und die Augen schließen. Die andere Hälfte der Gruppe sitzt einzeln knieend neben den einzelnen Jungen. Im Hintergrund läuft leise Entspannungsmusik.

Der Leiter der Gruppe spricht ruhig und langsam die weiter unten folgenden Sätze. Zeitgleich verdeutlicht der Gruppenleiter durch Handzeichen die einzelnen „Massagetechniken“. Zwischen den einzelnen Sätzen läßt er den Jungen Zeit, die Massagen durchzuführen.

- ► Kniet euch bitte so hin, dass ihr gut den Rücken der vor euch liegenden Person berühren könnt. Wie ihr wißt, muss jeder ordentliche Pizzabäcker zunächst sein Blech säubern.
  (von der Mitte des Rückens nach außen streichen)
- ► Dann sollten wir das Blech einölen, damit der Teig hinterher nicht anklebt – achtet bitte auch darauf, dass alle Ecken eingeölt werden.
  (kreisende Bewegungen über den Rücken – in alle Ecken)
- ► Jetzt bringen wir die Teigmischung auf das Blech.
  (verstreichen)
- ► Nun streuen wir noch Salz, Oregano und andere Gewürze dazu.
  (mit den Fingerspitzen verteilen)
- ► Danach kneten wir den Teig gründlich durch.
  (kräftige Bewegung)
- ► Jetzt rollen wir den Teig aus – achtet darauf, dass die Ecken nicht ausgespart werden.
  (von oben nach unten, von der Mitte zu den Seiten ausrollen)
- ► Endlich können wir den Teig belegen: was sollte darauf kommen? Tomatensauce sollten wir nicht vergessen, ebenfalls den Käse und die Salami nicht.
  (schön verstreichen)
- ► So, das Ganze nun in den Ofen – wärmen.
  (mit den verschränkten Händen auf die Schultern des vor ihm stehenden Jungen berührt.)
- ► Der Ofen wird geöffnet („Oh, ist das eine Hitze“).
  (die große Nähe wieder auflösen)
- ► Die Pizza ist fertig und kann in möglichst viele Stücke aufgeschnitten werden – möglichst viele Stücke – also etwas kleiner schneiden.

(mit der Handkante schneidende Bewegungen von oben nach unten, links nach rechts)

- Na, und jeder ordentliche Pizzabäcker macht zum Schluss natürlich das Blech wieder sauber.
  (von der Mitte nach außen streichen).

Eventuell können die Jungen für andere Gerichte weitere „Rezepte" erfinden, die bei einem anderen Treffen ausprobiert werden.

Wettermassage

In diesem Fall sollte der Gruppenleiter die Übung mitmachen, damit die Jungen sich die Bewegungen besser vorstellen können. Da in diesem Fall auch der Kopf- und Halsbereich in die Massage miteinbezogen wird, sollte der Gruppenleiter darauf hinweisen, dass die massierenden Jungen sich seine Bewegungen immer genau anschauen sollen.

Die Jungen stehen paarweise zusammen, so dass jeweils ein Junge hinter dem Rücken eines anderen Jungen steht.

Die Geschichte zum Wetter könnte folgende Inhalte enthalten:

- Es ist früh am Morgen, die Sonne geht auf.
  (Hände streicheln ganz leicht den Kopf und den Nacken.)
- Die Sonne wird intensiver.
  (Hände streicheln etwas intensiver auch die Arme und den Rücken.)
- Auf einmal kommt ein leichter Wind auf.
  (Der Junge wird leicht hin und her bewegt.)
- Es beginnt leicht zu regnen.
  (Einzelne Finger berühren sanft den Kopf und die Arme.)
- Der Sturm nimmt etwas zu.
  (Siehe oben, aber etwas intensiver.)
- Der Regen wird intensiver.
  (Leichtes Klopfen auf den Kopf und den Rücken.)
- Es beginnt zu blitzen und zu donnern.
  (Mit der Hand werden Striche über den Rücken gezogen; leichte Erschütterungen des Oberkörpers.)
- Es hat soviel geregnet, dass das Wasser an den Beinen hochsteigt.
  (Mit beiden Händen werden die Unterschenkel sanft berührt.)
- Der Regen läßt langsam nach, das Wasser sinkt, der Sturm läßt ebenfalls nach, es blitzt und donnert nur noch wenig, die Sonne kommt wieder heraus.
  (Die Bewegungen ähneln den weiter oben schon beschriebenen.)

Nach Beendigung der Massagen tauschen die beiden Gruppen ihre Rollen.

Tiere und Musikinstrumente massieren uns

Eine Tier- und Musikinstrumentengeschichte eignet sich auch dazu, Körperkontakte als positiv erfahrbar zu machen.

Dazu werden wieder Paare gebildet. Ein Junge kniet auf dem Boden und stützt sich darüber hinaus mit den Händen (oder Ellbogen) auf dem Boden ab. Hat der Junge eine angenehme Position gefunden, kniet sich der andere Junge neben diesen. Von jetzt an sind Gespräche untersagt.

Der Leiter der Gruppe erzählt nun die Geschichte:

„Legt die Hände vorsichtig auf den Rücken Eures Partners. Geht zunächst mit den Händen über den Rücken, wie ein schweres bedächtiges Tier, mal hier, mal dort, kreuz und quer. Jetzt huscht schnell wie eine Maus über den Rücken, benutzt dazu nur Eure Fingerspitzen. Lauft jetzt mit den Händen über den Rücken wie ein galoppierendes Pferd. Versucht nun, mit Euren Händen als Riesenschlange den Rücken zu berühren. Watschelt nun wie eine schwere, dicke Gans über einen Hofplatz. Und stellt Euch nun vor, dass der Rücken Eures Partners eine Trommel ist. Nehmt Eure Hände und schlagt mit den Händen leicht und federnd auf diese Trommel. Fangt langsam an und werdet dann etwas schneller. Denkt daran, dass eine Trommel nur schön klingt, wenn sie zart und federnd gespielt wird. Verabschiedet Euch von Eurem Partner, indem Ihr ein schönes Klavierkonzert spielt ... Wechselt nun die Plätze ...“

Im Anschluß daran tauschen die beiden Gruppen ihre Rollen und die Geschichte wird in leichter Abwandlung wieder von Anfang an erzählt.

„Autowaschanlage“ [107]

Im Unterschied zu den vorherigen Massagen handelt es sich hierbei um eine Gruppenmassage.

Ein Junge wird von allen anderen Jungen aus der Gruppe in einer von dem einzelnen Jungen im vorhinein bestimmten Art und Weise berührt. Nach und nach kommen alle Anderen auch an die Reihe, wodurch gewährleistet ist, dass grenzüberschreitendes Verhalten von einzelnen Jungen nicht angewandt wird. Sollte dieses Verhalten von dem Gruppenleiter beobachtet werden, so sollte darüber gesprochen werden.

Und so funktioniert die Übung:

„Die Jungen stellen sich in zwei Reihen in kleinem Abstand voneinander auf. Sie sind die ‘Waschanlage’. Einer von ihnen ist jetzt ein ‘Auto’, das durch die Waschanlage fahren darf ... Er darf vorher bestimmen, was für ein Autotyp er ist (klein = gebückter Gang, groß = aufrechter Gang) und was für eine Art von Autowäsche er haben will: Abbrausen (mit den Fingerspitzen Tipppeln), Einseifen (mit

[107] in Anlehnung an Krabel (1998: 41)

der ganzen Hand sanft einreiben), Bohnern, Polieren, kräftiges Abschrubben, Trocknen …“ [108]

Nach Klärung all dieser Dinge, fährt das „Auto“ in die Waschanlage. Nach der Reinigung sagt der Junge, ob es ihr gefallen hat und ob es noch etwas anzumerken gilt.

Danach stellt sie sich in der Reihe an und ein neues „Auto“ fährt in die Waschanlage.

„Die Bildhauer“

Auch bei dieser Übung können die Jungen auf sehr unbewusste Art sehr angenehme Körpererfahrungen erleben.

Ein Schüler bildet eine Statue. Der andere Schüler schließt die Augen und ertastet die Statue. Sobald der tastende Schüler das Gefühl hat, die Statue nachstellen zu können, bildet er immer noch mit geschlossenen Augen die Statue nach.

Wenn er fertig ist, öffnet er die Augen und vergleicht sein Produkt mit dem Original.

Danach wird ein kurzes Gespräch geführt. Für einen zweiten Durchgang werden die Rollen getauscht.

Blindes Gehen durch den Raum

Benötigt wird ein relativ großer Raum, der leer ist (hierfür sollten im Klassenraum die Tische und Bänke ordentlich an den Rand gestellt werden).

Den Jungen werden die Augen verbunden. Im Hintergrund läuft leise ruhige Entspannungsmusik.

Die Jungen erhalten die Aufgabe, blind langsam und ohne zu Reden durch den Raum zu gehen. Dazu erhalten sie bestimmte Anweisungen, wobei klar ist, dass diejenigen, die keine Lust mehr an der Übung haben, sich leise an den Rand stellen können und dabei die Augen öffnen können:

- „Wenn Ihr Euch berührt, geht Euch aus dem Weg. Vermeidet Kontakte.“
- „Wenn Ihr Euch jetzt berührt, gebt Euch einen langen Händedruck.“
- „Wenn Ihr Euch jetzt berührt, betastet gegenseitig Eure Hände und Handgelenke, verabschiedet Euch danach mit einem festen Händedruck.“
- „Wenn Ihr Euch jetzt berührt, ertastet wieder Eure Hände und Handgelenke und darüber hinaus die Unterarme. Verabschiedet Euch danach.“
- „Wenn Ihr euch jetzt berührt, gebt dem anderen Jungen bitte die Hand und umarmt euch ruhig und intensiv. Verabschiedet Euch mit einem Händedruck.“

---

[108] Krabel (1998: 41)

▸ „Setzt Euch nun langsam auf den Boden und öffnet langsam die Augen."

Nach der Übung sollte auf jeden Fall das Gespräch mit den Jungen geführt werden:

- Was war angenehm?
- Was hat Euch gefallen?
- Gab es auch unangenehme Dinge?
- Habt Ihr das Gefühl, dass Ihr einzelne Personen erraten habt?

6.5 Übungen zur Sexualerziehung

Bedeutung des Themas:

„In der Umkleidekabine des Schwimmbades wird auch heute noch das gleiche umständliche Gedönse praktiziert, mit dem wir uns vor bald dreißig Jahren auch abmühten: Handtuch um die nasse Badehose binden, die festsitzende Hose darunter ausziehen, ohne dass der stets zu lockere Handtuchknoten kracht. Dann die schon bereitgelegte Unterhose irgendwie auf den feuchten Hintern ziehen. Knoten lösen, aufatmen.“[109]

Die Sexualerziehung stellt in allen Bundesländern eine Pflichtaufgabe der Schule dar. Mädchen wie Jungen sollen dabei nicht nur über biologische Fakten informiert werden. Die einzelnen Schulen sind verpflichtet, Konzepte zur Sexualerziehung zu erarbeiten.[110]

Allzu häufig ist aber zu beobachten, dass die Schulen diesem Anspruch leider nicht gerecht werden. Ähnlich wie anderen Unterrichtseinheiten wird das Thema auf kognitive Fragestellungen reduziert. Geschlechtsspezifische Zugänge werden kaum gesucht. Der Unterricht findet in der Regel in koedukativen Gruppen statt.

Ein Blick auf die Jungen mag verdeutlichen, warum gerade auch bei diesem Thema ein zumindest phasenweise getrennter Unterricht Sinn macht.

Die meisten Jungen haben nicht nur vor und während der Pubertät Schwierigkeiten, selbstbewusst mit ihrem Körper umzugehen. Der natürliche Umgang mit ihrem Geschlecht wird in der Regel überdeckt durch schamhaftes Verhalten oder durch dumme Bemerkungen oder verbale Kraftmeiereien in der Gruppe.

Dies häufig bei Jungen beobachtbare Verhalten ist oftmals gepaart mit einem Halbwissen bezüglich der eigenen körperlichen Entwicklungen und Veränderungen. Anders als die Mädchen wissen sie recht wenig über Themen wie „Orgasmus“, „Selbstbefriedigung“, „Homosexualität“ und „Geschlechtsverkehr“. Arbeitet man mit Jungen zu dem Thema, fällt es manchmal schwer zu glauben, wie wenig einige Jungen über den menschlichen Körper wissen.

Der allgemein zu beobachtende Überlegenheitsimperativ, unter dem ein Großteil der Jungen leidet, führt auch im Bereich der Entwicklung der eigenen sexuellen Identität dazu, dass Jungen eher ein nach außen gerichtetes Verhalten zeigen. Ähnlich wie bei den erwachsenen Männern, die häufig mit irgendwelchen Eroberungen prahlen, treffen wir in der Schule oder im Jugendzentrum auf

---

109 Schnack / Neutzling (1990: 42)

110 vgl. hierzu u. a. Ministerium für Schule und Weiterbildung, Wissenschaft und Forschung des Landes Nordrhein-Westfalen (1999: 19): „Schuleigene Arbeitspläne zur Sexualerziehung sind für alle Schulen aller Schulformen erforderlich ... Die schuleigenen Arbeitspläne sind Bestandteil des Schulprogramms der eigenen Schule, das gerade auch im Bereich der Sexualerziehung ein Höchstmaß an Übereinstimmung zwischen Schule und Elternhaus anstreben muss.“

Jungen, die durch angeberisches Verhalten (es wird gezählt: „Wieviele Freundinnen hattest Du denn schon?“; es wird gemessen und verglichen: „Wie lang ist Dein Penis?“).

Dieses Verhalten hilft den Jungen in ihrer eigenen Entwicklung nicht. Es hilft ihnen auch nicht beim Suchen und Leben stabiler Freundschaften mit Mädchen, denn: „Um die Liebe genießen zu können, braucht man in erster Linie Erfahrung mit sich selbst.“ [111]

Ein weiter wichtiger inhaltlicher Aspekt ist der Bereich der „Sexuellen Belästigung“. „Auch den 'Sexismus in der Schule' fanden wir bei unseren I-Dötzen wieder. In der Pause ging es für die Jungen nämlich vor allem darum möglichst vielen Mädchen die Unterhose herunterzuziehen, was zu einer Menge Tränen ...“ [112] führte. Was Schnack/ Neutzling in den Grundschulen beobachtet haben, ist auch in anderen Schulstufen vorzufinden. Lediglich die Formen der Belästigung sind dort anders: sie sind subtiler und schwerer wahrzunehmen. Weil sich „Sexuelle Belästigung“ aber nicht einfach so auswächst, muss sie von den LehrerInnen auch im Bereich der Sexualerziehung thematisiert werden.

Sexualerziehung reduziert sich folglich nicht auf die Vermittlung der biologischen Aspekte und Inhalte. Die aktuellen Lebenswelten der Mädchen wie der Jungen, sollten zentrale Bezugspunkte der Arbeit in allen Jahrgangsstufen sein.

Der Unterricht zum Thema Sexualerziehung sollte in allen Jahrgangsstufen zumindest phasenweise in getrennten Gruppen erfolgen.[113] Diese Trennung hat natürlich zur Folge, dass die Schule für diese Arbeit Ressourcen zur Verfügung stellen muss, damit die einzelnen Gruppen nicht zu groß werden. Die Durchführung eines ein- oder zweitägigen Projektes zum Thema (z.T. mit außerschulischen TeamerInnen) hat sich in vielen Schulen bewährt. Dies setzt eine intensive Vorabsprache mit den KlassenlehrerInnen und den Lehrkräften für das Fach Biologie voraus. Die LehrerInnen erfahren nach der Beendigung des Projektes durch die verantwortlichen TeamerInnen, welche Inhalte letztendlich thematisiert worden sind und wie die Akzeptanz der Themen bei den Mädchen und Jungen eingeschätzt wird. Von den Mädchen und Jungen der Klasse können schriftliche Rückmeldungen zum Projektverlauf eingeholt werden („War es gut, mal ohne LehrerInnen zu arbeiten?“, „Welche Inhalte und Methoden sind gut angekommen?“, „Wie habt Ihr Euch in der Mädchen-/ Jungengruppe gefühlt?“ und „Was hätte besser sein können?“). Diese Form der schriftlichen Nachfrage ermöglicht die Rückmeldung durch alle SchülerInnen. Die Dominanz von einzelnen Personen

[111] Biermann, Schütte: (1996: 22)

[112] Schnack / Neutzling (1990: 133)

[113] vgl. hierzu u. a. Ministerium für Schule und Weiterbildung, Wissenschaft und Forschung des Landes Nordrhein-Westfalen (1999: 10): „Wechselseitiges Zuhören, Einfühlungsvermögen, Verständnis, Auseinandersetzung und Begegnung gelingen häufig besser ..., wenn Mädchen und Jungen zeitweise getrennt lernen.“

wird dadurch erst einmal ausgeschaltet. Vorstellbar ist auch, dass die LehrerInnen nach der Durchführung der Projekttage mit den Mädchen und Jungen noch einige Stunden in geschlechtshomogenen Gruppen arbeiten.[114]

Geschlechtshomogene Gruppen sollten immer dann gebildet werden, „wenn es die Thematik erfordert“[115]. Die Form der Zusammenführung der Mädchen- und Jungengruppen stellt ebenso wie der Austausch der erworbenen Kenntnisse und der neuen Erfahrungen eine wichtige Planungsaufgabe von Schule dar.

Ziele:

→ Reden und gegenseitiges Austauschen lernen über die Themen „Liebe“, „Freundschaft“ und „Sexualität“;

→ Wissen über männliche und weibliche Sexualität erweitern;

→ Erkennen von eigenen Wünschen und Ansprüchen bezüglich von Freundschaften;

→ Wünsche, Interessen von Mädchen und Jungen hinsichtlich von Freundschaften kennenlernen;

→ Eigene Grenzziehungen und Grenzziehungen anderer erkennen und als Richtschnur für eigenes Verhalten anerkennen;

→ Formen der sexuellen Belästigung als Umgang zwischen den Geschlechtern ablehnen.

Einzelne Methoden:

Miteinander reden
Variante 1: Ich weiß schon fast alles

Zu den weiter untenstehenden Aussagen kann gut mit der Methode „Soziometrische Linien“[116] gearbeitet werden.

Die an der Übung teilnehmenden Jungen positionieren sich aufgrund der vorher verdeutlichten Regeln an unterschiedlichen Stellen zwischen der Start- und Ziellinie. Haben sie ihre Position gefunden, werden sie gebeten, sich nacheinander zu der von ihnen gewählten Position zu äußern. Die beobachtenden Jungen haben anschließend die Möglichkeit, einen Kommentar abzugeben.

---

[114] Die von der BZgA herausgegebenen Materialien (u. a. 1998b) enthalten viele Tipps, Anregungen und Hinweise, wie methodisch in geschlechtshomogenen Gruppen gearbeitet werden kann.

[115] Ministerium für Schule und Weiterbildung, Wissenschaft und Forschung des Landes Nordrhein-Westfalen (1999: 19)

[116] Diese Methode ist im Kapitel 7.9 beschrieben.

Einzelne Aussagen könnten sein:

- „Zum Thema Sexualität habe ich gar keine Fragen."
- „Mir fällt es leicht, ein Mädchen anzuquatschen, dass ich mag."
- „Die meisten Informationen zum Thema Sexualität habe ich von meinen Freunden."
- „Einige Fremdworte wie Menstruation oder Erektion sind mir vollkommen unbekannt."
- „Mit meinem Vater habe ich schon oft über Sexualität geredet."
- „Sexualität ist für mich noch gar nicht wichtig. Die meisten Jungen schlafen das erste Mal mit einem Mädchen, wenn sie neunzehn Jahre alt sind."
- „Ich finde meinen Körper klasse."
- „Wenn ich dusche, dürfen ruhig alle Jungen dabei sein und zugucken. Nur die Mädchen nicht."
- „Schüchtern bin ich eigentlich nie."
- „Es gibt einige Personen, von denen ich nicht berührt werden möchte."
- „Für das Wort Penis fallen mir noch andere Worte ein."
- „Die wichtigsten Verhütungsmittel kenne ich."

Auf diese Art und Weise gelingt in angenehmer und spielerischer Form ein Einstieg in das Thema Sexualität.

Miteinander reden
Variante 2: Symbole

Die Jungen werden gebeten, zum nächsten Treffen einen Gegenstand mitzubringen, der für sie eine Bedeutung zum Thema „Sexualität" hat. Der Gruppenleiter sorgt im Vorfeld dafür, dass in der Mitte des Kreise eine schöne Decke liegt, die bestenfalls noch mit ein paar Zweigen oder einer Kerze verschönt worden ist.

Der Reihe nach werden die Gegenstände vorgestellt und in den Kreis gelegt. Dabei berichten die Jungen, welche Bedeutung der Gegenstand für sie hat.
Auch mit dieser Vorgehensweise ist ein Einstieg in das Thema Sexualität geschafft.
Zugleich kann der Gruppenleiter erkennen, welche Dinge und Inhalte für die Jungen bezüglich des Themas aktuell wichtig sind.
Es wird sehr leicht deutlich, ob die Jungen aufgrund ihres Alters und ihrer individuellen Entwicklung schon in der Lage sind, über einzelne Teilbereiche zum Thema Sexualität zu reden.

© Doro Köster

Miteinander reden
Variante 3: Begriffe

Man ahnt gar nicht, wie viele unterschiedliche „Wortschöpfungen“[117] für die Begriffe „Penis“, „Scheide“ und „Geschlechtsverkehr“ unter den Jungen kursieren. Oftmals werden diese von den Jungen benutzt, ohne dass sie die Bedeutung richtig klären können. Die Peer-group bestimmt oftmals den vorherrschenden Sprachgebrauch.

Mit Hilfe der im folgenden beschriebenen Übung sollen die Jungen im Raum auf einzelnen Zetteln verteilt liegende „Wortschöpfungen“ den ebenfalls vorgege-

[117] vgl. hierzu Ministerium für Frauen, Jugend, Wohnungs- und Städtebau des Landes Schleswig-Holstein (ohne Jahresangabe: 53). In der Veröffentlichung wird dokumentiert, dass Männer während einer Fortbildung für den Begriff „Geschlechtsverkehr“ insgesamt 80 „Wortschöpfungen“ zusammengetragen haben.

benen Oberbegriffen (Penis, Geschlechtsverkehr, Scheide) zuordnen. Dies geschieht, indem sie das Wort „Spritze“ zum Beispiel dem Oberbegriff „Penis“ zuordnen. Es kann dabei sinnvoll sein, mit Hilfe dieses Beispiels den Jungen die Aufgabe zu erklären.

Zur Vorbereitung hat der Leiter der Gruppe die untenstehenden Begriffe kopiert und drei Plakate mit den Oberbegriffen vorbereitet.

Während der Übung können einzelne Karten auch immer wieder hin- und hergeschoben werden. Gespräche sind während der Übung erwünscht.

In einer zweiten Runde sollen sie die „Wortschöpfungen“ nach vorgegebenen Kategorien ordnen. Diese liegen wieder im Raum aus und mithilfe vorbereiteter Blätter können die Jungen diese einzeln ordnen. Die vorgegebenen Kategorien lauten:

Kategorie 1:
- Welche Begriffe finde ich gut und möchte sie benutzen?

Kategorie 2:
- Welche Begriffe lehne ich ab und möchte ich auch nicht hören?

Kategorie 3:
- Welche Begriffe finde ich bedrohlich und/oder beleidigend?

Kategorie 4:
- Welche Begriffe finde ich absolut dümmlich?

Es folgt eine Auswertung, an deren Ende ein vielleicht bewussterer Umgang mit Begrifflichkeiten stehen kann. Es wäre schön, wenn sich die Gruppe anschließend über die der Kategorie 3 zugeordneten „Wortschöpfungen“ verständigen und diesbezüglich Verabredungen treffen könnte.

Folgende „Wortschöpfungen“ können vorgegeben werden:

Granate	Tieferlegen	Fotze	Stengel	Muschi
Willi	Heini	Garage	Allesbesorger	Schlafen
Pimmel	Rummachen	Pißlatte	Vögeln	Schniedel
Beglücken	Tauchen	Liebesdreieck	Schwanz	Pimpern
69	Es tun	Kinder machen	Dunkelkammer	Abspermen
Schwert	Pillermann	Topf	Joystick	Vagina
Es machen	Lümmel	Latte	Bumsen	Pipimann
Nest	Gurke	Dose	Ständer	Höhle
Terminator	Dolch	Ins Bett gehen	Ficken	Banane
Öffnung	Rohr	Spritze	Steckdose	Urwald
Dödel	In Busch gehen	Lusthöhle	Liebe machen	Strammer Max

Miteinander reden
„Der große Preis“

Die Spielregeln dieser aus dem Fernsehen auch unter dem Namen bekannten Show „Jeopardy“ sind den meisten Jungen bekannt und denkbar einfach.

Die Gesamtgruppe der Jungen wird nach dem Zufallsprinzip in Teilgruppen zu jeweils drei Personen eingeteilt. Diese treten gegeneinander an, indem sie Aufgaben zu unterschiedlichen Themengebieten lösen müssen. Innerhalb der einzelnen thematischen Bereiche gibt es Aufgaben mit unterschiedlichen Punkten (10, 20, 30, 40, 50 und 60 Punkte). Jeweils ein Joker versteckt sich in jedem Themengebiet.

Bevor das Spiel endgültig losgeht, gibt sich jede Gruppe einen Namen. Der Spielleiter notiert den Namen auf der Ergebniswand und läßt einen Würfel herumgehen. Die Gruppe mit der höchsten Augenzahl fängt an und sucht sich eine bestimmte Aufgabe aus. Danach geht es reihum. Gewonnen hat die Gruppe mit den meisten Punkten, wobei der Spielleiter darüber entscheidet, ob die Gruppen immer die volle Punktzahl bei einer Aufgabe erreichen.

Etwas schwieriger gestaltet sich das Formulieren der Aufgabenstellung. In der Praxis hat sich auch bei der Vorbereitung dieses Spieles bewährt, wenn mehrere Männer zusammen die Aufgaben erarbeiten. Das macht Spaß und führt dazu, dass die Aufgaben für die Jungen interessanter werden.

„Jungen und Sexualität“, „Mädchen und Sexualität“, „Freundschaften Mädchen und Jungen“, „Eltern“ und „Freizeitaktivitäten“ könnten die Überschriften für die Themenbereiche lauten. Bewährt hat sich auch immer noch ein überraschender Bereich wie „Aktionen“, der nicht nur Aufgabenstellungen zum Thema beinhalten muss.

	„Jungen und Sexualität“
10	Erkläre die Begriffe Ejakulation und Erektion.
20	Nennt uns mindestens drei Verhütungsmittel.
30	Was verändert sich bei den Jungen während der Pubertät?
40	Hier ist ein Kondom. Erklärt uns, wie man es benutzt.
50	Joker
60	Was ist „Onanieren“? Kennt Ihr noch einen anderen Begriff hierfür?

	„Mädchen und Sexualität“
10	Gibt es Kondome auch für Frauen?
20	Erklärt den Begriff Menstruation und teilt uns noch einen weiteren Begriff mit, der dasselbe meint.
30	Joker
40	Nenne zwei äußere Geschlechtsorgane von Mädchen.
50	In welchem Alter haben die meisten Mädchen wohl ihre erste Blutung? Mit 11 Jahren, mit 15 Jahren, mit 17 Jahren?
60	Was ist ein Tampon? Was ist eine Binde?

	„Freundschaften“
10	Du findest ein Mädchen nett, traust Dich aber nicht, es anzusprechen. Was machst Du?
20	Joker
30	Wem würdest Du es erzählen, wenn Du eine Freundin hättest? Der Oma, dem Vater, einem Freund, dem Lehrer?
40	Du findest ein Mädchen nett und sprichst es an. Welches sind Deine ersten fünf Fragen?
50	Welche Eigenschaften sollte ein Mädchen haben, damit es Dir gefällt?
60	Es gibt peinliche Fragen – welche zwei Fragen wären Dir von einem Mädchen peinlich?

Im Aktionsbereich können die Jungen mit folgenden Aufgaben konfrontiert werden:

- „Führt uns als Gruppe insgesamt 20 Liegestützen vor!“
- „Tragt uns ein Gedicht oder ein Lied vor!“

- „Spielt eine Szene im Elternhaus (Mutter, Vater und Kind während des Abendessens). Es sollen möglichst drei Fragen der Eltern gestellt werden, die Euch nerven!"
- „Du kommst zu spät zum Unterricht. Erfinde drei witzige Notlügen!",
- „Spielt eine kurze Talkshow zu einem beliebigen Thema!"
- „Formuliert einen typischen Liebesbrief."

Saunabesuch und Sport

Wenn die Beschreibung von Schnack / Neutzling stimmt, dann haben Jungen große Hemmungen, sich gegenseitig nackt zu zeigen. Die Hemmungen können vielseitige Ursachen haben: Einem Jungen ist sein Bauch zu dick und fett, dem zweiten fehlen seiner Meinung noch dringend die Schamhaare, der dritte findet seinen Penis zu klein, der vierte befürchtet eine unkontrollierte Reaktion ...[118]

Saunabesuche (auch in Kombination mit gemeinsamen sportlichen Aktivitäten) können Jungen dazu verhelfen, sich natürlich und weniger angstbeladen wahrzunehmen. Der „Geschützte Raum" (Mädchen sollten ihren eigenen Aktivitäten nachgehen) wird dazu führen, dass sich Jungen ungezwungener zu ihrer eigenen Körperlichkeit verhalten und eventuell auch austauschen können.

Saunabesuche sollten allerdings auf dem Prinzip der Freiwilligkeit durchgeführt werden. Das längerfristige Zusammensein, die gegenseitige Kenntnis der anderen Personen und die gemeinsamen Erfahrungen in der Jungengruppe stellen dabei weitere Grundvoraussetzungen für erfolgreiche Saunaaktivitäten dar. Die Reservierung einer kleinen Sauna, in der an diesem Tag ausschließlich Männer verkehren, wird zu einem unverkrampften Erlebnis führen.

Fit für Freundschaften

Die Jungen erhalten den folgenden Fragebogen[119] und füllen ihn einzeln aus.

Die Auswertung kann unterschiedlich verlaufen. Die Ergebnisse können nacheinander vorgetragen werden und man spricht darüber.Man kann eine kleine Statistik erheben und kristallisiert auf diese Weise typische Antworten. Man sammelt alle Bögen ein. Danach liest man Bogen für Bogen vor und läßt die Jungen raten, welcher Junge den einzelnen Bogen ausgefüllt hat.

---

[118] Erwachsene Männer, die über ihre eigenen Körpererfahrungen zur Zeit der Pubertät sprechen, bestätigen diese Aussagen.

[119] Dieser Fragebogen wurde in Anlehnung an Ministerium für Frauen, Jugend, Wohnungs- und Städtebau des Landes Schleswig-Holstein (ohne Jahresangabe: 108–109) entwickelt.

Freundschaftstest

1. **Aus meiner Klasse finde ich ein Mädchen toll. Was machst Du?**
   ☐ Ich spreche sie einfach an. ☐ Ich versuche, möglichst oft in ihrer Nähe zu sein. ☐ ____________ ____________

2. Ein Mädchen, dass mir gefällt, muss vor allem …
   ☐ toll aussehen. ☐ sportlich sein. ☐ ____________ ____________

3. Beknackt an Mädchen finde ich …
   ☐ wenn sie sich schminken. ☐ wenn sie zuviel tratschen. ☐ ____________ ____________

4. Am meisten würde mich an einer Freundschaft langweilen …
   ☐ wenn wir uns langweilen. ☐ wenn das Mädchen mich häufig kritisiert. ☐ ____________ ____________

5. Du findest ein Mädchen toll. Was denkst Du?
   ☐ Ob die mich mag? ☐ Bin ich eigentlich hübsch genug? ☐ ____________ ____________

6. Wenn ich ein Mädchen toll finden würde, würde ich darüber mit der folgenden Person sprechen.
   ☐ Mit meinem Vater. ☐ Mit niemanden. ☐ ____________ ____________

7. Zufällig bist Du mit einem Mädchen alleine, das Du toll findest.
   ☐ Ich spiele den großen Macker. ☐ Ich spreche über die Schule. ☐ ____________ ____________

8. Mit einem guten Freund rede ich über folgende Dinge.
   ☐ Computerspiele ☐ Fußballvereine ☐ ____________ ____________

9. Von einem guten Freund erwarte ich …
   ☐ dass er mir zuhört. ☐ dass er Geheimnisse für sich behält. ☐ ____________ ____________

„Grabbelsack“[120]

Bei dieser Methode geht es wieder darum, für Jungen ab dem 8. Schuljahr Gesprächsanlässe zum Thema Sexualität zu schaffen.

Ein Stoffbeutel wird mit verschiedenen Gegenständen gefüllt, die alle einen engen Bezug zum Thema haben. Der sog. Grabbelsack kann dabei mit

- einem Kondom,
- Parfüm,
- einer Spirale,
- einer Unterhose,
- einem Slip,
- Rasierwasser,
- einem Holzpenis,
- einem Diaphragma,
- einer Packung Pillen,
- einer Aids-Aufklärungsbroschüre,
- einer Gebrauchsanweisung für Kondome,
- einem Dessous,
- einem Aufklärungsbuch,
- einem Photo von einem Mädchen,
- einem Photo mit einem homosexuellen Paar,
- einer Binde usw.

gefüllt werden.

Der Stoffbeutel wandert im Kreis herum und der jeweilige Junge vermutet beim Ertasten der Materialien, welchen Gegenstand er wohl in der Hand hat. Nachdem der Junge den Gegenstand aus dem Beutel genommen hat, erklärt er diesen (Was ist es genau? Wie funktioniert er? Verbindet der Junge schon irgendetwas mit diesem Gegenstand?).

Dabei geht es natürlich nicht um richtig oder falsch, sondern darum, mit viel Spaß in das Thema Sexualität einzusteigen.

Freundschaften – Flirttipps

Viele Jungen finden ein Mädchen aus der Klasse, aus der Clique, aus dem Sportverein ganz nett und wissen leider nicht, wie sie es dem Mädchen zeigen können. Viele Jungen möchten eine Freundin haben, leiden aber darunter, dass sie keine Idee haben, wie sie ein Mädchen kennen lernen können.

Einige Jungen können über diese Probleme mit dem besten Kumpel reden, andere Jungen haben vielleicht zu Hause die Möglichkeit, ein Gespräch zu führen. Ein Teil der Jungen leidet aber auch darunter, keine Gesprächspartner für diese

[120] vgl. hierzu auch Trödel / Otting (1998: 62/63)

für sie wichtigen Themen zu finden. Zugleich ist diese Thema häufig auch für Jungen zur Zeit der Pubertät ein Thema, das für sie zwar wichtig ist, dem sie sich aber nicht so leicht öffnen können, weil die vorherrschenden Normen in der Gruppe (in der Klasse) dieses Thema als Tabuthema behandeln.

Eine Möglichkeit, den Themenbereich anzusprechen bietet die Methode „Flirttipps". Hierzu wird den Jungen von dem Gesprächsleiter eine fiktive Situation vorgegeben: Ein Junge gleichen Alters findet ein Mädchen aus der Nachbarklasse nett, weiß aber nicht, wie er sich verhalten soll (Tipps, wie er sich verhalten kann, was er machen soll, sind also gefragt). Alle Jungen „schlüpfen" nun in die Rolle des auf diese Weise kurz vorgestellten Jungen. Dies fällt ihnen nicht schwer, da sie meistens alle schon einmal diese Situation zumindest als teilnehmende Beobachter erlebt haben. Dadurch, dass sie aber in eine Rolle schlüpfen können, ermöglicht man ihnen, kreativ an die Problemlösung zu gehen.

Die im Kreis sitzenden Jungen denken dabei kurz über die Situation nach und geben nacheinander einen persönlichen Tipp ab, der nicht von den anderen kommentiert wird:

- „Ich würde ihr einen Brief schreiben."
- „Ich würde mich häufig in den Pausen in ihrer Nähe aufhalten."
- „Ich würde sie zum Eis einladen."
- „Ich würde versuchen, ihre Telefonnummer herauszubekommen"
- „Ich würde einen Freund zu ihr schicken, der herausbekommen soll, ob das Mädchen schon einen Freund hat."
- „Ich würde sie ins Kino einladen"
- „Ich würde einen Brief schreiben, diesen aber durch einen Kumpel übergeben lassen."
- „Ich würde einen Freund bitten, das Mädchen zu einer Geburtstagsfeier einzuladen."
- „Ich würde zufällig im gleichen Bus wie sie fahren"
- ……………
- ……………

Der Gesprächsleiter notiert stichwortartig die Vorschläge, wiederholt diese und stellt diese dann zur Diskussion. Auf diese Weise wird deutlich, welche der Tipps die Jungen gut finden und welche sie verwerfen. Nach kurzer Diskussion wird ein Tipp mehrheitlich von den Jungen angekommen und die Geschichte wird weiter entwickelt.

Anzunehmen ist, dass die Jungen sich für den ersten Tipp (Brief schreiben) entscheiden. Nun stellt sich wiederum das Problem, was denn der Inhalt des Briefes sein soll. Hier wären folgende Tipps denkbar:

- „Liebe …, ich finde Dich hübsch und möchte mit Dir gehen. Dein …“
- „Hallo …, hast Du morgen Nachmittag schon etwas vor? Dein …“
- „Liebe …, kennst Du schon den Film …? Dein …“
- „Liebe …, würde gerne mit Dir in die Eisdiele gehen. Hättest Du Lust? Dein …“
- „Hallo …, Du gefällst mir schon schon lange. Hoffe, dass Du noch keinen Freund hast. Was hast Du für Hobbies? Dein …“
- ……………
- ……………

Nun schließt sich wieder die Diskussion, Kommentierung und Bewertung der Vorschläge an. Die Gruppe einigt sich wieder auf einen Vorschlag und weiter geht das Flirtspiel. Hat man sich wie in diesem Beispiel darauf geeinigt, einen Brief zu schreiben, so muss die Gruppe nun Vorschläge für Antwortbriefe entwickeln und irgendwann war man als Gruppe „erfolgreich“ oder eben auch nicht (wie halt im realen Leben).

Versteigerungsaktion[121] „Was will ich wissen?“

Die folgenden „Werte“ eignen sich, anhand einer Versteigerungsaktion mit den Jungen Themen und Fragestellungen herauszufiltern, anzusprechen und in weiteren Schritten auch zu vertiefen, die für die Jungen aufgrund ihrer jeweiligen Entwicklung von Bedeutung sind.

Bei dieser Versteigerungsaktion geht es um das Thema „Das interessiert mich augenblicklich zum Thema Sexualität“.

Wünsche der Mädchen	Selbstbefriedigung
Gebrauch eines Kondoms	Stellungen
Verhütungsmittel	Weiblicher Körper
Infos eigener Körper	Gute Freunde
Flirt und Verhaltenstipps	Scham und Ängste
Sexuelle Erkrankungen	Infos zur Anmache
Homosexualität	Das erste Mal

[121] Vgl Seite 114

„Verhütungsmittelshow"

Da der größte Teil der Jungen nach Angaben der BZgA mit 15 oder 16 Jahren das erste Mal mit einem Mädchen Geschlechtsverkehr hat, bietet sich diese Methode für etwas ältere Jungen an.

Auf spielerische Art und Weise wird ein Einstieg in das Thema „Verhütung" gefunden. Die gewählte Methode weckt die Bereitschaft der Jungen, sich mit dem Thema auseinanderzusetzen.

© Doro Köster

„Zu Beginn werden unterschiedliche Verhütungsmittel mit dazugehörigen Beschreibungen auf einem Tisch ausgebreitet. Die Jungen haben zunächst die Möglichkeit, sich diese Verhütungsmittel kurz anzusehen und eventuell die Beschreibungen anzulesen. Anschließend werden Kleingruppen … gebildet, die sich dann jeweils ein Verhütungsmittel auswählen. Für dieses Verhütungsmittel wird dann von der Kleingruppe ein Werbespot erstellt. Dieser Werbespot soll unterschiedliche Kriterien erfüllen. Er soll sowohl witzig und originell sein aber auch wichtige Informationen über das Verhütungsmittel enthalten. Wichtige Informationen sind z. B. die Anwendung, die Sicherheit, der Preis und die Beschaffung des Verhütungsmittels. Um sich umfassend informieren zu können, liegt jedem Verhütungsmittel ein Beschreibungszettel bei. Wenn die Werbespots nach einer Vorbereitungszeit von ca. 20 Minuten fertiggestellt sind, werden sie im Plenum vorgeführt …"[122]

---

[122] vgl. hierzu auch Trödel / Otting (1998: 65)

Nachfragen der anderen Jungen sind natürlich erlaubt und vertiefen die Erkenntnisse.

Die Verhütungsmittel und die Produktinformationen, ohne die die Show von den Jungen nicht vorbereitet werden kann, können z. B. bei Gesundheitsämtern oder bei den örtlichen Stellen von Pro Familia ausgeliehen werden. Eventuell verfügt auch die Fachgruppe Biologie über die benötigten Materialien.

Übungen zu Grenzziehungen
Variante 1: Arbeit mit Körperzeichnungen

Den Jungen werden in kopierter Form Körperumrisse an die Hand gegeben.

Die Aufgabe lautet: „Färbe die Körperstellen mit grüner Farbe, an denen Dir Berührungen angenehm sind. Nimm einen roten Stift und färbe die Körperstellen, an denen Du gar nicht gerne berührt wirst."

Die Jungen suchen sich einen ruhigen Platz und bemalen den Körperumriss. Er muss natürlich nicht mit Namen versehen werden.

Wer fertig ist, hängt seine Zeichnung an einer vorbereiteten Präsentationswand auf. In einigen Gruppen kann es besser sein, wenn der Gruppenleiter die Zeichnungen einsammelt und diese danach selber aufhängt.

Im Anschluß findet ein Auswertungsgespräch statt, in dessen Mittelpunkt oft die Erkenntnis steht, dass die Zeichnungen sich sehr stark ähneln.

„Wenn es bei den Jungen Körperzonen gibt, wo sie nicht gerne von anderen berührt werden, dann wird es sie wohl auch bei den Mädchen geben!" formulierte einmal ein Schüler. Da die Mädchen aus der Klasse mit derselben Methode in der Mädchengruppe gearbeitet hatten, war die Beantwortung dieser Vermutung leicht möglich. Ein Gespräch über die Ergebnisse ist dann nicht mehr nötig. Das Aufhängen, die Veröffentlichung der Zeichnungen im Klassenraum, dem die Mädchen und Jungen natürlich zustimmen müssen, reicht zum Nachdenken über die eigenen Grenzen und die anderer Menschen aus.

Übungen zu Grenzziehungen
Variante 2: Sexuelle Belästigung – eine Erfindung oder ein Problem unserer Klasse?

Ein Einstieg in das Thema „Sexuelle Belästigung" kann gut mit der Methode „Kugellager" / „Karusseldiskussion"[123] gefunden werden.

Die im Folgenden aufgelisteten Aussagen können auf ein DIN-A-4-Blatt kopiert werden. Dieses Blatt wird auf alle Stühle (Innen- und Außenkreis) verteilt. Die Jungen setzen sich, lesen jeder für sich die einzelnen Aussagen und entschciden sich für die Aussage, die sie gerne mit dem Gegenüber besprechen möchten. Die

[123] Diese Methode ist im Kapitel 7.4 beschrieben.

Dauer der Gespräche ergibt sich aufgrund der Diskussionsfreudigkeit der Gruppe und der Akzeptanz der Methode durch die Jungen. Nach Beendigung der ersten Gesprächsrunde steht z. B. der Außenkreis auf und wandert drei Stühle weiter. Danach beginnt die nächste Runde.

Zu folgenden Aussagen haben sich intensive Diskussionen in Jungengruppen ergeben:

- In unserer Klasse gibt es auch einige Mädchen, die mich immer blöd anpacken.
- Sexuelle Belästigung gibt es auch bei uns in der Klasse.
- Wenn ein Junge ein Mädchen aus unserer Klasse anpackt und das Mädchen das nicht will, dann geht das alle Jungen etwas an.
- Mädchen stellen sich doch ganz schön an. Eigentlich finden die das ganz gut, wenn sie von einem Jungen angepackt werden.
- Mädchen, die kurze Röcke oder tief ausgeschnittene T-Shirts tragen, sind selber schuld, wenn sie angestarrt oder angepackt werden.
- Mädchen, hinter denen die Jungen aus unserer Klasse herpfeifen, sollen sich doch freuen. Das ist doch ein Kompliment.
- Jungen, die belästigen, wollen eigentlich nur eine Freundschaft mit dem Mädchen.
- Das Thema „Sexuelle Belästigung“ ist eine Erfindung unserer Lehrer.
- Wenn ich ein Mädchen wäre und belästigt würde, dann würde ich folgendes machen: …

Ein Auswertungsgespräch („Was hat Euch überrascht?“, „Gab es neue Aspekte für Euch?“ usw.) bildet den Abschluß der Methode.

Übungen zu Grenzziehungen
Geschichte ohne Ende[124]

Die Methode des „Forumtheaters“[125] bietet sich an, mit älteren Jungen zum Thema „Sexuelle Belästigung“ zu arbeiten.

Für das Spielen des hier beschriebenen Falles werden je nach Konkretisierung drei oder vier Jungen benötigt.

„Anna ist im ersten Ausbildungsjahr als kaufmännische Auszubildende bei der Firma Meier & Co. Sie und Eva, die sich im zweiten Ausbildungsjahr befindet, sind die beiden einzigen Mädchen in dem Großraumbüro, in dem täglich ungefähr 10 Menschen arbeiten.

Die Arbeit macht ihnen großen Spaß, und es macht ihnen auch nichts aus, dass sie den ganzen Tag am Computer sitzen müssen.

Mit den Männern im Büro ist das allerdings so eine Sache. Sie sind zwar alle eigentlich sehr nett und da sie auch noch recht jung sind, kann man sich ganz gut mit Ihnen unterhalten. Aber einige von denen sind auch ganz schön komisch. Zum Beispiel der Ausbildungschef Herr Müller, der immer wieder betont, wie wohl er sich fühlt, zwei weibliche Auszubildende in seiner Abteilung zu haben.

Bisher fanden Anna und Eva Herrn Müller eigentlich ganz nett, aber in letzter Zeit wissen die Beiden gar nicht mehr, wie sie sein Verhalten einschätzen sollen. Immer wenn Herr Müller etwas erklärt, beugt er sich so dicht über sie, dass sich ihre Köpfe berühren, tätschelt ihre Hände oder die Rücken und nennt sie „meine Mädchen“. Obwohl Anne ihr Sommerkleid mit dem großen Rückenausschnitt gar nicht mehr im Büro anzieht, versucht Herr Müller immer wieder, Anne anzufassen. Beide versuchen, Herrn Müller aus dem Weg zu gehen. Ganz mulmig wird Anne bei dem Gedanken, dass Herr Müller am übernächsten Tag mit ihr alleine in das Archiv gehen will. Sie weiß nicht, wie sich verhalten soll und spricht mit Eva darüber, ob sie vielleicht einfach an dem Tag krank sein soll.

Am Tag drauf treffen sie in der Berufsschule Maria und Jochen, die immer ein offenes Ohr haben und sich für alle möglichen Dinge interessieren.

Nachdem Anna und Eva den Beiden ihre Probleme mit Herr Müller geschildert haben, sagt Maria: „Das ist ja eine große Sauerei. Ich würde …“

Videofilme zur Sexualerziehung für Jungen

Im Rahmen des von der Stadt Wuppertal unterstützten Medienprojekt ist eine zwölfteilige Videoproduktion mit dem Titel „Jungenlust – Jungenfrust: Jungensexualität“[126] entstanden.

[124] in Anlehnung an: Lemmermöhle u. a. (1994: Band 5: 137)
[125] Diese Methode ist im Kapitel 7.2 beschrieben.
[126] Die Bestelladresse findet sich im Serviceteil.

In diesen von Jungen und männlichen Jugendlichen (15 bis 20 Jahre) konzipierten Filmen kommen ausschließlich Jungen zu Wort. Dies stellt eine besondere Stärke dieser Videofilme dar, da die Jungen erkennen, dass es möglich ist, offen über verschiedene Fragestellungen aus den Bereichen Liebe, Freundschaft und Sexualität zu reden. Dies wahrzunehmen, wird zu einer allgemeinen Stärkung der Jungen führen. Ein weiterer Vorteil der Filme ist darin zu sehen, dass diese einzeln und unabhängig voneinander gezeigt werden können, da sie inhaltlich nicht aufeinander aufbauen.

Die Filme können zum Teil für Jungen ab 13 Jahre eingesetzt werden. Der Leiter der Jungengruppe sollte sich vor dem Einsatz der jeweiligen Sequenz diese anschauen und sich eine Auswertung überlegen.

Die Videofilme sind jeweils 15 bis 20 Minuten lang und haben die folgenden Titel:

- ★ Spanner (zum Thema „Selbstbefriedigung“)
- ★ Zur sexuellen Befriedigung der Frau (zum Thema „Sexuelle Befriedigung, Versagensängste“)
- ★ Angst, Vertrauen, Erektion, Jungen vorm „ersten Mal“ (zum Thema „Das erste Mal“)
- ★ Den Schwanz im Kopf (zum Thema „Potenz“)
- ★ Wenn er kommt, kommt er hoch. Wenn nicht, dann nicht (zum Thema „Sex und Liebe“)
- ★ Gummi im Kopf (zum Thema „Verhütung“)
- ★ Schwanz im Glück (zum Thema „Sexuelle Phantasien“)
- ★ Killing me softly (zum Thema „Schwuler Sex“)
- ★ Why don’t you dance with me (zum Thema „Schwuler Sex“)
- ★ Der K(Fick) für den Augenblick (zum Thema „Sexualität von ausländischen Jungen“)
- ★ Sah ein Knab ein Röslein stehen (zum Thema „Sexualisierte Gewalt“)
- ★ Echte Männer (zum Thema „Sexualisierte Gewalt“)[127]

Film: Sex – eine Gebrauchsanweisung für Jugendliche

Hierbei handelt es sich um einen 18-minütigen Zeichentrickfilm, der bei den örtlichen Stellen von Pro Familia ausgeliehen werden kann. Dem Film liegt eine umfangreiche Broschüre bei, der sowohl eine inhaltliche Beschreibung als auch medienpädagogische Hinweise zu entnehmen sind.

Der Film zeichnet sich dadurch aus, dass die Darstellung sexueller Fragestellungen Themen wie Liebe, Freundschaft und Vertrauen ausdrücklich miteinschließt.

Jungen ab 13 Jahren, die häufig noch wenig Wissen im Bereich der Sexualität haben, können durch diesen jugendgerecht gedrehten Film bezüglich vieler Frage-

[127] Die Bestelladresse befindet sich im Kapitel 11.2.

stellungen ihr Wissen erweitern. Dies auch gerade deshalb, da der Film viele Themen(z. B. „Menarche“, „Polluation“ und Selbstbefriedigung), die in anderen Filmen nicht angesprochen werden, aufgreift.

Durch die Zeichentrickfiguren wird Peinlichkeit genommen und abgebaut. Distanz wird ermöglicht, so dass die Jungen sich leichter und mit größerer Heiterkeit auf den Film und das Thema einlassen können.

Lehrer sollten sich den Film auf jeden Fall vor dem Einsatz in der Jungenarbeit selber anschauen. Dies u. a. auch deshalb, da es je nach Zielgruppe ratsam sein kann, den Film in kleineren Abschnitten zu zeigen.

6.6 Übungen zum Thema Homosexualität

Bedeutung des Themas:

„Einen Jungen mit „Du schwule Sau" zu beschimpfen, gehört zu dem Schlimmsten, was andere Jungen ihm antun können. Dabei weiß kein Junge genau, was schwul sein wirklich bedeutet ... Jungen belegen mit dem Schimpfwort „schwul" alles, was sie als unmännlich erleben. Irgendjemand in der Klasse führt das Wort ein, und die Panik, als schwul bezeichnet zu werden, breitet sich aus ..."[128]

Über Sexualität wird viel in unserer Gesellschaft berichtet und geredet. Manchmal sehr klischeehaft. Aber es hat sich in den letzten Jahren vieles verändert. Zum Glück! Leider aber nicht immer zum Positiven.

Betrachtet man die Werbung und schaut man sich bestimmte Fernsehsendungen an, so erkennt man leicht, dass es immer noch den alltäglichen Sexismus gibt, dem die Mädchen und Frauen ausgesetzt sind.

Und immer noch gilt es als das „Schlimmste" in unserer Gesellschaft, anders, nämlich schwul zu sein.

„Du Schwuler" wird häufig schon in der Grundschule als Schimpfwort benutzt, um sich selber wichtig zu machen und die andere Person abzuwerten. Als Schwuler betituliert zu werden, bedeutet weibisch zu sein und als nicht männlich anerkannt zu werden.

Die Homophobie, die bei Mädchen und Jungen zu beobachten ist, ist Ausdruck der gesellschaftlichen Wertorientierungen. Ein großer Teil der Jungen, die sich auf dem Weg hin zu ihren ersten körperlichen Erfahrungen befinden (erste Freundschaft, erste Selbstbefriedigung und erster Orgasmus usw.), nimmt diesen normativen gesellschaftlichen Rahmen auf, um auch die eigenen Unsicherheiten und Ängste „in den Griff" zu bekommen.

Zugleich zeigen die Jungen generell ein großes Unwissen bezüglich homosexueller Beziehungen. Hier besteht die große Chance, in Jungengruppen die tatsächlich vorhandenen Wissensdefizite aufzugreifen und diese produktiv zu nutzen. So kann Schule im Bereich der Sexualerziehung einen „Beitrag zum Abbau der Homosexuellenfeindlichkeit und zur Beseitigung der Diskriminierung von homo-, bi- und transsexuellen Menschen" [129] leisten.

Obwohl Körperlichkeit und Zärtlichkeit unter Männern in der Erwachsenenwelt nicht häufig zu beobachten ist und auch Jungen leicht mit dem Vorwurf „Ey, Du Schwuler" konfrontiert werden, drücken die meisten Jungen zumindest bis zur Pubertät häufig den Wunsch nach Körperkontakt unter sich aus. Darin liegt für die Jugenarbeiter eine große Chance.

---

128 Schnack / Neutzling (1990: 210)

129 Ministerium für Schule und Weiterbildung, Wissenschaft und Forschung des Landes Nordrhein-Westfalen (1999: 13)

Das ungestillte Wissensbedürfnis der Jungen auf der einen Seite und das Bedürfnis nach Körperkontakt auf der anderen Seite können als Bezugsrahmen für die Arbeit mit Jungen genutzt werden. Auf vorsichtiges und behutsames Arbeiten muss geachtet werden, wenn die Einstellungen und Äußerungen zum Thema Homosexualität bei den Jungen verändert werden soll.

Bei der pädagogischen Umsetzung dieses Anspruches gilt es, unterschiedliche Meinungen zum Thema im Raum stehen zu lassen und den Jungen schon in jungen Jahren positive Erfahrungen im Bereich der Körperarbeit zu ermöglichen.

Ziele:

→ Erkennen, dass Kontakte unter Jungen und Männern auch den Bereich der Körperkontakte einschließt;
→ Akzeptanz körperlicher Berührungen anderer Jungen und Männer untereinander;
→ Homosexualität als eine Form des sexuellen Austausch kennenlernen;
→ Bewusste Entwicklung einer eigenen Meinung zum Thema Homosexualität;
→ Erkennen, dass Körperkontakte unter Jungen und Männern nicht mit homosexuellen Beziehungen gleichzusetzen sind;
→ Bedeutung von Diskriminierung erkennen und Diskriminierung für das eigene Verhalten ablehnen.

Einzelne Methoden:

Vorweg: Die Anwendung von Methoden aus dem Bereich der „Selbst- und Fremdwahrnehmung“ (Warme Duschen, Meinungsspiele), dem Bereich von „Körpererfahrungen“ (Massagen), dem Bereich „Neue Erfahrungen“ (Der geheime Freund) können dazu führen, dass Jungen eine größere Offenheit und Toleranz dem Thema gegenüber entwickeln.

Auch die geschlechtshomogene Arbeit im Bereich der Sexualerziehung wird vermutlich dazu führen, dass sich die meisten Jungen über das Thema „Homosexualität“ offener äußern werden und sich vielfältiger und weniger diskrimierend verhalten werden.

Darüberhinaus ist der Einsatz der folgenden Methoden zu empfehlen:

Bennys Beziehungskiste[130]

Die Spielregeln für diese Ereignis- und Entscheidungsspiel, dessen Einsatz vom 9. Schuljahr an denkbar ist, sind „denkbar einfach, der Spielverlauf dagegen voller Überraschungen: Benny ist ein 18jähriger Junge auf der Suche nach einer Liebesbeziehung, die ihn durch alle Höhen und Tiefen im Dschungel der Gefühle

[130] Die Bezugsadresse und der Preis für dieses Spiel sind im Serviceteil angegeben.

führt. Wie im richtigen Leben gibt es verschiedene Wege und Versuche zu einer glücklichen Zweisamkeit. Die Entscheidungen, die dabei für Benny anstehen, fällen die Mitspieler stellvertretend für Benny. Dabei begegnen ihnen Themen, die so oder so auch ihre eigenen sind: Freundschaft und Partnerschaft mit Mädchen und Jungen, (Un)Treue, Verläßlichkeit, Glück, Nähe und Distanz, Streiten, Altersunterschiede, Lust, das „erste Mal", safer Sex, Verhütung, ungewollte Schwangerschaft, Umgang mit Gefühlen wie Angst und Eifersucht, Konflikte mit Eltern und Schule."[131]

„Für die Durchführung des Spieles, das aus circa 175 untereinander verknüpften Entscheidungskarten besteht, benötigt man je nach Diskussionsfreudigkeit der Gruppe ungefähr 45 Minuten.

Da das Spiel mehrere Optionen offen hält (zu Beginn hat Benny sich zu entscheiden, für welche der vier Personen – drei Mädchen, ein Junge – der Kontakt aufgenommen werden soll), kann das Spiel auch gut mehrfach durchgespielt werden."[132]

Die Option „Kontaktaufnahme von Benny zu dem Jungen" wird von Jungengruppen normalerweise zuerst nicht favorisiert. Bei den Jungen ist aber doch eine Neugier, ein gewisser Kitzel und das Interesse zu beobachten, auch diese Variante des Spieles durchzuführen.

Die Jungen begegnen dem Thema Homosexualität vielleicht zum ersten Mal in ihrem Leben in einer nicht bewertenden, abwertenden oder moralisierenden Form. In dieser Form der Auseinandersetzung liegt der große Vorteil dieses Entscheidungsspieles.

Bennys Beziehungskiste – eine andere Einsatzmöglichkeit zum Thema „Coming out" (1)

Eine andere Möglichkeit des Einsatzes der Entscheidungskarten kann darin bestehen, nach dem Durchspielen einer Variante den Jungen lediglich einzelne Entscheidungskarten zu geben.

Hierzu sollte die gesamte Gruppe in Untergruppen zu drei oder vier Jungen aufgeteilt werden, die alle die gleiche Entscheidungskarte enthalten.

Die Aufgabenstellung ist für alle Gruppen gleich: „Entscheidet Euch für eine Variante und begründet diese, damit Ihr für die spätere Diskussion im Plenum gerüstet seid."

Eine weitere Aufgabenstellung könnte die szenische Umsetzung der Problemlösung in Form von Rollenspielen sein, welche natürlich auch der Gesamtgruppe vorgestellt werden sollte.

---

[131] Switchboard 3/1999 (18)
[132] Boldt (2000)

Für diese Form der Arbeit eignen sich besonders die folgenden Karten:

★ Karte Nr. 116:

Ausgangssituation: Benny merkt deutlich, das er in Carsten verliebt ist und eine Beziehung zu ihm aufbauen möchte. Am liebsten möchte Benny darüber mit jemanden sprechen.

Wie soll er sich entscheiden?

Möglichkeit 1: Benny spricht mit niemanden darüber.
Möglichkeit 2: Benny wendet sich an seinen Vertrauenslehrer.
Möglichkeit 3: Benny spricht direkt mit Carsten darüber, dass er sich in ihn verliebt hat.

★ Karte Nr. 165:

Ausgangssituation: Diese ähnelt der Situationsbeschreibung von Karte Nr. 116. Benny ist sich in seinen Gefühlen aber schon ein Stück weit sicherer.

Wie soll er sich entscheiden?

Möglichkeit 1: Benny wendet sich an seinen Vertrauenslehrer.
Möglichkeit 2: Benny spricht direkt mit Carsten darüber, dass er sich in ihn verliebt hat.

★ Karte Nr. 155:

Ausgangssituation: Benny überlegt wieder einmal, mit wem er über sein Problem reden möchte.

Wie soll er sich entscheiden?

Möglichkeit 1: Benny spricht seine Mutter an.
Möglichkeit 2: Benny spricht mit seinem Freund Thomas über sein Problem.
Möglichkeit 3: Benny ruft die Telefonberatung an.

Bennys Beziehungskiste – eine andere Einsatzmöglichkeit zum Thema „Coming out“ (2)

Einige der Karten des Spieles „Bennys Beziehungskiste„ enthalten keine Entscheidungsmöglichkeiten, sondern Sachinformationen.

In dem von den Autoren geplanten Spielverlauf werden diese Karteninhalte nicht diskutiert. Die Jungen nehmen die Informationen zur Kenntnis und denken sich ihren Teil.

Einige Karteninhalte beschreiben unterschiedliche Reaktionen von unterschiedlichen Menschen auf Carstens „Coming out“

Da das Thema „Coming out“ aber vielleicht das größte Problem für Jungen ist, die sich auf dem Weg hin zu homosexuellen Beziehungen befinden oder homosexuell sind, können diese Karten – anders als von den Autoren intendiert – in der Jungenarbeit eingesetzt werden.

Die Jungen sollten die unterschiedliche Karteninhalte lesen und diese nach verschiedenen Kriterien rastern:

- Welche Reaktion ist realistisch?
- Welche Reaktion findest Du am besten?
- Welche Reaktion findest Du für Benny am schwierigsten?
- Welche Reaktion würde Dir am schwierigsten fallen?

Zu jeder Fragestellung können sie dabei in Form einer Notenskala eine Rangfolge von 1 bis 5 erstellen.

Folgende Karten eignen sich für diese Form der Arbeit:

★ Karte Nr. 78:

Die Clique (Mädchen und Jungen) hat sich von Benny getrennt, nachdem er sich geoutet hat.

★ Karte Nr. 119:

Bennys Freund Carsten reagiert sehr verwundert und irritiert, will aber sein Freund bleiben.

★ Karte Nr. 120:

Bennys Vertrauenslehrer reagiert mit Verständnis und macht Benny Mut.

★ Karte Nr. 125

Die Clique reagiert mit Unverständnis und macht blöde Witze. Benny bricht den Kontakt mit der Clique ab.

★ Karte Nr. 127

Bennys Eltern waren schwer geschockt. Sie bitten Benny, seine Beziehung zu Carsten nicht in der Öffentlichkeit zu zeigen.

„Coming out" – Vorlagen zum Forumtheater[133]

Mitspieler:
Drei Personen (Jens, Anna und Michael)

Anna schlang die Arme um Jens, drehte ihn auf den Rücken und küsste ihn. Plötzlich drehte sich Jens von ihr weg. „Was ist denn?" fragte Anna. Jens zuckte mit den Schultern und setzte sich auf. Dann sagte er: „Ich gebe mir solche Mühe. Aber ich mag es nicht, wenn Du mich berührst." „Was meinst Du denn genau?" „Ich stehe einfach auf Typen. Ich habe schon immer auf Typen gestanden. Ich habe immer darauf gewartet, dass es aufhören würde. Oder dass ich mich wenigstens in ein Mädchen verlieben würde, so wie bei Dir. Aber mein Gefühl bleibt. Ich kriege es einfach nicht weg."

---

[133] Diese Methode ist in Kapitel 7.2 beschrieben. Zum Thema „Coming out" ist dort eine weitere Textvorlage dokumentiert.

Jens schwieg. „Wieso erzählst Du mir das?“, schrie Anna. „Wenn ich es Dir nicht erzählen kann, wem soll ich es dann erzählen? Meiner Mutter? Meinem Vater? Meinen Skateboard-Kumpeln? Du bist doch die einzige, der ich das sagen kann!“ Jens schwieg wieder und ging nachdenklich durch den Raum. „Na gut, geht in Ordnung. Ich rede mit Dir nicht mehr darüber. Ich hätte wissen müssen, dass Du so darauf reagierst. Ich muss jetzt hier raus.“ In diesem Augenblick, als Jens gerade den Raum verlassen wollte, klopfte es und Michael – ein gemeinsamer Kumpel von Anna und Jens – kam pfeifend in den Raum. Michael bemerkte sofort, dass die Stimmung nicht gut war. „Was ist denn mit Euch los?“ waren sein ersten Worte.[134]

Wissensquiz

Obwohl Unwissenheit bei den Jungen vorherrscht, benutzen sie regelmäßig Begrifflichkeiten, die sie nicht richtig inhaltlich füllen können.

Die folgenden Quizfragen können in der hier vorgeschlagenen Form eines Fragebogens bearbeitet werden. Die Antworten der einzelnen Jungen werden in einem zweiten Schritt ausgewertet. Für jede richtige Antwort gibt es einen Punkt, so dass nach Beendigung des Spieles ein „Experte“ der Gruppe als Sieger feststeht.

Alternativ können sie auf kleine Karten gedruckt als Kartenstapel im Kreis herumgegeben werden. Der Junge, der den Stapel in der Hand hat, beantwortet die Frage. Ist sie richtig beantwortet, erhält er einen Punkt. Ist die Antwort falsch, erhält ein anderer Junge die Möglichkeit, die Frage richtig zu beantworten und erhält im Falle einer richtigen Lösung zwei Punkte (usw.).

Quizfragen[135]:

Was meint der Begriff bisexuell?
A. Sexuelles Interesse an zwei Personen gleichzeitig.
B. Interessen an Bienen.
C. Sexuelles Interesse an Männern und Frauen.

[134] in Anlehnung an Block (1996: 45ff.)

[135] Aus Platzgründen sind in diesem Buch lediglich einige Fragekärtchen dokumentiert worden.

Was meint der Begriff „Coming out“?
A. Mit einer Freundin ausgehen.
B. Sich zu seiner Homosexualität bekennen.
C. Wenn eine Gruppe etwas für „Out“ hält.

In welchem Land können Homosexuelle heiraten?
A. In Deutschland.
B. In Dänemark.
C. In keinem Land der Welt.

Was schützt Homosexuelle vor der Übertragung des AIDS-Virus?
A. Das Benutzen von Kondomen.
B. Das Vermeiden von Berührungen.
C. Regelmäßiges Einnehmen von Aspirin-Tabletten.

Was macht eigentlich ein Urologe?
A. Er repariert Uhren.
B. Er stellt Uhren her.
C. Das ist ein Arzt.

Was meint der Begriff „Heterosexualität“?

A. Das ist die Vereinigung der Rosenzüchter.

B. Sexuelle Gefühle für das andere Geschlecht.

C. Den Begriff gibt es gar nicht.

Wieviele schwule und lesbische Jugendliche leben in der BRD?

A. Es sind ungefähr 1000 Jungen und Mädchen.

B. Es sind ungefähr 50.000 Jungen und Mädchen.

C. Es sind ungefähr 200.000 Jungen und Mädchen.

Welcher Satz ist richtig?

A. Es gibt weniger Katzen als homosexuelle und lesbische Menschen in der BRD.

B. Es gibt mehr Kanarienvögel als homosexuelle und lesbische Menschen in der BRD.

C. Es gibt mehr Katzen als homosexuelle und lesbische Menschen in der BRD.

Wieviel Prozent aller Frauen und Männer in Deutschland sind homosexuell und lesbisch?

A. Ein Prozent

B. Vier Prozent

C. Sieben Prozent

Durch dieses kleine Wissensspiel wird den Jungen deutlich werden, dass sie zum Teil über Halbwissen verfügen. Dies kann ihr Interesse erhöhen, sich vielleicht mit einem homosexuellen Mann, einem Experten, zu einem Gespräch zu treffen. Dieses Gespräch sollte in der Form vorbereitet werden, dass die Jungen vorher Fragen für das Gespräch formulieren. Falls aus privaten Zusammenhängen kein Gesprächspartner bekannt ist, können örtliche Einrichtungen wie z. B. Pro Familia oder die Jugendämter diesbezüglich Tipps geben.

Eine fast alltägliche Geschichte: Ist Werner schwul?[136]

Die folgende Geschichte kann weitererzählt werden. Dabei können die Jungen einzeln ein Ende entwickeln, zu zweit oder in kleinen Gruppen arbeiten. Interessant wird sein, welche Vielfalt an Lösungen die Jungen entwickeln.

Werner erzählt:

„Mit 14 habe ich Urlaub mit einer Jugendgruppe gemacht. Wir waren in einem Zeltlager in Frankreich. Die Gruppe war klasse, bis auf ein paar zickige Jungen und einige langweilige Jungen. Achim fiel mir schon im Bus auf. Wir haben viel geredet und er war schon auf der Hinfahrt ein guter Kumpel. Im Zeltlager haben wir zusammen viel Spaß gehabt, ein bisschen Scheiß gebaut. Ich konnte mich richtig auf Achim verlassen. Natürlich hatten wir ein Zelt zu zweit und haben abends und nachts immer lange miteinander gelacht und geredet. Eines Abends lagen wir dann zusammen unter einem Schlafsack und haben uns zufällig berührt. Dabei haben wir uns noch über Onanieren und Selbstbefriedigung unterhalten. Irgendwie merkte ich, dass ich einen Ständer bekommen habe. Und dasselbe passierte auch bei Achim. Na ja, irgendwann haben wir dann das Reden sein gelassen und uns einen gewichst. Das war ganz schön geil. Ich hatte das bisher immer nur alleine gemacht. Danach sind wir ermüdet Arm in Arm eingeschlafen – ohne schlechtes Gewissen. Nach dieser Freizeit haben wir uns häufiger getroffen. Wir wohnen ja in der gleichen Stadt. Seit einem halben Jahr ...“

Zwei Filme zum Thema

„Killing me softly“ und „Why don't you dance with me“ heißen zwei Video-Kurzfime (jeweils circa 20 Minuten) aus der Reihe „Jungenlust – Jungenfrust: Jungensexualität“ (Medienprojekt der Stadt Wuppertal).[137]

In beiden Filmen schildern homosexuelle Jungen ihre Erfahrungen. Dabei werden persönliche Entwicklungen deutlich, Körpergefühle benannt und Unter-

[136] Diese Geschichte ist in Anlehnung an Sielert / Herrath / Wendel / Hanswille u. a. (1993: 219) entstanden.

[137] Die Bestelladresse befindet sich im Kapitel 11.2.

schiede und Gemeinsamkeiten im Vergleich zu heterosexuellen Beziehungen beschrieben.

Auch diese beiden Filmsequenzen eignen sich besonders gut für die Arbeit mit Jungengruppen, da sie von Jungengruppen produziert worden sind und in den Filmen Jungen direkt zu Wort kommen.

Die Jungen erfahren auf diese Weise, dass es möglich ist, auch über gesellschaftlich oftmals tabuisierte Fragestellungen zu reden und können diese Erkenntnis vielleicht in ihrem eigenen Leben umsetzen.

6.7 Übungen zur Berufs- und Lebensplanung

Bedeutung des Themas:

„Vielleicht wird die weitere industrielle Entwicklung die Männer schneller auf Halbtagsstellen setzen, als sie sich träumen lassen. Dass sich Frauen und Männer sowohl die Erziehungs- und Hausarbeit als auch das Geldverdienen teilen sollten, halten wir für eine der Grundvoraussetzungen gerechter und menschenwürdiger Verhältnisse. Beide müssen Gelegenheit haben, eigene Lebenspläne zu verwirklichen.“[138]

Noch immer ist es so, dass Frauen den größten Teil der Haus- und Familienarbeit ausfüllen. Glaubt man den in den letzten Jahren veröffentlichten Untersuchungen, so wollen zwar circa 30% aller Männer gerne Teilzeit arbeiten und/oder auch mal Erziehungsurlaub nehmen. In der Realität arbeiten aber lediglich 2% aller Männer in Teilzeitstellen. Und nur 1% aller erwerbstätigen Männer nimmt den Erziehungsurlaub auch tatsächlich in Anspruch.[139]

Die in der Arbeitswelt existierenden Normen und die Tatsache, das Männerarbeitsplätze auch heute noch besser bezahlt werden, steht der Realisierung der Wünsche und Träume vieler Männern entgegen.

Auch viele Jungen äußern den Wunsch und die Hoffnung, in ihrer zukünftigen Partnerschaft und Familie egalitäre Partnerschaftsmodelle auszuhandeln und zu leben.[140] Die von den Jungen formulierten Ansprüche, die ihre Entsprechung auf Seiten der Mädchen finden, gilt es zu stärken. Dabei wird die Beschäftigung mit dem Thema Vereinbarkeit von Familie und Beruf eine der zentralen Aufgaben einer geschlechterbewussten Jungenpädagogik sein.

---

[138] Schnack / Neutzling (1990: 256)

[139] vgl. hierzu Schnack / Gesterkamp (1996: 23)

[140] Die Ergebnisse der wissenschaftlichen Begleitung des am Pädagogischen Landesinstitut Brandenburg durchgeführten Modellversuches „BOM“ belegen wie auch andere Veröffentlichungen diese Aussage. Die Untersuchungsergebnisse des Modellversuches sind bei Lemmermöhle / Nägele (1999) nachzulesen.

Da zugleich im Bereich der Erwerbsarbeit nicht mehr davon ausgegangen werden kann, dass die Jungen in Zukunft ununterbrochen von der Ausbildung bis zur Rente in Vollzeitstellen arbeiten, sollte die Schule den Jungen weitergehende Orientierungen anbieten. Dies kann u. a. bedeuten, dass die Schule Jungen mit dem Bereich von Tätigkeiten im Bereich der Haus- und Familienarbeit konfrontiert. Hierbei sollte mit handlungsorientierten Methoden nach Formen und Wegen gesucht werden, die den Jungen die spätere partnerschaftliche Übernahme dieser Aufgaben als einen Gewinn und eine Bereicherung für ihr Leben deutlich machen.

Wenn die Schule diese Aufgabe nicht übernimmt, so stellt sich die Frage, ob die Jungen in anderen Zusammenhängen und Lebenssituationen mit diesem Thema überhaupt einmal konfrontiert werden.

Die Umsetzung dieser schulischen Aufgabe wird überwiegend im koedukativen Unterricht erfolgen. Es sollte aber auch nach Situationen gesucht werden, in denen Jungen unter sich – ohne den bekannten Darstellungsdruck – die o. g. Themen besprechen können. Hierfür bieten sich sicherlich Projekttage für die Vor- und Nachbereitung der betrieblichen Praktika in der Sekundarstufe I an.

Ziele:

→ Auseinandersetzung mit dem Erweiterten Arbeitsbegriff, der die Haus-, Familienarbeit und die Erwerbsarbeit zum Inhalt hat;
→ Praxisorientiertes Erarbeiten und Einüben verschiedener Tätigkeiten aus dem Bereich der Haus- und Familienarbeit;
→ Erkennen, dass die zukünftige Lebensplanung von Jungen auch die Frage der Vereinbarkeit von Beruf und Familie umfassen sollte;
→ Kennenlernen verschiedener Partnerschaftsmodelle;
→ Entwicklung eigener begründeter Positionen und Standpunkte zu der Frage „Vereinbarkeit von Familie und Beruf“.

Einzelne Methoden:

Meinungsspiel „Wie stelle ich mir mein Leben vor?“[141]

Die schulischen Betriebs- und Berufspraktika werden in der Regel gezielt vor- und nachbereitet. Nach Beendigung der Praktika kann man gut ein Meinungsspiel zu der Frage durchführen, wie sich die Jungen ihr zukünftiges Leben vorstellen.

Die Jungen haben die Wochen zuvor in unterschiedlichen Betrieben gearbeitet, verfügen somit über aktuelle Erfahrungen aus dem Bereich der Erwerbsarbeit, haben Frauen und Männer während des Praktikums konkret erfahren und sind deshalb gut in der Lage, sich zu den Inhalten der folgenden Meinungskarten zu äußern.

[141] Diese Methode ist im Kapitel 7.5 beschrieben.

Karten für ein Meinungsspiel

Am liebsten möchte ich in einem Betrieb arbeiten, in dem vor allem Frauen arbeiten. Da herrscht auf jeden Fall ein besseres Betriebsklima.	Auch wenn es nur wenige männliche Kindergärtner gibt: Ich möchte diesen Beruf ergreifen.
Mir ist es egal, was ich später mal für eine Arbeit machen werde. Hauptsache ich mache gut Kohle und Karriere. Ich möchte den Leuten sagen, wo es „langgeht“.	Für mich ist in erster Linie mein zukünftiger Beruf wichtig. Andere Dinge wie Freunde, Familie oder Kinder, kommen erst mit weitem Abstand an zweiter oder dritter Stelle.
	Das Wichtigste an meiner zukünftigen Frau ist ihr Aussehen. Andere Männer sollen auf mich neidisch sein.
Der Beruf meiner Frau ist mir egal. Hauptsache sie bringt noch etwas Geld mit nach Hause.	Ich möchte, dass meine Frau nach der Geburt der Kinder die ersten zehn Jahre zu Hause bleibt und sich um die Kinder kümmert. Danach kann sie meinetwegen wieder in den Beruf einsteigen.
Wenn ich Kinder habe, will ich auch mal ein paar Jahre in meinem Beruf aussetzen und als Hausmann arbeiten.	
Wenn ich später Kinder habe, möchte ich auf keinen Fall, dass meine Partnerin arbeiten geht. Ein Kind braucht die Mutter den ganzen Tag.	Spätestens im Alter von zwanzig Jahren möchte ich verheiratet sein und ein eigenes Kind haben.
In meiner späteren Familie sollen Frau und Mann einer Erwerbsarbeit nachgehen.	Ich würde niemals eine Frau heiraten, die von mir verlangt, dass ich genauso viel wie sie im Haushalt arbeite.
Wenn ich verheiratet bin, möchte ich entscheiden, wie wir unser Geld ausgeben.	Ich habe Angst davor, mich für einen Beruf zu entscheiden.
Ich will auf jeden Fall in einem sozialen Beruf arbeiten.	Ich möchte nach der Arbeit nicht auch noch im Haushalt helfen.

Auch zu diesem Thema dürfte es nicht schwer fallen, weitere Karteninhalte zu formulieren.

Versteigerung von „Werten“[142]

Ziel dieser Methode ist es in erster Linie, die Jungen zu bestimmten Themen untereinander ins Gespräch zu bringen. Zur Vorbereitung auf die im folgenden beschriebene Versteigerungsaktion erhalten die Jungen die Aufgabe, in Kleingruppen sich mit der Frage zu beschäftigen, welche der angebotenen Werte ihnen wichtig sind. Bei der Vorbereitung auf die Versteigerung, bei der Festlegung ihrer Strategie finden die wichtigen inhaltlichen Diskussionen und Auseinandersetzung mit dem Thema statt.

Zu Beginn der Übung werden den Jungen die „Werte“ vorgestellt, die ersteigert werden können. Dies kann in der Form passieren, dass alle „Werte“, die auf einzelne Karten geschrieben worden sind, auf einem Tisch verteilt werden. Der Spielleiter erklärt die Regeln. Für die Durchführung der Versteigerung werden Gruppen gebildet. Alle teilnehmenden Gruppen (je nach Größe der Gesamtgruppe drei oder vier Personen) erhalten 500 Euro und sollen möglichst viele der angebotenen „Werte“ ersteigern.

Die einzelnen Jungengruppen schauen sich die einzelnen „Werte“ an und überlegen sich, welche der „Werte“ sie ersteigern möchten. Die Gruppenmitglieder beraten unterschiedliche Strategien und legen sich auf eine fest. Diese Strategie wird schriftlich fixiert und den anderen Gruppen nicht bekannt gegeben.

Nun beginnt die Versteigerung (Mindestangebot 10 Euro; Überbieten in Schritten von mindestens 10 Euro). Nacheinander werden die einzelnen „Werte“ versteigert. Der Spielleiter hält die Ergebnisse auf einem großen Papierbogen fest, so dass alle im Raum versammelten Personen sie lesen können.

Nachdem alle „Werte“ versteigert worden sind, erhalten die einzelnen Gruppen die Gelegenheit, ihre vorher festgelegte Strategie mit den Ergebnissen zu vergleichen:

- Was wollten wir erreichen?
- Was haben wir erreicht?
- Sind wir zufrieden?

Im Anschluss daran teilen sich die einzelnen Gruppen nacheinander ihre Einschätzungen mit. Fast keine Strategie wird hundertprozentig aufgegangen sein. Aber meistens sind die Gruppen mit ihren Ergebnissen nicht unzufrieden. Da alle Gruppen ähnliche und vergleichbare Erfahrungen gemacht haben, gibt es keine „Verlierer“ und auch keine „Gewinner“.

Zum Schluss kann noch einmal darüber gesprochen werden, welche „Werte“ die höchstens Beträge erbracht haben. Auch hierzu wird es den einzelnen Teilnehmern nicht schwer fallen, Erklärungen zu finden.

---

142 Diese Methode habe ich zusammen mit Christiane Höke entwickelt.

Versteigerung zum Thema „Ansprüche an Arbeit und Beruf“ [143]

Arbeit mit Menschen	Flexible Arbeitszeit
Viel Geld verdienen	Umgang mit Tieren
Gesunde Arbeitsplatzbedingungen	Sinnvolle Arbeit
Eigenverantwortliches Handeln	Ein sicherer Arbeitsplatz
Kurzer Weg zur Arbeit	Gute Vorgesetzte
Gute Unternehmensziele	Saubere Arbeit
Umgang mit der Natur	Sozialleistungen
Arbeit, die Spaß macht	Anerkennung
Vereinbarkeit des Berufs mit der Familie	Stressfreie Arbeit
Mitbestimmung	
Erfolg	Teamarbeit
Anderen Menschen helfen	Nette KollegInnen
Regelmäßige Weiterbildung	Gute Aufstiegsmöglichkeiten

[143] Die Sammlung der einzelnen Ansprüche stammt von Christiane Höke. Diese Methode ist gut als Ergänzung des Unterrichtsprojektes „Ansprüche an Arbeit und Beruf“ (vgl. hierzu: Lemmermöhle-Thüsing/Höke/Bueren: 1991: 39ff.) einzusetzen.

Versteigerung zum Thema „Was erwarten die Arbeitskollegen/ Betriebe von mir?“

Teamfähigkeit	Loyalität
Selbstständigkeit	Anpassungsfähigkeit
Lernbereitschaft	Kritikfähigkeit
Mit Frust fertig werden	Mit Stress fertig werden
Belastbarkeit	Genauigkeit
Schnelligkeit	Fleiß
Einsatzbereitschaft	Durchhaltevermögen
Pünktlichkeit	Zuverlässigkeit
Freundlichkeit	Hilfsbereitschaft

Eine mögliche Alternative:

Für die Versteigerung eignet sich auch die Adjektivliste [144]. Alle vorhandenen Adjektive zu versteigern wäre natürlich zu zeitaufwendig. Deshalb erhalten die Jungen im Vorfeld der Versteigerungsaktion die Aufgabe, wichtige von unwichtigen Adjektiven zu trennen. Zur Erledigung dieser Aufgabe erhalten sie z. B. den Hinweis, dass es thematisch darum gehen soll, für einen guten Freund positive Eigenschaften zu benennen. Nach der Grobsortierung bleiben meistens immer noch zu viele positive Eigenschaften zurück, so dass in einem weiteren Schritt die noch „im Topf“ befindlichen Adjektive noch einmal gewichtet werden. Auf diese Weise erhält man dann die für die praktische Durchführung der Versteigerungsaktion notwendige Anzahl von „Werten“. Zugleich haben die Jungen schon im

[144] Vgl. Seite 52

Vorfeld Gespräche und Diskussionen hinsichtlich der Frage geführt, was für sie gute Eigenschaften eines Freundes sind.

Arbeit mit Bekanntschaftsanzeigen

Die Jungen können mit vorhandenen Anzeigen konfrontiert werden. Zu dem Inhalten dieser Anzeigen können sie mit folgenden Fragestellungen arbeiten.

- Welche Anzeige spricht mich an? Warum?
- Welche Anzeige lehne ich total ab? Warum?

Um die alleinige Arbeit in der Großgruppe zu vermeiden, kann man die einzelnen Anzeigentexte in entsprechender Anzahl auf kleine Kärtchen drucken.

Diese werden nach dem Zufallsprinzip verteilt und von den Jungen als Visitenkarte an ihrer Kleidung befestigt. Jungen mit dem gleichen Karteninhalt hocken sich zusammen und sprechen über den Anzeigentext.

Dieses Verfahren kann je nach Gruppe und Akzeptanz zwei oder drei Mal wiederholt werden. Auf diese Weise haben alle Jungen sich zu dem Thema geäußert, was die anschließende Diskussion in der Großgruppe erleichtern wird.

Auch das Verfassen von eigenen Bekanntschaftsanzeigen ist möglich, wobei beide Verfahrensweisen auch gut miteinander kombiniert werden können. Inhaltliche Bereiche (Beruf, Karriere, Familie, Aussehen, Hobbys und Interessen, Sicherheiten usw.), die in den Anzeigen angesprochen werden oder unerwähnt bleiben, können herausgearbeitet werden.

Methodisch weiterhin vorstellbar ist, dass nach der Beschäftigung mit realen Anzeigentexten und der sich anschliessenden Analyse das Verfassen von verschiedenen Anzeigentexten erfolgt, die unterschiedliche Männer- und Frauenbilder beinhalten.

Sie sucht ihn

Familie ist für uns das Schönste. Frau, 1,70, dunkelhaarig, 30, u. 2 Ki. (8 + 5) bieten schönes Zuhause, Geborgenheit, Bereitschaft für schönes Miteinander. Su. Liebevollen, humorvollen u. warmherzigen Partner – gerne mit Kind.	**Frau,** in leitender Position tätig, gutaussehend, nicht unintelligent, 47 J., gesch., 2 erw. Kinder, 1,68 groß, sucht netten, humorvollen und liebenswürdigen Partner bis 55. Sportl. Interessen: Bergwandern (eig. Bauernhaus), Skifahren (alpin). Kultur. Interessen: Theater, Kino, Bücher, Ausstellungen.

Attrakt. Münchnerin, Anf. 40, viels. Interessiert, beruflich und finanziell auf sicherem Boden, wünscht sich passenden Partner mit Herz und Verstand.	**Meine Freundin**, blond, braunäugig, 36 Jahre, eher klein als mittelgroß, Pflanzen- und Blumenliebhaberin, tierlieb, stiller und liebenswerter Charakter, guter Beruf, wünscht sich einen Partner, der ähnliche Eigenschaften u. Hobbys hat.

„Mein Leben in zwanzig Jahren“

In einem Brief an einen Freund / eine Freundin sollen möglichst viele Bereiche des zukünftigen Lebens angesprochen werden.

Die Aufgabenstellung lautet:

„Stellt euch vor, dass ihr zwanzig Jahre älter seid und einen Brief an eine für euch in eurem jetzigen Leben wichtige Person schreibt. Denkt dabei an möglichst viele Dinge, die im Leben für euch wichtig sein werden.“

Beim Schreiben der Briefe werden sicherlich zum Teil unerfüllbare Träume angesprochen. Die Frage, wie man denn diese Träume realisieren kann, wird an dieser Stelle nicht gestellt.

Für die Auswertung der Briefe bietet sich in Anlehnung an Erfahrungen aus der Laborschule Bielefeld[145] die Arbeit mit einem Raster an:

- Lebensform:
  - Allein? Partnerin? Kinder? Freundschaften?
- Lebenssituation:
  - Gesundheit? Versorgungslage? Umweltbedingungen? Politische Lage?
- Wohnort:
  - Wohnsituation?
- Beruf:
  - Tätigkeiten? Arbeitszeit? Verdienst? Belastungen? Weitere Ideen?
- Alltagsprobleme:
  - Organisation des Alltags? Freizeitaktivitäten?
- Politisches Engagement:
  - Gewerkschaften? Parteien? Bürgerinitiativen?

Auf diese Weise können die Inhalte aller Briefe aufgegriffen und miteinander verglichen werden. Vertiefende Fragestellungen werden ermöglicht. Die Schüler werden so mit Aspekten konfrontiert, die sie beim Verfassen des Briefes noch nicht bedacht haben.

[145] Heuser / Wachendorff (1995, 153)

Der Arbeit in geschlechtshomogenen Gruppen kann ein Austausch zwischen den Mädchen und Jungen folgen. Auf diese Weise können die Jungen z. B. erfahren, dass die Mädchen durchaus Wunschvorstellungen haben, die neben Partnerschaft und Kinderwunsch auch die erfolgreiche Erwerbstätigkeit beinhalten.

Der folgende – von einem fünfzehnjährigen Schüler geschriebene – Brief mag verdeutlichen, welche Lebensbereiche in erster Linie von den Jungen genannt werden.

In Form von Fragestellungen, aber auch gerade im Vergleich mit Briefen, die von gleichaltrigen Mädchen verfasst worden sind, erkennen die Jungen zumindest, dass sie sich aktuell mit vielen wichtigen Lebensbereichen noch nicht in dem Maße beschäftigen, wie es vielleicht in Zukunft für sie notwendig sein wird.

Tobias Brief an Paskal

Hi Paski,

da wir uns lange nicht gesehen haben, will ich Dir kurz die wichtigsten Abschnitte meines Lebens schildern.

Nachdem ich mein Abitur hatte, bin ich erstmal jobben gegangen und bin dann mit ein paar Kumpels durch die Gegend getrampt.

Ein Jahr nach meinem Abitur bin ich angefangen, Informatik zu studieren. Während dieser Zeit habe ich Yvonne kennengelernt und war dann ein Jahr mit ihr zusammen. Bis zum Ende meines Studiums habe ich 2 mal die Freundin gewechselt und bin dann nach meinem Studium wieder mit Yvonne zusammengezogen.

Ich habe dann bei einer kleinen Softwarefirma angefangen, wo ich drei Jahre gearbeitet habe.

Ich und Yvonne haben dann nach 5 Jahren (zu dieser Zeit arbeitete ich schon bei Virgin Software) unser erstes Kind Alex bekommen.

Bis 2009 arbeitete ich schon bei Virgin Software, bis ich mit Philipp, Christoffer und Bernd eine Firma gründete (Kreative Soft), wo ich heute noch schwarze Zahlen schreiben. Alex geht jetzt in die neunte Klasse. Yvonne arbeitet bei Frank Willes Kunsthandel.

Von Felix habe ich gehört, dass er irgendwo in Mexiko lebt, da er wegen Drogenhandels in großem Stil von Interpol gesucht wird. Frank Wille hat einen Kunsthandel aufgemacht, schreibt rote Zahlen und ist alkoholabhängig.

Tschüss Tobias

Mögliche Fragen zur Auswertung:

Welche Fragen tauchen in diesem Zusammenhang auf?

- ★ Der Junge ist beruflich erfolgreich? Was macht eigentlich Yvonne?
- ★ Der Junge entscheidet über den Fortbestand von Beziehungen. Er kann die Beziehungen wechseln. Wie verhält sich Yvonne?
- ★ Der Junge und Yvonne bekommen das Kind. Der Mann arbeitet schon seit Jahren. Wer erzieht und betreut das Kind?
- ★ Yvonne geht mittlerweile zwar irgendwo jobben, aber es ist zu vermuten, dass sie aufgrund der sehr erfolgreichen beruflichen Tätigkeit ihres Mannes weiterhin mehr im Haushalt und der Familie arbeitet. Zugleich hat sie eine weitere soziale Aufgabe übernommen, da sie sich auch noch während der Arbeit mit einem alkoholabhängigen Arbeitgeber rumplagen muss.

Arbeit mit Lebenslinien

Der Entwurf von zukünftigen Lebensverläufen in Form von Lebenslinien soll die Jungen „für die zeit-, geschlechts- und schichtspezifische Unterschiede sensibilisieren und sie erkennen lassen, dass Bildungs-, Ausbildungs- und Erwerbsmöglichkeiten sowie die Möglichkeiten, Beruf und Familie zu vereinbaren, je nach historischen Bedingungen sowie nach Geschlechts- und Schichtzugehörigkeit unterschiedlich sind, dass gleichwohl aber auch immer Entscheidungsspielräume bestehen.“ [146]

Bevor die Jungen die Lebenslinien erarbeiten (die Form der Partnerarbeit fördert dabei schon den Austausch zwischen den Jungen), werden mit ihnen die ihrer Meinung das Leben prägenden Bedingungen besprochen.[147]

Mögliche Kriterien für die Erarbeitung von Lebenslinien [148] sollten in Anlehnung an Lemmermöhle u. a. (1993: 80ff.) sein:

- ★ persönliche Schicksalsschläge (Krankheit, Tod)
- ★ Lebensformen (Groß- und Kleinfamilie, Singlehaushalt, Wohngemeinschaft, Partnerschaft, Heirat, Kinder)
- ★ Erziehung
- ★ Berufsausbildung
- ★ Erwerbsarbeit
- ★ politische und gesellschaftliche Bedingungen (Arbeitslosigkeit, Umweltbelastung)

---

146 Lemmermöhle u. a.: (1993: 80)
147 Lemmermöhle u. a.: (1993: 81)
148 in Anlehnung an: Lemmermöhle u. a. (1993: 80ff.)

★ Kulturelle Bedingungen (Religion, Wertesysteme)

Vor der Bearbeitung sollte die Methode den Jungen anhand eines Beispieles und anhand des Zeitrasters verdeutlicht werden.[149]

Das den Jungen zur Verfügung zu stellende Material kann wie das folgende Beispielmaterial aufgebaut sein.

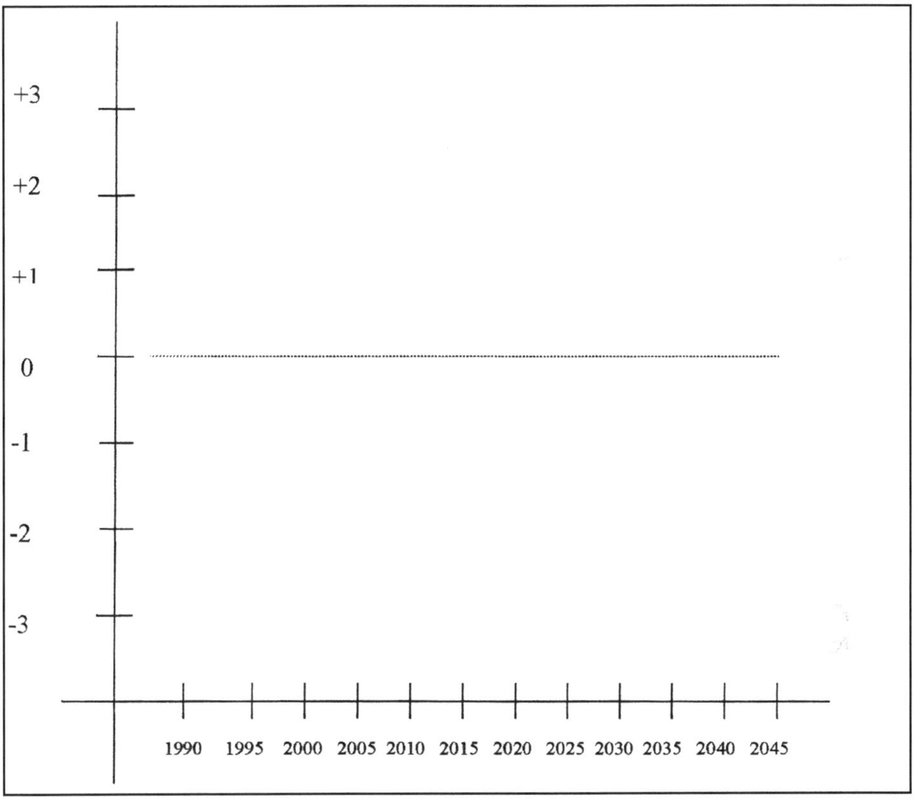

Grafik Lebenslinien

[149] Lemmermöhle u. a.: (1993: 83 und 84)

Kathrin, geboren 1985

© Nina Köster

Kathrins Eltern sind vor zwei Jahren nach Köln gezogen. Sie besucht zusammen mit ihrer zwei Jahre jüngeren Schwester eine Realschule. Sie steht ein Jahr vor dem Schulabschluss und ist eine ganz gute Schülerin. Kathrins Vater arbeitet an einer Kölner Hauptschule als Lehrer. Ihre Mutter ist ausgebildete Erzieherin und widmet sich seit der Geburt von Kathrins Schwester ganz der Haus- und Familienarbeit. Die Familie lebt am Rande Köln in einem modernen Reihenhaus, dass vor zwei Jahren von ihnen gebaut worden ist.

© Nina Köster

Stefan, geboren 1985

Stefan lebt mit seinen Eltern und seiner zwei Jahre älteren Schwester in Köln. Er besucht die neunte Klasse einer Realschule und ist ein ganz guter Schüler. Der Vater arbeitet bei den Stadtwerken Köln als Busfahrer. Die Mutter arbeitet halbtags in einem Büro. Die Familie lebt in einer Drei-Zimmer-Wohnung zur Miete und überlegt, eventuell aus „Platzgründen" eine Eigentumswohnung zu erwerben.

Bei der Zusammenstellung des Materials sollte beachtet werden, dass auf jeden Fall einige wichtige Daten (Alter, Wohnort, Herkunft, Schulbesuch usw.) zur Person bekanntgegeben werden. Darüber hinaus sollten die Jungen große Plakate und dicke Stifte erhalten.

Die Präsentation und Auswertung wird den Jungen verdeutlichen, dass ihre Lebensentwürfe sehr unterschiedlich und von den individuellen Erfahrungen und Sichtweisen abhängig sind.

Wie bei der zuvor beschriebenen Methode „Mein Leben in zwanzig Jahren" kann nach der Arbeit in der Jungengruppe der Austausch mit den Mädchen gesucht werden.

Partnerschaftsmodelle

In der folgenden Geschichte wird ein Partnerschaftsmodell skizziert, dass in konträrer Form die Übernahme der Haus- und Familienarbeit durch die Frauen und Männer beschreibt.

Die Geschichte ist interessant, weil die vielen Übertreibungen und Überzeichnungen die Jungen geradezu auffordert, sich mit dem Themen „Wer übernimmt die Haus- und Familienarbeit?" und „Haus- und Familienarbeit – auch eine Aufgabe für mich?" auseinanderzusetzen.

Diese Geschichte kann auch als Einstieg in ein größeres Unterrichtsprojekt zum Thema „Lebensentwürfe"[150] genutzt werden.

„Das Frühstück – Verkehrte Welt

Donnerstagmorgen, 7.30 Uhr: Familie Meier sitzt am Tisch und frühstückt. Gemeinsam. Bis auf Herrn Meier. Der jagt ein wenig hektisch zwischen Küche und Eßzimmer hin und her, um „seine Lieben" zu versorgen.

Frau Meier hat sich stumm hinter ihre Zeitung zurückgezogen und möchte nicht gestört werden. Weil ihr diese zehn Minuten am Morgen heilig sind und sie sich schließlich auf den Stress im Büro einstellen muss.

Die Kinder Marion und Rolf sind noch etwas müde. Rolf, vierzehn Jahre alt, mault, weil ihm sein Vater so viel Marmelade auf sein Brötchen geschmiert hat: „Du weißt doch genau, daß ich auf Diät bin. Ich bin einfach zu dick. Da darf ich doch nichts Süßes essen!"

Der Vater, der für alle das Frühstück vorbereitet hat, weil das schneller geht und morgens ohnehin alle in Eile sind, ist keineswegs der Meinung, daß Rolf zu dick ist: „Stell dich nicht so an! Immer dieses Theater ums Essen." Jetzt ist Rolf beleidigt: „Dabei habe ich Dir schon hundertmal gesagt, daß ich von der Marmelade Pickel kriege. Aber das interessiert Dich ja nicht! Ich hätte lieber Magerquark."

[150] Ein Projektbericht zum Thema mit vielfältigen Anregungen ist in dem Aufsatz von Lemmermöhle/ Höke (1997: 249ff.) enthalten.

Die dreizehnjährige Marion hat das Hin und Her mit Aufmerksamkeit beobachtet. Abfällig gibt sie ihren Kommentar ab: „Pah – Jungenskram! Ist doch immer dasselbe. Könnte mir nicht passieren!" Das läßt ihr Bruder natürlich nicht auf sich sitzen: „Du hast doch bloß Deinen blöden Fußball im Kopf!"

Nun reicht es Frau Meier: „Kann ich denn nicht mal beim Frühstück Ruhe haben? Ihr wißt doch genau, daß ich nur morgens dazu komme, meine Zeitung zu lesen. Schließlich habe ich einen anstrengenden Arbeitstag vor mir. Eine muss ja die Brötchen für Euch verdienen!"

Herr Meier versucht, die Wogen zu glätten. Aber da ergreift Marion die Gelegenheit beim Schopf: „Mama, weil Du schon vom Verdienen sprichst – ich bräuchte neue Fußballschuhe. Meine sind hinüber, wie sieht's aus?"

„Ja natürlich – ohne Schuhe kann schließlich kein Profi aus Dir werden", bemerkt Frau Meier, bevor sie sich wieder hinter ihre Zeitung zurückzieht.

Das läßt sich Ralf nun wieder nicht entgehen: „Und ich? Wo bleibe ich? Ich habe überhaupt nichts anzuziehen! Ich brauche dringend neue Klamotten. Mein Balletttrikot hat Papa völlig verfärbt. Damit kann ich mich nirgendwo mehr sehen lassen."

Frau Meier sieht auf ihre Armbanduhr und meint nur: „Vielleicht können wir das heute abend klären? Ich muss jetzt los. Also bis später!"

Sie zieht ihre Jacke an, greift nach dem Aktenkoffer, küßt im Hinausgehen ihren Mann, und schon ist sie aus dem Haus. Auch die Kinder müssen sich beeilen, wenn sie pünktlich in der Schule sein wollen.

Endlich allein", denkt Herr Meier. „Endlich kann ich gemütlich frühstücken. Gott sei Dank brauch' ich heute nicht zu kochen. Es ist noch genug von gestern da." Er nimmt sich die Zeitung, die seine Frau auf dem Tisch zurückgelassen hat und gießt sich eine Tasse Kaffee ein."[151]

Haushaltspass

Jungen sollten schon in unteren Jahrgängen mit dem Erweiterten Arbeitsbegriff konfrontiert werden.

Eine Möglichkeit hierfür stellt das Unterrichtsprojekt Haushaltspass dar, das normalerweise in koedukativen Gruppen durchgeführt wird. Dieses Projekt kann auch in Arbeitsgemeinschaften für Jungen realisiert werden.

Eine andere Variante für die Vergabe des Haushaltspasses kann darin bestehen, den Haushaltspass während einer Klassenfahrt zu vergeben.

[151] aus: Männer und Frauen sind gleichberechtigt (Gelsenkirchen 1990) – Alternativ und/oder ergänzend zur Geschichte „Das Frühstück" kann auch gut mit Textauszügen aus dem Buch „Die Töchter Egalias" von Gerd Brantenberg (1980) gearbeitet werden.
Weiter zu empfehlen ist aus der Reihe „Papa – Charly hat gesagt..." die Geschichte „Hausarbeit ist keine Arbeit" von Eugen Helmlè (Hamburg 1975)

Haushalts(s)pass für ...[152]

Waschen, Nähen, Bügeln		**Kochen, Backen**		**Saubermachen**	
Wäsche sortieren		Für ein kleines Gericht Rezept suchen, planen, einkaufen		Toilette, Waschbecken, Badewanne, Dusche reinigen	
Mit der Hand waschen		Kochen		Fenster putzen	
Bügeln		Tisch decken		Staub saugen	
Zusammenlegen		Abwaschen		Fegen und wischen	
Kleine Nähte nähen				Tisch abwischen	
Knöpfe annähen				Betten ab- und beziehen	
Fahrrad				**Werkstattarbeit**	
Putzen und ölen				Sägen	
Schlauch flicken				Schrauben eindrehen	
Schlauch und Mantel wechseln				Nagel gerade einschlagen	
Kette aufspannen und lösen					
Schrauben nachziehen					

„Die Idee, ‘Hausarbeit’ einerseits als Thema, an dem ‘festgefahrene’ Geschlechtsrollen besonders verdeutlicht werden können, und andererseits als praktisches Reproduktionstraining zu behandeln, wurde schon in der Primarstufe ... umgesetzt ... Der Haushaltspass enthielt sowohl Arbeiten aus dem weiblich orientierten Reproduktionssektor als auch handwerkliche Grundkenntnisse und kleine Arbeiten am Fahrrad. Der Großteil der Arbeiten wurde zunächst in der Schule geübt ... Ein Teil der Arbeiten wurde allerdings aus zwei Gründen nach Hause ‘verlegt’. Zum einen sahen wir aus Zeit- und Raummangel keine

[152] in Anlehnung an Biermann (1997: S. 29)

© Doro Köster

Möglichkeit, dass jedes der immerhin 60 Kinder ein Gericht kochen konnte ... Zum anderen nahmen wir an, dass durch die Tätigkeiten, die zu Hause abgenommen werden, unweigerlich Gespräche z. B. über die Verteilung von Hausarbeit in der Familie in Gang kommen. In einem Elternbrief ... wurden die Eltern um ihre Mitarbeit gebeten ... Den Abschluß des Projektes bildete ein Aktionstag: In der Mensa waren 'Prüfstände' aufgebaut, an denen sich die Schülerinnen und Schüler die Unterschrift für gelungene Haushaltstätigkeiten abholen konnten. Es wurde gebügelt, genäht, gewaschen und sortiert ..." [153]

Durch eine überreichte Urkunde wird den Jungen die erfolgreiche Teilnahme bescheinigt.

[153] Biermann / Heuser (1994)

6.8 Übungen zum Themenbereich „Neue Erfahrungen machen"

Bedeutung des Themas:

„Wir glauben in der Tat, dass jeder Mensch sein 'Kind' noch in sich trägt. Schon wegen der schlichten Tatsache, dass ein Leben auf der Summe seiner Erfahrungen beruht, unabhängig davon, ob auf alles bewußt zurückgegriffen wird oder nicht. Und zu keiner anderen Zeit werden so viele das weitere Leben prägende oder doch zumindest mitbeeinflussende Erfahrungen gemacht wie in der Kindheit."[154]

Spricht man mit erwachsenen Menschen, so schwärmen diese häufig von ihrer Kindheit. Sie erinnern sich an ihre Jugend als eine Zeit, in der viele Dinge erlaubt gewesen sind, in denen es noch keinen unbezwingbaren Tabus gegeben hat.

Viele Dinge sind während dieser Zeit erlaubt, die im späteren Leben (meistens mit Eintritt der Pubertät) zwar nicht unbedingt verboten werden, aber häufig hinterfragt und kritisch kommentiert werden.

Kleine Jungen spielen zwar häufiger mit Autos als mit Puppen – das Spielen mit Puppen wird aber in den ersten Lebensjahren nicht belächelt.

Kleine Jungen haben einem enormen Entdeckungstrieb. Man schaut in die Mülltonnen, erforscht kleine Höhlen und springt in Bäche. Dieses lustvolle Erforschen der Umwelt wird bis weit in die Jugendzeit nicht kritisiert.

Kleine Jungen schließen schnell Kontakte und Freundschaften. Sie sprechen schnell von dem besten Kumpel. Mit zunehmenden Alter werden sie vorsichtiger, beobachten die anderen Jungen länger, bevor sie Kontakt aufnehmen.

Wenn die Annahme von Schnack / Neutzling stimmt und wenn vielen erwachsenen Männern Bilder aus der Jugendzeit in den Kopf kommen, an die sich gerne und manchmal sehnsüchtig erinnern, dann sollte die Erwachsenen den Jungen auch die Möglichkeit geben, vielfältige Erfahrungen zu machen, die für das Leben der Jungen prägend sein werden.

Schule sollte diese Aufgabe ernst nehmen und weit vor Beginn der Pubertät damit beginnen, Jungen nicht alltägliche Erlebnisse anzubieten.

In Zeiten der modernen Kommunikationsgesellschaft, die stark die Vereinzelung der Individuen fördert, scheint diese Aufgabe eine wichtige pädagogische Herausforderung zu sein.

Ziele:

→ Vielfältige Freizeitaktivitäten in der Gruppe verbringen lernen.

→ Untypische Arten der Gestaltung von Räumen kennenlernen und diese auch wertschätzen zu lernen.

---

[154] Schnack / Neutzling (1990: 250–251)

→ Sich körperlich ungezwungener und weniger kontrolliert in der Gruppe zu bewegen.
→ Künstlerisch Arbeiten als angenehm zu empfinden.
→ Gestalterische und kreative Fähigkeiten weiter zu entwickeln.

Einzelne Methoden:
Sportliche Aktivitäten

Jungen machen überwiegend gerne Sport. Dies wird u. a. daran deutlich, wenn Jungen an Projekttagen die Frage stellen, wann denn nun endlich auch mal Fußball gespielt wird.

Bei aller Subjektorientierung sollten die Jungenarbeiter diesen Wunsch der Jungen nicht erfüllen, da es bei der Jungenarbeit ja auch und gerade darum gehen soll, dass Jungen neue Erfahrungen machen sollen. Und Fußball ist ja schon eine der häufigsten Freizeitbeschäftigungen der Jungen.

Generell sollte aber nicht auf sportliche Aktivitäten verzichtet werden, da die Jungen auch durch diese gemeinsamen Handlungen neue Erfahrungen im Bereich der Kooperation, des Respektieren und Einhalten von Regeln und des gegenseitigen Vertrauens machen können. Eine Vielfalt von sportlichen Aktivitäten kann auch dazu führen, dass die Jungen sich untereinander besser und intensiver hinsichtlich ihrer unterschiedlichen Stärken und Schwächen kennenlernen.

Zu der Vielfalt der Aktivitäten[155] können gehören:

★ Eine gemeinsame Fahrradtour
★ Ein gemeinsamer Kanuausflug am Wochenende
★ Klettern an der Kletterwand
★ Untypische Dinge wie „Fahrradschlauchweitwurf“ oder „Fahrradlangsamfahren“
★ Gemeinsamer Saunabesuch

Räume gestalten

Männer überlassen die Gestaltung von Räumen häufig den Frauen. In der Schule sind es auch häufiger die Mädchen, die zur Gestaltung des Klassenraumes angesprochen werden.

Jungen lernen auf diese Art und Weise, durch das Nichtansprechen und Nichtaufgefordertwerden frühzeitig, dass Fragen der Ausgestaltung, der Verschönerung von Orten und Räumen eher Mädchen- und Frauensache ist. Zugleich nutzen Jungen und Männer aber gerne schön gestaltete Räume. Der für die Jungenarbeit genutzte Raum bietet den Jungen die Chance, abseits vom traditionellen

[155] Für einige der genannten Aktivitäten sollte man mit Teamern zusammenarbeiten. Auf jeden Fall muss die verantwortliche Person über genügend Erfahrung in dem Bereich verfügen.

Rollenverhalten selbst tätig zu werden und selber die Raumgestaltung zu übernehmen.

Dazu gehören viele kleine Dinge, die im Unterrichtsalltag nicht beachtet werden:

- ★ Das ordentliche Wegräumen von nicht benötigten Tischen und Stühlen;
- ★ Das umsichtige Aufstellen des Stuhlkreises;
- ★ Das Mitbringen von schönen Dingen wie Kerzen und Blumen (zu Beginn der Arbeit sicher durch den Leiter der Gruppe) und
- ★ Die ordentliche Präsentation von Ergebnissen (Gestaltung von Stellwänden)

stellen lediglich einige der Dinge dar, die von der Jungengruppe in ritualisierter Form eingeübt werden können.

Frühstück

Für mehrtägige Projekte mit einer Jungengruppe kann es sich anbieten, für einen Tag ein gemeinsames Frühstück zu planen und zu organisieren. Oftmals erfahren die Jungen, dass die Mädchen so eine Aktion geplant haben, so dass die Initiative dann sogar von den Jungen ausgeht. Ist dies nicht der Fall, kann der Leiter der Jungengruppe den Vorschlag selber machen.

So oder so: die Planung sollte nur dann erfolgen, wenn sich wirklich fast alle Jungen hundertprozentig für den Vorschlag aussprechen. Dies wird spätestens dann deutlich, wenn die Aufgaben (Brötchen ..., Tischdecke ..., Getränke ...) verteilt werden. Gibt es bei der Vergabe der Aufgaben an die Jungen Probleme, so sollte man doch eher auf das gemeinsame Frühstück verzichten.

Die Durchführung eines gemeinsamen Frühstücks stellt ebenso wie die Raumgestaltung eine Aktivität dar, die Jungen traditionell nicht häufig übernehmen.[156]

Jungen gestalten und stellen aus
Einen Jungenkalender herstellen und vermarkten

Im Fachhandel kauft man sich einen Kalender, der gestaltet werden kann. Diese gibt es in verschiedenen Formaten und Größen.

Der Kalender kann zu verschiedenen Themen und mit verschiedenen Methoden gestaltet werden:

- ★ eine Möglichkeit kann darin bestehen, bestimmte Eigenschaften und Verhaltenseisen, die Jungen gerne verkörpern mit Hilfe von Photos darzustellen. Diese Photos können mit Texten kombiniert werden.

---

[156] Bei gemeinsamen Frühstücken mit Mädchen und Jungen kann leicht das folgende Bild beobachtet werden. Die Mädchen haben die Lebensmittel, das Geschirr, das Besteck und evt. noch Servietten mitgebracht. Ein Teil der Jungen dagegen hat es gerade noch geschafft, sich ein trockenes Brötchen beim Bäcker zu besorgen. Stress ist vorprogrammiert. Spass kommt dann selten auf.

- ★ eine andere Möglichkeit kann darin bestehen, die Jungen während der diversen Aktivitäten bei den Jungenkonferenzen zu fotografieren und die Photos danach (mit kommentierenden Texten versehen) auf den Kalender zu kleben.

Der Kalender kann den Eltern, den Verwandten, den LehrerInnen und Freundinnen zum Verkauf angeboten werden.[157]

Jungen gestalten und stellen aus
Gestaltung von Schulwänden

Flure und Wände sind in vielen Schulgebäuden eher trist und laden nicht zum Betrachten ein. Warum sollten diese Wände nicht gestaltet werden? Zum Beispiel mit verschiedenen Wandgemälden zu diversen Lebenszusammenhängen von Jungen.

Jungen gestalten und stellen aus
Anmieten und Gestalten von öffentlichen Plakatwänden

Die in der Regel zu kommerziellen Zwecken vermieteten Plakatwände können auch von Schulen angemietet werden. Oftmals werden die Kosten von anderen Einrichtungen (Gewerkschaften, Regionalstelle „Frau und Arbeitsmarkt" usw.) übernommen. Die Gestaltung dieser Wände kann zur Präsentation von Ergebnissen der Jungenarbeit genutzt werden.

Jungen gestalten und stellen aus
Maskenbau

Gegenseitig werden Gipsmasken erstellt. Dabei sollte ruhige Musik laufen, die die ruhige Atmosphäre im Raum unterstützt.

Nach dem Trocknen der Masken können die Masken bemalt werden.

Die Aufgaben zum Bemalen der Maske könnten sein:

- ► So sehe ich mich selber!
- ► So sehen die meisten Jungen aus!
- ► Ein cooler Junge!
- ► Ein Junge, mit dem man gerne Freund ist!

Nach dem Malen werden die Masken betrachtet. Man spricht über die Ergebnisse und kann die Masken zum Beispiel auch im Klassenraum oder in der Schule ausstellen.

---

[157] Beim Jugendbildungswerk in Marburg-Biedenkopf (Kiesackerstr. 12, 35216 Biedenkopf) kann kostenlos der „Fotokalender von und für Jungen" bestellt werden.

Tanzen

Der weiter unten abgedruckte Text „Angeber" assoziiert Textarbeit, weil diverse Materialien zur Jungenarbeit vorschlagen, mit den Jungen gemeinsam Liedtexte wie „Männer" zu thematisieren.

Eine andere indirektere Form, die Inhalte dieser Lieder den Jungen zu präsentieren, kann darin bestehen, mit den Jungen zu tanzen.[158]

Folgende Regeln gelten dabei für das Tanzen. Getanzt wird nur, wenn Musik und Gesang erklingt. Verstummt der Gesang, wird die aktuelle Bewegung „eingefroren". Bei Wiederaufnahme des Gesangs bewegt man sich weiter.

Als Einstieg in diese Form des „Gestaltungstanzens" haben sich die Stücke „Die Tänzerin" (Ulla Meinecke) und „Unsterblich" (Die toten Hosen) bewährt, weil in diesen Stücken ein ausgewogenes Verhältnis von gesungenen und nicht gesungenen Passagen vorherrscht.

„Angeber"[159]

Ah, schau mich an: Ich bin der Mann der alles kann.
Uh, hör mir zu: Ich bin tausendmal besser, tausendmal besser als Du.
Es gibt nichts, was Du nicht kannst; es gibt nichts, was Du nicht kennst.
Es gibt nichts, was Du nicht besser weißt als ich.
Du warst schon überall, Du hast alles schon gesehen,
und eigentlich sind alle Frauen verliebt in Dich.
Angeber, gib noch ein bißchen an für mich –
Du weißt, ich höre es gern, wenn Du von Deinen Abenteuern sprichst.
Angeber – Angeben ist Dein Lieblingssport.
Ich hör Dir zu mit offenen Mund und tu so, als glaub ich Dir jedes Wort.
Angeber.
Ah, schau mich an: Ich bin der Mann, der alles kann.
Uh, hör mir zu: Ich bin tausendmal besser, tausendmal besser als Du.
Unbeschreiblich, kaum zu glauben, nicht zu fassen:
In Deiner Phantasie scheinst Du der Größte zu sein.
Immer höher, immer weiter, immer lauter, immer besser.
Immer, wenn ich gerade gehen will, fällt Dir noch einer ein:
Angeber, gib noch ein bißchen an für mich.

Theaterarbeit

Jungen können Szenen zur Lebensplanung erarbeiten und einstudieren. Sollte ein kleines Theaterstück entstehen, so kann es anderen Jungengruppen,

---

[158] Diese Arbeitsform setzt natürlich voraus, dass der Jungenarbeiter selber gerne tanzt. Ausserdem sollte man mit Jungen nur dann tanzen, wenn sie sich untereinander gut kennen und man die Jungen gut einschätzen kann.

[159] Text und Musik von der Band „die ärzte": 13 (1998)

eventuell auch weiteren Schulklassen oder auch den Eltern vorgespielt werden. In manchen Städten und Kommunen gibt es Vereine, die sich mit Schultheaterarbeit beschäftigen und gern in die Schulen kommen. Informationen, auch in Bezug auf eine mögliche Bezuschussung für die Arbeit dieser Personen, können in der Regel bei den Jugendämtern eingeholt werden.

Jungenraum

Analog zu an manchen Schulen bestehenden Mädchenräumen können die Lehrer unter sich, aber auch zusammen mit interessierten Jungen über die Einrichtung eines Jungenraumes diskutieren. Dieser Raum könnte von einem Lehrer in den Pausen betreut oder in der Freizeit geöffnet werden, um dort Gesprächskreise und Spiele anzubieten. Sollte eine Schule einen Jungenraum einrichten können, so sollte dieser Raum auch von den Jungen gestaltet werden.

7 Vielfältig einsetzbare Methoden

Im Zusammenhang mit möglichen Inhalten der Jungenarbeit sind einige methodische Vorgehensweisen häufiger benannt worden.

In diesem Kapitel soll der Einsatz dieser Methoden genau beschrieben, so dass ihr Einsatz sowohl in der Jungenarbeit als auch in der Arbeit mit männlichen Kollegen (vgl. Kapitel 8.4) möglich ist.

Um mögliche Widerstände bei dem Einsatz der Methoden besser einschätzen zu können, empfiehlt es sich, die Methoden selber als Teilnehmer von Fortbildungen kennengelernt zu haben.

Bei der Beschreibung der Methoden ist aufgrund der Zielsetzung des Buches die männliche Sprachform benutzt worden. Dies bedeutet nicht, dass mit einem Teil der Methoden auch in gemischtgeschlechtlichen Gruppen oder auch in Mädchen- und Frauengruppen gearbeitet werden kann.

7.1 Ampelkarten

▸ Einstieg in ein Thema ▸ Aktualisierung eines Themas	Einsatzmöglichkeiten
Die Jungen/Männer erhalten drei verschiedene Spielkarten (eine Pluskarte, eine Minuskarte und eine Fragezeichenkarte). Diese Karten sollen sie für die Zustimmung oder Ablehnung einer Meinung, nutzen. Die Fragezeichenkarte wird hochgehalten, wenn man die Meinung weder akzeptiert noch ablehnt. Die Meinungen und Aussagen, zu denen sich die Jungen/Männer zuerst abstimmungsmäßig und danach auch argumentativ äußern sollen, sind von dem Moderator formuliert worden. Sie sollten immer auf ein inhaltliches Thema der Jungen- oder Männerarbeit bezogen sein. Eine Schwierigkeit bei der Durchführung dieser Methode in großen Gruppen besteht darin, dass man sich sehr schnell einprägen muss, welche Jungen/Männer sich in welcher Art und Weise zu den unterschiedlichen Ampelkarten geäußert haben. Dieses zu erfassen, ist aber wichtig, da eine intensivere Diskussion durch die Ansprache zwischen den einzelnen Jungen/Männern angeregt werden soll. Abhilfe kann da das kurze Protokollieren von Namen sein.	Kurzbeschreibung
▸ Ein Raum	Voraussetzungen
▸ Die Gruppe sollte mindestens 10 Personen umfassen, da ansonsten zu wenig unterschiedliche Meinungen vertreten sein können.	Zeit/Gruppengröße
Tageslichtschreiber, Folienstifte, Folie mit Aussagen/Thesen, Ampelkarten	Materialien

Ablauf:

Der Moderator erklärt die Methode und verteilt die Ampelkarten.

Die erste Aussage / These wird aufgedeckt. Die Jungen / Männer entscheiden sich für eine Meinung und verdeutlichen dies durch das Hochheben der Ampelkarte. Der Moderator kann das Ergebnis auf der Folie mitprotokollieren. Auf jeden Fall sollte nach jeder Aussage die unterschiedlichen Meinungen der Jungen/ Männer begründet werden. Dabei sind Nachfragen von allen anderen Jungen/ Männern und Diskussionen erlaubt und ausdrücklich erwünscht.

Nacheinander werden die einzelnen Aussagen / Thesen „abgearbeitet".

Nach circa 5–8 Aussagen zu einem Thema wird die Methode abgebrochen. Eine kurze Auswertung der Methode kann angeschlossen werden. Die Frage der Übertragbarkeit auf andere Themen kann ebenso wie die Frage der Veränderung der Spielregeln (z. B. Wegfall der Fragezeichenkarte) erörtert werden.

Beispiel:

Die Ampelkarten sollten vergößert auf Karton gedruckt und ausgeschnitten werden.

+	?	—

Aussagen zum Thema „Vereinbarkeit von Familie und Beruf" könnten sein.

Aussagen	+	-	?
Frauen sollten zugunsten der Partnerschaft auf ihren Beruf verzichten.			
Eine Frau sollte sowohl Partnerschaft und Kinder als auch einen Beruf haben.			
Wenn ein Mann Kinder hat, soll er beruflich kürzer treten und auf Karriere verzichten.			
Frauen sollten mehr im Haushalt arbeiten als Männer, wenn beide berufstätig sind.			

Weitere Hinweise:

★ Die Gruppe sollte mindestens 10 Jungen/Männer umfassen, da ansonsten zu wenig unterschiedliche Meinungen vertreten sein können.

★ Eine Alternative oder auch Abwandlung zu der Methode kann darin bestehen, dass man die Zustimmung oder Ablehnung zu einer Aussage/These in Form einer „Notenkarte" äußert:

1	2	3	4	5	6

Die einzelnen Jungen/Männer halten dann jeweils ihre jeweilige „Notenkarte" hoch. Auf diese Weise kann sich manchmal ein differenzierteres Meinungsbild ergeben.

7.2 Forumtheater

▶ Einstieg in ein Thema ▶ Vertiefung eines Themas ▶ Problemlösungen ▶ Präsentationsübung	Einsatzmöglichkeiten
„Die Methode des Forumtheaters stammt ursprünglich aus Lateinamerika. Ein Ziel dieser Theaterarbeit besteht darin, Menschen die Erfahrung zu vermitteln, dass gesellschaftliche Zustände nicht unveränderbar sind, sondern von Menschen gestaltet werden. Die am Forumtheater teilnehmenden Menschen werden in dem Gedanken gestärkt, dass auch sie an dem gesellschaftlichen Veränderungsprozess aktiv teilnehmen können. Dabei kann das Forumtheater jede Form von gesellschaftlichen Konflikten aufgreifen. Zur Durchführung wird in der Regel ein Fall vorgegeben, der einen engen thematischen Bezug zu den Jungen/Männern hat. Der Fall wird in der Gesamtgruppe besprochen, so dass die Ausgangslage allen Gruppenmitgliedern bekannt ist. Danach stellen sich nach dem Prinzip der Freiwilligkeit die jeweils benötigten Schauspieler zur Verfügung. Sie üben eine kurze Theaterszene ein, die den Inhalt des Falles und eine Konfliktlösung beinhaltet.	Kurzbeschreibung

Anschließend präsentieren sie ihr Stück der gesamten Gruppe. Nach der ersten Präsentation erfolgen weitere, bei denen allerdings immer einzelne Jungen/Männer ausgetauscht („abgeklatscht") werden können. Pro Aufführung sollten aber nur ein oder zwei Personen ausgetauscht werden, damit weiterhin die Verbindung zu der ersten Version möglich bleibt. Auf diese Art und Weise verändert sich der Ablauf und die Problemlösungen, da durch die neuen Schauspieler neue Ideen eingebracht und andere Lösungen präsentiert werden." [160] Nachdem jeweils ein neues Ende gefunden worden ist, beginnt die „Originalbesetzung" wieder mit ihrem „Originalstück". Andere Jungen/Männer erhalten so die Gelegenheit, neue Lösungen zu präsentieren. Nachdem eine Vielzahl von unterschiedlichen Charakteren, Verhaltensweisen, und Problemlösungen dargestellt worden sind, wird das Theaterspiel nach manchmal bis zu 10 Durchgängen abgebrochen. Beobachter und Schauspieler gehen über zur Besprechung der dargestellten Lösungen.	
Ein Raum mit Präsentationsfläche	Voraussetzungen
▸ 60 Minuten ▸ 15 bis 30 Personen	Zeit/Gruppengröße
Fallbeispiel	Materialien

[160] Boldt (2000)

Ablauf:

Der Moderator stellt kurz die Methode vor und verweist kurz auf die Geschichte des Forumtheaters.

Die Gruppe liest den Fall, der als kurzes Theaterstück gespielt werden soll. Dabei werden Verständnisfragen geklärt.

Aus der Gruppe melden sich die Schauspieler. (Manchmal bietet es sich an, schon vorher einige Gruppenmitglieder zu fragen, ob sie nicht als Schauspieler zur Verfügung stellen wollen.)

Das Theaterstück wird vorgeführt. Hierbei ist darauf zu achten, dass nicht so sehr die Ausgangslage (die ist allen Jungen bekannt), sondern die konkrete Problemsituation und die Lösung für das Problem dargestellt wird.

Die Schauspieler führen ihr Originalstück noch einmal vor, können aber nun „abgeklatscht" werden. Somit verändert sich das Stück. Es werden neue Lösungen entwickelt und präsentiert.

Dieser Vorgang wiederholt sich mehrfach. Es beginnt immer wieder die Originalbesetzung. Sie versucht, immer wieder das Originalstück vorzuspielen.

Nach Abbruch des Theaters sollte das abschließende Gespräch die folgenden Fragen beinhalten:

★ Wie haben sich die einzelnen Jungen/Männer beim Spielen gefühlt?
★ Welche Problemlösungen gab es? Wodurch haben sie sich unterschieden?
★ Welche Lösungen waren realistisch oder unrealistisch?

Weitere Hinweise:

„Sollte beim zweiten Spielen der Szene niemand abgeklatscht werden, so sollte man nicht unruhig werden. Einige Gruppen benötigen manchmal etwas mehr Zeit, um eigene Lösungen zu entwickeln. Erfahrungen haben gezeigt, dass aber auf jeden Fall bei weiteren Vorführungen sich neue Schauspieler finden werden." [161]

---

[161] Boldt (2000)

Der Fall muss nicht unbedingt von außen vorgegeben werden. In manchen Situationen sollten Probleme und Konflikte, welche die anwesenden Jungen/ Männer erlebt haben, als Fall genutzt werden. Diese Fälle müssen dann aber der Großgruppe möglichst genau beschrieben werden.

Beispiele:
„Coming out“[162]

Mitspieler:
Drei Personen (Mutter, Vater und Bernd)

Zuerst versuchte ich, ruhig zu bleiben. „Wer kriegt denn die ganzen Aids-Fälle, wenn Du die nicht beraten willst und ablehnst?“, fragte ich meine Mutter. Ich merkte, dass meine Stimme dabei seltsam klang. Mutter, Vater und Bernd unterbrachen ihr Abendessen. „Das weiß ich nicht. Aber sie kriegen dann einen anderen Betreuer.“ „Na toll. Und bis es so weit ist, wissen die Schwulen sich nicht weiter zu helfen.“ Mutter und Vater sahen sich schweigend an. „Bernd“, wandte sich Vater an mich: „Deine Mutter erledigt Ihre Arbeit sehr gut. Es hat schon einen Grund, warum sie keine Aids-Kranken betreut.“ Bernd lachte: „Ist das nicht auch ganz schön gemein. Mutter hat Angst vor der Ansteckung und überläßt die Kranken dann einfach anderen Menschen. Die werden sich schon nicht anstekken.“ „Bernd, ich arbeite halt einfach lieber mit normalen Leuten, die ohne eigenes Verschulden krank geworden sind.“ In dieser Situation explodierte Bernd. Er hatte es kommen sehen, aber nun gab es kein Halten mehr. „Eigenes Verschulden!“, schrie er. „Normale Leute! Wie gemein! Was Du da sagst, heißt im Klartext, dass alle meine schwulen Freunde selber schuld sind, wenn die Aids kriegen.“ Es herrschte eine Stille vor, so dass man die berühmte Stecknadel im Heuhaufen hätte hören können. Und ausserdem: „Es sind doch gar nicht nur die Schwulen, die Aids kriegen.“ „Was meinst Du eigentlich mit meine schwulen Freunde?“, fragte auf einmal Vater. Bernd wurde eiskalt. Sein Herz klopfte so wild, dass ihm ganz schwindlig wurde. Er holte tief Luft und sah seinem Vater direkt in die Augen. „Das heißt, dass ich auch schwul bin“, schrie Bernd. „Ich wollte es Euch nicht auf diese Weise sagen. Es tut mir leid, dass ich es so herausgebrüllt habe. Aber ich möchte mich nicht mehr länger verstecken müssen. Ich bin schwul und Robert und ich sind nicht nur einfach Freunde wie Ihr denkt!“. „Das reicht!“, sagte der Vater. „Bernd, ...“

[162] in Anlehnung an Garden (1996: 143ff.)

Nur Handlangerarbeit[163]

Mitspieler:
Der Personen: (Rolf, Reisebüroleiter, Betreuungslehrer)

Rolf interessiert sich für den Beruf der Reiseverkehrskaufmanns. Er stellt sich vor, dass es an seinem Arbeitsplatz im Praktikum lebhaft und abwechslungsreich zugeht: Menschen bei der Urlaubswahl beraten, Auskünfte geben, Fahrpläne wälzen, Fahrkarten verkaufen ... Er hat Glück und bekommt einen Praktikumsplatz in einem Reisebüro. Er freut sich schon auf den ersten Tag. „Schön, dass sie da sind“, sagt der Chef zur Begrüßung. Die beiden zwängen sich durch den bis unter die Decke vollgestopften Flur. „Da sind die neuen Sommerprospekte“, sagt der Chef, „schon am Freitag angekommen und unsere Kunden warten sehr darauf. Die müssen alle noch mit unserem Firmenstempel versehen werden. Mein Personal kommt im Moment nicht dazu. Fangen sie doch schon mal damit an.“ Der Chef weist Rolf einen kleinen Tisch im Hinterzimmer zu. Er gibt ihm Stempelkissen und Stempel. „Hier in dieses Kästchen setzen sie den Stempel und nun sehen sie, dass sie möglichst viel schaffen!“ Rolf stempelt los. Gegen 10.30 Uhr kommt der Chef wieder. „Rolf, heute schneit es und die Kunden treten jede Menge Schneematsch in den Laden. Es ist nötig, dass jede halbe Stunde gewischt wird. Das werden sie bitte tun und wenn sie im Laden sind, können sie auch gleich die Aschenbecher ausleeren. Und noch was: solange sie bei uns sind, werden sie das Kaffeekochen zur Frühstückspause und den Abwasch übernehmen.“ Rolf stempelt, wischt, wäscht ab, stempelt wieder. An diesem Tag, am nächsten Tag und am übernächsten. Der Berg von Katalogen im Flur wird allmählich kleiner. Er traut sich nicht, den Chef zu bitten, ihm andere Arbeiten zu übertragen und ihm Gelegenheit zu geben, die gelernten Kräfte bei ihrer Arbeit zu beobachten. Als er sich zu Hause beklagt, sagen die Eltern: „Lehrjahre sind keine Herrenjahre und schließlich geht so ein Praktikum ja auch wieder vorbei.“ Am nächsten Tag kommt Rolfs Lehrer in das Reisebüro und fragt ihn, wie ihm das bisherige Praktikum gefalle. Er antwortet: „Hier werde ich ganz schön ausgenutzt. Wenn das ein Praktikum als Reiseverkehrskaufmann sein soll, dann vielen Dank. Könnten Sie vielleicht ...“

[163] in Anlehnung an Feldhoff / Otto u. a. (1985)

7.3 Gruppenbildungen

▸ Gruppen bilden	Einsatzmöglichkeiten
Oftmals müssen Teil- oder Arbeitsgruppen gebildet werden. Das Verfahren dieser Gruppenbildungen sollte abwechslungsreich sein. Dies gestaltet den Ablauf der einzelnen Treffen interessanter. Der Vorteil „gelenkter“ und „gesteuerter“ Gruppenbildungsprozesse liegt zudem darin, dass sich nicht immer wieder die gleichen Jungen/Männer in Gruppen zusammenfinden und somit die Interaktionsprozesse innerhalb der Großgruppe erhöht werden. Das Prinzip „Spaß zu haben“ sollte auch bei der Frage der Gruppenbildung beachtet werden.	Kurzbeschreibung
★ ca. 10 Minuten	Voraussetzungen
★ bis zu 50 Personen	Zeit/Gruppengröße
je nach Methode vorbereitetes Material	Materialien

Ablauf:

Postkartenpuzzle

Je nach Anzahl und Größe der zu bildenden Gruppen werden gleiche Motivpostkarten zerschnitten. Die einzelnen Jungen/Männer erhalten jeweils ein Puzzleteil. Danach beginnt die Suche nach den weiteren Gruppenmitgliedern. Sollten die einzelnen Gruppen mehr als 6 Personen umfassen, so empfiehlt es sich, unterschiedliche Motivpostkarten zu verwenden, damit die Gruppenmitglieder sich schneller und leichter finden können.

Geräuschedomino

Die Jungen/Männer erhalten alle jeweils ein Döschen, die man beim Kauf von Diafilmen erwirbt. Diese sind mit unterschiedlichen Dingen (Reis, Mehl, kleine Nudeln, Zucker ...) gefüllt, so dass sie sich durch das Geräusch und das Gewicht unterscheiden. Nach Erhalt der einzelnen Dose begeben sich alle Jungen/Männer auf die Suche nach den weiteren Gruppenmitgliedern. Diejenigen, die aufgrund des Geräusche- und/oder Gewichtsvergleich den gleichen Inhalt feststellen, gehören in eine Gruppe.

Tierfamilien
Alle Jungen/Männer erhalten einen Zettel mit einen Tiernamen. Durch pantomimisches Spiel und/oder durch passende Geräusche werden die Gruppenmitglieder gesucht. Gleiche Tiere bilden jeweils die Gruppe.

Sprichwörter (1)
Die Jungen/Männer erhalten alle einen Zettel, auf dem ein Sprichwort (z. B. „Der Apfel fällt nicht weit vom Stamm." oder: „Ohne Fleiß kein Preis.") notiert ist. Nach Erhalt der Sprichwörter werden – durch pantomimische Darstellung – die Gruppenmitglieder gefunden. Dabei werden verschiedene Sprichwörter benutzt.

Sprichwörter (2)
Die Jungen/Männer erhalten alle einen Zettel, auf dem jeweils ein einzelnes Wort eines kompletten Sprichwortes (z. B. „Der/Apfel/fällt/nicht / weit/vom / Stamm." oder: „Ohne/Fleiß/kein/Preis.") enthalten. Nach Erhalt des Zettels begibt man sich auf die Suche nach den weiteren Gruppenmitgliedern. Die Suche ist beendet, wenn die einzelnen Gruppen sich dem Sprichwort entsprechend gefunden haben.

Hausnamen
Die Jungen/Männer erhalten Namenszettel mit gleichklingenden, aber unterschiedlichen Namen. Dies könnten z. B. die Familiennamen: Maier, Meier, Meyer, Mayer, Meiher sein. Nach Erhalt des Namenszettels begeben sich alle Jungen/Männer auf die Suche nach ihren Gruppenmitgliedern.

Assoziationsketten
Auf Karteikarten werden Begriffe notiert, die immer unterschiedlichen Oberbegriffen assoziiert werden (z. B. zur Farbe gelb: Tennisball, gelb, Zitrone oder zum Thema Fußball: Elfmeter, Tor, Arminia Bielefeld ...). Karteikarten mit den gleichen assoziierten Oberbegriffen gehören zusammen.

7.4 Kugellager / Karusselldiskussion

▸ Einstieg in ein Thema ▸ Kennenlernen ▸ Vertreten von Meinungen ▸ Vertiefen eines Themas	Einsatzmöglichkeiten
Gesprächssituationen in größeren Gruppen sind oftmals davon bestimmt, dass nur wenige Personen die Diskussion aktiv gestalten. Um diese Situation zu vermeiden, kann man alle Jungen/Männer durch eine entsprechende Gestaltung der Gesprächssituation dazu bewegen, sich engagiert am Meinungsaustausch zu beteiligen. Eine Methode besteht darin, dass man die Jungen/Männer in Zweiergruppen zusammensetzt und diese zum gleichen Thema diskutieren läßt. Dabei sitzen sich die diskutierenden Personen in einen inneren und äußeren Stuhlkreis gegenseitig gegenüber. Nach einer bestimmten Zeit verändert die Moderation die Zuordnung der Jungen/Männer, so dass danach jeder Junge/Mann mit einer anderen Person diskutiert. Hierzu rückt der innere oder äußere Stuhlkreis jeweils eine paar Plätze weiter.	Kurzbeschreibung
▸ Ein Raum	Voraussetzungen
▸ 14 bis 40 Personen ▸ 15 bis 30 Minuten	Zeit/Gruppengröße
Stühle	Materialien

Ablauf:

Die Moderation errichtet zwei Stuhlkreise. Die Jungen/Männer verteilen sich auf die Stühle. Jeder Junge/Mann sitzt einem anderen Jungen/Mann gegenüber.
Das Thema, über das diskutiert werden soll, wird vorgegeben. Die Paare tauschen untereinander ihre Meinungen aus. Dabei ist es günstig, wenn vorher festgelegt wird, ob die Jungen/Männer des inneren oder äußeren Stuhlkreises das Gespräch beginnen.
Nach wenigen Minuten wird das Gespräch unterbrochen. Die Moderation fordert entweder den inneren oder den äußeren Stuhlkreis auf, einige Plätze nach links oder rechts zu rücken. Danach wird ein neues Gespräch zwischen einem neu gebildeten Paar geführt.

Dieser Vorgang kann zwei oder dreimal durchgeführt werden.
Zum Abschluß setzen sich die Jungen/Männer in einem Stuhlkreis zusammen und sprechen sowohl über die Inhalte der geführten Gespräche als auch über die Bewertung der Methode.

Weitere Hinweise:

Diese Methode kann auch als Übung zum Kennenlernen eingesetzt werden. Hierzu erhalten die Jungen/Männer die Aufgabe, möglichst viele Informationen über die anderen Personen zu erfragen. Im Anschluß an die geführten Gespräche sollen sich alle Personen gegenseitig vorstellen. Informationen einer Person bezüglich einer anderen Person können aufgrund der unterschiedlichen Gespräche von den anderen Jungen/Männern ergänzt werden.

7.5 Meinungsspiele

▸ Einstieg in ein Thema	Einsatzmöglichkeiten
Meinungsspiele können grundsätzlich zu jedem Thema durchgeführt werden. Zur Vorbereitung erstellt man zu dem ausgewählten Thema Meinungskarten, die unterschiedliche Meinungen zum Thema widerspiegeln. Eine andere Möglichkeit, diese Karten zu bekommen, besteht darin, dass die Jungen/Männer selber die Karteninhalte formuliert und aufgeschrieben haben. Während des Spieles beziehen die Mitspieler nach vorher festgelegten und erklärten Regeln Stellung zu den Inhalten der einzelnen Karten. Dabei können die Spielregeln variieren.	Kurzbeschreibung
▸ Ein Raum	Voraussetzungen
▸ 30 bis 45 Minuten ▸ 10 bis 20 Personen; die Mitspieler sitzen im Kreis	Zeit/Gruppengröße
circa 25–30 Meinungskarten	Materialien

Ablauf:

Zu Beginn wird die Methode des Meinungsspieles beschrieben. Wichtig ist hierbei, zu verdeutlichen, dass es bei diesem Spiel in erster Linie um das Einnehmen und Begründen von Meinungen zu vorgegeben Themen geht. Zugleich werden die Spielregeln erklärt. An einer Meinungskarte (kann auch zu einem anderen Thema sein) kann der Spielverlauf verdeutlicht werden.

Der Stapel der Meinungskarten wird dem ersten Jungen/Mann übergeben. Dieser deckt die erste Karte auf, liest den Inhalt vor und bezieht zu dem Inhalt der Karte Stellung. Der Meinung kann zugestimmt werden, man kann der Meinung aber auch widersprechen.

Aufgrund der festgelegten Spielregeln können sich noch weitere Jungen / Männer zu dem Inhalt dieser Karte äußern.

Danach erhält die nächste Person den Stapel. Sie wendet die gleichen Spielregeln an.

Das Spiel sollte beendet werden, wenn alle Jungen/Männer an der Reihe gewesen sind. Zum Schluß wird eine kurze Auswertung des Spieles durchgeführt. Leitfragen für das auswertende Gespräch könnten sein:

★ Wie habt Ihr Euch während des Gespräches gefühlt?
★ Was hat Euch gefallen/nicht gefallen?
★ Sind bestimmte Meinungen in dem Spiel häufiger/seltener vertreten worden?

Weitere Hinweise:

Die Spielregeln können variieren:

★ Man muss sich zur ersten oder zur zweiten Karte äußern und kann folglich die erste Karte wieder verdeckt unter den Stapel legen.
★ Man muss den Inhalt der Meinungskarten bejahen.
★ Man muss den Inhalt der Karte verneinen.
★ Nur eine Person darf sich zu der Meinungskarte äußern.
★ Eine Person zieht eine Karte, liest den Inhalt vor und fordert eine andere Person auf, sich in einer bestimmten Form (bejahend, ablehnend) zu der Karte zu äußern.

Die Spielleitung sollte sich auf die Moderation beschränken. Geäußerte Meinungen werden durch sie nicht kommentiert oder korrigiert.

Beispiel:

Ich finde das Praktikum doof und glaube, dass eine Schule so ein Praktikum auch gar nicht durchführen muss.	Das Praktikum fand ich eigentlich ganz gut. Nur frage ich mich, warum wir diese Vorbereitungstage gemacht haben. Das hat mir persönlich gar nichts gebracht.	Das Praktikum fand ich klasse. Da konnte ich endlich mal – anders als in der Schule – sinnvolle Dinge machen.
Gut, dass wir so gut auf das Praktikum vorbereitet worden sind. Da fiel es mir echt leicht, den Praktikumsbericht zu schreiben. Und Spaß hat es auch noch gemacht.	Manchmal habe ich mich im Praktikum ganz schön alleine gefühlt.	Ich fand es klasse, dass wir einen Praktikumsbericht schreiben durften.
Manchmal habe ich mich im Praktikum ganz schön überfordert gefühlt.	Es fiel mir total leicht, die Informationen für den Praktikumsbericht zusammenzutragen.	Während der Praktikumszeit bin ich immer zufriedener nach Hause gekommen als wenn ich zur Schule gehe.
Einmal habe ich mich etwas unsicher gefühlt. Da wußte ich echt nicht, wie ich mich im Betrieb verhalten sollte.	Eigentlich habe ich mich die ganze Zeit im Praktikum sicher gefühlt. Aber einmal gab es auch mal einen Konflikt für mich.	Die Betreuung durch meinen Betreuungslehrer hat mir eigentlich gar nicht gefallen.
Den Betrieb, in dem ich Praktikum gemacht habe, möchte ich auf gar keinen Fall irgendwelchen anderen SchülerInnen empfehlen.		In dem Praktikum habe ich jede Menge gelernt. Das reicht mir. Nachbereitungstage finde ich echt blöd.
	Zwei Dinge haben mir in meinem Betrieb überhaupt nicht gefallen: ..	Im Vergleich zum normalen Unterricht fand ich das Praktikum ganz schön anstrengend.
Das beste am Praktikum war für mich, dass ich endlich mal von den LehrerInnen verschont geblieben bin.		Eigentlich finde ich das Praktikum viel zu kurz.

7.6 Methode 464

▸ Einstieg in ein Thema ▸ Vertreten von Meinungen ▸ Evaluation	Einsatzmöglichkeiten
Diese Methode kann sowohl als Einstieg in ein Thema als auch zur Auswertung eines Inhaltes eingesetzt werden. Die Jungen/Männer erhalten die Aufgabe, innerhalb einer festgesetzten Zeit (6 Minuten) mit einer bestimmten Anzahl von Personen (4) eine vorher verabredete Anzahl von Sätzen (4) zu formulieren. Die konkrete Aufgabenstellung ergibt sich aus dem Zusammenhang der Veranstaltung. Diese formulierten Aussagen werden dann im Plenum vorgestellt und dienen als Einstieg in die Diskussion.	Kurzbeschreibung
▸ Ein Raum	Voraussetzungen
▸ 15 bis 40 Personen ▸ 15 Minuten	Zeit/Gruppengröße
Dicke Stifte, DIN-A-4-Papier, Tesakrepp	Materialien

Ablauf:

Die Jungen/Männer teilen sich in Gruppen zu je 4 Personen auf. Die Gruppenaufteilung kann auch mit Hilfe einer der vorgestellten Methoden zur Gruppenbildung erfolgen.

Die einzelnen Gruppen erhalten die gleiche Aufgabe: „Formuliert bitte innerhalb der nächsten 6 Minuten 4 Sätze zum Thema, die ihr besonders wichtig findet.“

Die Aussagen werden im Plenum vorgetragen. Sie können auch an einer Wand aufgehängt werden. Dabei sollten Aussagen gleichen Inhaltes an der gleichen Stelle aufgehängt werden, damit deutlich wird, zu welchen Bereichen sich die Jungen häufiger und intensiver geäußert haben.

Sind alle Aussagen genannt worden, kann der Moderator nun die Diskussion lenken. Dabei stellt sich ihm auch die Aufgabe, darauf zu achten, ob und zu welchen Bereichen vielleicht keine Sätze formuliert worden sind. Unter Umständen kann der Moderator danach die Gründe erfragen, warum einzelne Inhalte nicht erwähnt worden sind.

Weitere Hinweise:

Die Methode kann leicht abgewandelt werden. Dann kann sie zum Beispiel „Methode 354“ lauten. In diesem Fall haben 3 Personen die Aufgabe, innerhalb von 5 Minuten 4 Sätze zum Thema zu formulieren.

7.7 Methoden zur Auswertung von Vorträgen und Filmen

▸ Vertiefung eines Themas	Einsatzmöglichkeiten
Vorträge und Referate sind sicherlich für die Gestaltung von Fortbildungen unerläßlich. Die Moderatoren sind immer nur zu Teilbereichen fachlich kompetent, so dass es sich empfiehlt, zu bestimmten Themen Referenten einzuladen. Die Vorträge sollten zeitlich begrenzt sein (höchstens eine Stunde). Wo immer es geht, sollten sie auch visuell unterstützt werden. Manchmal können auch durch Filme inhaltliche Inputs gegeben werden. Bei der Auswertung tauchen manchmal Probleme auf. Die Teilnehmer können ermüdet und wenig diskussionsfreudig sein. Oder es reden nur wenige Personen und die sind vielleicht auch noch sehr dominant, während sich andere nicht trauen, ihre Meinung zu äußern. Andernfalls besteht die Gefahr, dass die Diskussionen ausufern oder einzelne Aspekte des Vortrags verschwinden. Um diese Probleme zu verringern, sollten die Moderatoren sich mit Methoden zur Auswertung von Vorträgen vertraut machen. Der Einsatz der im folgenden genannten Methoden setzt keine größeren Planungsarbeiten voraus.	Kurzbeschreibung
▸ Ein Raum	Voraussetzungen
▸ 10–30 Personen ▸ 30–60 Minuten	Zeit/Gruppengröße
Karteikarten, Stifte, Tesakrepp	Materialien

Ablauf/Version 1:

Die Teilnehmer schreiben Statements auf und lesen diese im Plenum vor. Ohne Kommentierung werden die Aussagen an eine Pinwand geheftet. Ähnliche Aussagen werden eng nebeneinander aufgehängt.

Die Moderation und die Referenten erhalten so von allen Teilnehmern eine Rückmeldung über den Vortrag und können die Diskussion zielgerichtet mit allen Personen führen.

Ablauf/Version 2:

Die Teilnehmer erhalten die Aufgabe, jeweils zwei begonnene Sätze („An dem Vortrag war für mich neu ...“; „Ich wußte schon, dass ...“) zu beenden.

Nach dem Beenden der Sätze werden diese im Plenum ohne Kommentierung vorgelesen und an eine Pinwand geheftet. Sätze gleichen Inhalts werden dicht beieinander aufgehängt.

Die Vielfalt der beendeten Sätze spiegelt die unterschiedlichen Reaktionen der Teilnehmer wider. Dies erleichtert der Moderation und den Referenten das Eingehen auf alle Aspekte und Meinungen.

Ablauf / Version 3:

Es werden wieder Statements formuliert. Danach teilen sich die Teilnehmer in Paare auf (Zufallsprinzip). Ein Drittel der Personen bleibt einzeln und erhält keinen Partner.
Zwischen den Paaren wird über die einzelnen Aussagen diskutiert. Dabei haben die einzelnen Personen immer die Aufgabe, Gegenargumente gegen das vom Partner formulierte Statement zu äußern. Die Personen ohne Partner beobachten die jeweils ca. dreiminütigen Diskussionen.
Nach ungefähr 3 Minuten „klatschen" die Beobachter jeweils eine Person ab. So entstehen neue Paare mit neuen Diskussionsinhalten.
Je nach Verlauf und Akzeptanz wiederholt sich dieser Vorgang mehrmals.
Danach wird im Plenum die Methode besprochen. Zugleich werden die wichtigsten Pro- und Contra-Thesen vorgetragen, zusammengefaßt und besprochen.

Ablauf / Version 4:

Die Moderation hat Thesen formuliert. Diese beziehen sich in erster Linie auf die Inhalte des Vortrags oder des Filmes.
Nach der Methode der Ampelkarten stimmen die Teilnehmer den einzelnen Thesen zu oder lehnen diese ab.
Nach jeder „Abstimmung" wird über die Thesen diskutiert.
Da sich die Thesen sowohl mit den Inhalten als auch mit der Gestaltung des Vortrages „beschäftigen", wird der Vortrag auf diese Weise hinreichend ausgewertet.

Ablauf/Version 5:

Die Teilnehmer finden sich zu Gruppen von drei oder vier Personen zusammen, tauschen sich für ca. 10 Minuten aus und kehren mit einzelnen Statements zum Referat in das Plenum zurück.

Die Moderation und die Referenten erhalten auf diese Weise von allen Teilnehmern eine Rückmeldung über den Vortrag und können die Diskussion zielgerichtet mit allen Personen führen.

Beispiele:

Aussagen zu Vorträgen/Filmen	+	–	?
Mindestens zwei Informationen waren für mich ganz neu.			
Einige Punkte in dem Vortrag/Film sind für mich nicht nachvollziehbar.			
Dem Inhalt des Vortrages/Filmes stimme ich zu. Einige Dinge hätten aber ausführlicher beschrieben werden können.			
Dem Vortrag/Film stimme ich zu. In ein oder zwei Punkten bin ich aber anderer Meinung.			

Zu beendende Sätze:
Ich fand an dem Vortrag/Film besonders gut, dass ...
oder:
Anderer Meinung bin ich in dem folgenden Punkt: ...
oder
Der Vortrag/Film hat mich enttäuscht, weil ...

7.8 Schatzinsel

▶ Einstieg in ein Thema ▶ Stellung beziehen	Einsatzmöglichkeiten
Bei dieser Methode werden auf einem Tisch oder einer Decke verschiedene Gegenstände ausgebreitet. Es handelt sich sowohl um Gegenstände des alltäglichen Gebrauchs (Schuhanzieher, Flaschenöffner, Tasse usw.) und um Gegenstände ohne größeren alltäglichen Nutzwert (Luftballon, schöne Glaskugel, gefundene Steine, interessantes Postkartenmotiv usw.). Nachdem sich alle Jungen/Männer zu einem von der Moderation vorgegebenen Thema jeweils einen Gegenstand ausgesucht haben, wird dieser Gegenstand dem Plenum vorgestellt. Nachfragen, warum gerade dieser Gegenstand von einzelnen Personen ausgesucht worden ist, sind natürlich erlaubt. Die Moderation kann einzelne Aussagen protokollarisch festhalten, was ein abschließendes Gespräch über die Methode erleichtern kann.	Kurzbeschreibung
▶ Ein Raum	Voraussetzungen
▶ 5–20 Personen ▶ 30 Minuten	Zeit/Gruppengröße
Diverse Gegenstände, Flipchart zum Protokollieren	Materialien

Ablauf:

Die Jungen/Männer sitzen im Kreis. Der Moderator breitet die Gegenstände aus und gibt das Thema vor, zu dem sich jede Person einen Gegenstand aussuchen soll.

Jede Person sucht sich einen Gegenstand aus. Die einzelnen Gegenstände werden im Plenum vorgestellt. Dabei begründen die Jungen/Männer ihre Auswahl. Der Moderator protokolliert die wichtigsten Aussagen.

Zum Abschluß können folgende Fragen besprochen werden:

1. Welche Gründe werden für die Auswahl eines Gegenstandes genannt?
2. Welche Ursachen kann es für bestimmte Häufungen bei der Nennung von Begründungen geben?
3. Gäbe es wohl Unterschiede zwischen Frauen und Männern?

Weitere Hinweise:

Alle Moderatoren sollten im Besitz einer solchen „Schatztruhe“ sein. Mit Hilfe von ungefähr gut 40 kleineren Gegenständen kann zu vielen verschiedenen Themen und Fortbildungsphasen gearbeitet werden.

7.9 Soziometrische Linien

▸ Einführung in ein Thema	Einsatzmöglichkeiten
Zur Durchführung der soziometrischen Linien stellen sich alle Jungen/Männer nebeneinander in einer langen geraden Reihe auf. Sie fixieren dabei eine abgeklebte Linie, die sich im Abstand von ca. 5 Schritten ihnen gegenüber befindet. Der Moderator nennt einzelne Aussagen zu einem Thema. Dies kann z. B. das Thema „Männerbilder“ sein. Nach jeder Aussage werden die Jungen/Männer aufgefordert, sich die Frage zu stellen, ob sie der Aussage zustimmen oder sie ablehnen. Je nachdem, ob und in welchem Maße man zustimmt, sollen sich die Jungen/Männer in Richtung der gegenüberliegenden Linie bewegen. Dadurch dass jede Person seine eigene persönliche Entscheidung trifft, entsteht so in der Regel eine zackige Linie: einige Jungen/Männer sind vielleicht stehengeblieben, andere haben sich nur ein oder zwei Schritte bewegt, und eine weitere Person ist vielleicht bis zur gegenüberliegenden geschritten. Bei dieser Methode geht es nicht darum, die Reaktionen der Jungen/Männer positiv oder negativ zu bewerten. Der Moderator sollte sich die Ergebnisse aber nach jeder Aussage von den teilnehmenden Personen erklären lassen und ihre Einschätzungen erfragen.	Kurzbeschreibung
▸ Ein Raum	Voraussetzungen
▸ 30 Minuten ▸ 15 Personen	Zeit/Gruppengröße
Klebeband, vorbereitete Aussagen	Materialien

Ablauf:

Vor den Augen der Jungen/Männer werden die beiden Linien auf dem Boden aufgeklebt: die Standlinie und die Ziellinie.

Nachdem die Teilnehmer sich auf die Standlinie gestellt haben, erklärt der Moderator die Spielregeln. Die wichtigste Spielregel lautet: „Stimme ich einer Aussage zu, so bewege ich mich möglichst weit in Richtung der Ziellinie."

Der Moderator nennt eine Aussage und die Teilnehmer bewegen sich in Richtung Ziellinie. Nachdem alle Jungen/Männer ihre Position gefunden haben, sucht der Moderator das Gespräch mit ihnen. Die Teilnehmer äußern sich nach dem Prinzip der Freiwilligkeit und erklären ihre Position.

Der Ablauf wird je nach Akzeptanz der Methode durch die Gruppe bis zu 15 Mal wiederholt.

Abschließend bewerten die Jungen/Männer die Methode.

Weitere Hinweise:

Vor der Durchführung dieser Methode sollte erwähnt werden, dass es nicht darum geht, die richtigen oder falschen Positionen/Meinungen zu äußern und zu vertreten. Dies wird sicherlich die Akzeptanz der Methode erhöhen.

Die Spielregeln sollten erst bekanntgegeben werden, wenn die Stand- und Ziellinie abgeklebt sind und die Jungen/Männer sich auf die Standlinie gestellt haben. Durch die Visualisierung werden die Spielregeln leichter verstanden.

7.10 Vernissage

▸ Problematisierung eines Themas	Einsatzmöglichkeiten
Eine Vernissage kann vor allem zur Einführung in ein Thema und zur Problematisierung von Sachverhalten eingesetzt werden. Die Moderatoren bringen hierzu das benötigte Material mit. Dieses besteht vor allem aus Bildern, die aus Illustrierten zusammengetragenen worden sind. Die Bilder sollten der Größe des DIN-A-4-Formates entsprechen. Für eine Zahl von 20 Personen reicht es aus, wenn man ca. 50 prägnante Bilder zusammengestellt hat. Die Teilnehmer bringen vor allem ihr Vorwissen und ihre Voreinstellungen zu dem ausgewählten Thema mit. Sie erhalten die Aufgabe, zu einem vorher gestellten Thema (z. B.: „Frauenbilder/ Männerbilder“ oder „Die Welt der Arbeit“) sich einzeln jeweils ein Bild auszuwählen, dass ihrer Meinung nach gut das Thema/die Fragestellung verdeutlicht. Dabei versetzen sich die Teilnehmer in die Rolle von Künstlern, die ihre Bilder/Werke während einer Vernissage präsentieren, geben dem Bild einen Titel und überlegen sich ein paar erklärende Sätze, warum sie dieses Bild ausgesucht/gemalt haben. Im Anschluß daran werden die einzelnen Bilder/Werke der Gruppe präsentiert. Diese Präsentation schließt den Austausch zwischen dem „Künstler“ und dem „Publikum“ ein. Nachfragen sind also gestattet. Die Auswahl der Bilder, die Wahl der Titel und die kurzen Erklärungen des „Werkes“ verdeutlichen die unterschiedlichen Meinungen und Assoziationen, die zu einem Thema in den Köpfen der Teilnehmer existieren.	Kurzbeschreibung
▸ Ein Raum mit vorbereiterer Präsentationsfläche (Stoff an der Wand) und vorbereiteten Zuschauerreihen. Das Bildmaterial liegt verstreut auf den Tischen oder auf dem Fußboden.	Voraussetzungen
▸ ca. 60 Minuten ▸ 15–20 Personen	Zeit/Gruppengröße
Bilder, Stoff als Präsentationsfläche, Tesakrepp, kleine Karteikarten, Stifte	Materialien

Ablauf:

Vorstellen der Methode und der Situation: „Wir sind alle Künstler, befinden uns bei der Eröffnung einer Kunstausstellung und sind stolz, alle ein Werk zu einem bestimmten Thema erstellt zu haben. Diese Werke wollen wir uns gleich gegenseitig vorstellen. Dazu müßt Ihr Euch ein Bild aus dem ausgelegten Material heraussuchen, diesem Bild (Eurem Werk) einen Titel geben und Euch einige Sätze für die Präsentation überlegen. Eure Erklärungen sollten Antwort geben auf die folgenden Fragen: ★ Warum habe ich das Bild gemalt? ★ Was wollte ich mit dem Bild ausdrücken? Welches Anliegen verbinde ich mit dem Thema?
Die Teilnehmer suchen sich ein Bild aus und bereiten sich auf die Präsentation vor.
Nacheinander werden die Werke vorgestellt. Dazu werden die Bilder und die Titel an die Wand geheftet. Die einzelnen Künstler geben Erläuterungen. Nachfragen sind erlaubt. Die Moderation enthält sich jeglicher Wertung, organisiert lediglich den organisatorischen Ablauf. Die Präsentation der einzelnen Bilder dauert in der Regel 3–5 Minuten.
Nachdem alle Teilnehmer ihre Werke vorgestellt haben, sollte ein kurzes Auswertungsgespräch stattfinden. Dieses sollte die einzelnen Äußerungen der beteiligten Menschen in den Mittelpunkt stellen. Beginnen könnte man mit der Frage: „Gibt es irgend etwas, was Euch an den Bildern aufgefallen ist?“ Die Moderation hat lediglich die Aufgabe, die zuvor schon angesprochenen Aspekte zum Thema aufzugreifen. Dabei wird deutlich, welche unterschiedlichen Meinungen und Assoziationen zu einem Thema in den Köpfen der teilnehmenden Menschen vorhanden sind.

Weitere Hinweise:

Vernissagen sind mit dem gleichen Bildmaterial zu vielen unterschiedlichen Themen durchführbar. So kann man zum Beispiel mit dem gleichen Material zu so unterschiedlichen Themen wie „Gewalt“, „Umwelt“ oder „Mädchen/Jungen“ arbeiten.

Wichtig ist, dass der Raum für die Durchführung der Vernissage durch das Aufstellen von Stühlen und der Errichtung einer Präsentationsfläche einem Ausstellungsraum ähnelt.

Vernissagen haben nicht die Beurteilung und Kommentierung gemachter Äußerungen zum Inhalt. Die Teilnehmer sollen sich vielmehr ohne Druck dem Thema nähern und sich öffnen. Die Moderation beschränkt sich auf die Leitung der Ausstellungseröffnung und verzichtet auf jegliche Kommentierung und Bewertung.

Sind die Gruppen größer als 20 Personen, so sollte man auf den Einsatz der Methode verzichten oder jeweils 2 Personen ein Bild aussuchen lassen, da ansonsten der Zeitbedarf für diese Methode zu groß ist und die Methode dann eventuell aus der Sicht der teilnehmenden Personen langweilig wird.

8 Über den eigenen Schatten springen – Jungenarbeit starten

Mit der Jungenarbeit zu beginnen, wird nicht immer ganz leicht sein. Eigene persönliche Unsicherheiten, aber auch Diskussionen und Widerstände innerhalb eines Kollegiums stehen der schnellen Umsetzung neuer pädagogischer Ideen oftmals im Wege.

Bevor erste Schritte zur Jungenarbeit unternommen werden, oder an die Entwicklung eines Konzeptes zur Jungenarbeit gedacht wird, soll deshalb ein Blick auf die möglichen Widerstände geworfen werden. Zugleich sollte die Frage gestellt werden, wie diese Widerständen produktiv aufgegriffen werden können.

Eine Möglichkeit, mit möglichen Verunsicherungen und Widerständen umzugehen und erfolgreich die Jungenarbeit an den einzelnen Schulen zu initiieren und kontinuierlich weiterzuentwickeln, kann in der Durchführung von innerschulischen Fortbildungen für Männer des Kollegiums bestehen.

Der regelmäßige Erfahrungsaustausch zwischen Kollegen verschiedener Schulen und Schulformen stellt gerade für Kollegen, die als Einzelkämpfer an ihre Schulen die Jungenarbeit durchführen, eine weitere Möglichkeit dar, sich ständig weiterzuentwickeln. Diese Form von überschulischen Fortbildungen kann der Entwicklung der eigenen Jungenarbeit konkrete Impulse geben.

Der Skizzierung von möglichen Widerständen in den einzelnen Kollegien folgt in diesem Kapitel eine Beschreibung inner- und ausserschulischer Fortbildungsmöglichkeiten.

8.1 Mögliche Widerstände bei den Männern

Zu vermuten ist, dass man in den Schulen zum Teil auf einige Widerstände und Unsicherheiten auf Seiten der Lehrkräfte treffen wird, da die Reflektion des Geschlechterverhältnisses und die geforderte geschlechtsspezifische Arbeit mit Jungen die Auseinandersetzung mit der eigenen Person voraussetzt. Nur die Beschäftigung mit der eigenen Rolle, der „eigenen Geschichte“ und des eigenen Standpunktes kann dazu führen, die pädagogische Blickrichtung auf die Mädchen und Jungen zu schärfen und sich Fragestellungen im Rahmen der reflexiven Koedukation zu öffnen.

Angesichts der allgemein sehr hoch eingeschätzten Arbeitsbelastung der meisten Lehrer ist darüber hinaus zu befürchten, dass neue Aufgabenfelder als weitere zusätzliche lästige Herausforderungen empfunden werden, denen man sich nicht unbedingt öffnen möchte.

Viele Lehrkräfte werden sich verständlicherweise methodisch nicht gut für diese Arbeit ausgebildet fühlen, da Inhalte, Fragestellungen und die Vermittlung von Methoden, die dem Bereich der reflexiven Koedukation zugeordnet werden können, in der Lehrerinnen- und Lehrerausbildung nur selten thematisiert werden.

Einige männliche Kollegen werden vielleicht befürchten, sich mit einer „Rabaukengruppe“ und enormen pädagogischen Problemen konfrontiert zu sehen, wenn die Mädchen fehlen.

Andere Kollegen werden die Ergebnisse der Koedukationsforschung grundsätzlich kritisch beäugen und deshalb zumindest auf der Argumentationsebene die Arbeit als nicht so sinnvoll wie andere schulische Aufgabenbereiche einschätzen. Eventuell wird man in den Schulen auch mit Lehrern konfrontiert sein, die einfach nur mehr Zeit benötigen, sich dieser neuen Aufgabe zu stellen.

Diese möglichen Widerstände sollten auf jeden Fall ernst genommen werden. Konkret kann dies bedeuten, dass die innerschulischen Diskussionen allen Kollegen genügend Raum zum kritischen Nachfragen geben müssen und die Befürworter der geschlechterbewussten Arbeit versuchen sollten, innerhalb des innerschulischen Diskussionsprozesses dogmatisch geführte Diskurse zu vermeiden.

8.2 Mit möglichen Widerständen umgehen!

Die zu vermutenden Widerstände werden zum Teil Ausdruck von Unsicherheiten sein.

Welche Aspekte sollte man beim Umgang mit diesen Widerständen beachten?[164]

- ★ Ausgangspunkt der pädagogischen Diskussion sollte immer der subjektive Erfahrungsbereich der Lehrer sein. Leitfragen der Gespräche könnten u. a. sein: „Wie beschäftigen uns die Mädchen und die Jungen?“, „Welche Stärken und Schwächen haben die Mädchen und die Jungen?“, „Zeigen eher die Mädchen oder die Jungen Probleme?“ und „Achten wir Lehrer auf die Gestaltung der eigenen Interaktionsprozesse?“ Sicher werden in den einzelnen Kollegien genügend Fakten, Daten und Einschätzungen bezüglich der Beschreibung der „Ist-Situation“ vorhanden sein.
- ★ In den Diskussionszusammenhängen sollte deutlich werden, welche positiven Chancen die geschlechterbewusste Arbeit mit sich bringen kann. Der Zusammenhang zwischen schulischen „Dauerthemen“ wie Gewaltprävention und sexueller Belästigung auf der einen Seite und einer bewusst gestalteten Mädchen- und Jungenarbeit auf der anderen Seite sollte aufgezeigt werden.
- ★ Für die Diskussion sollte man sich viel Zeit lassen. Der Sensibilisierung des Kollegiums sollte gegenüber dem kurzfristigen Verabschieden von Beschlüssen und Konzepten, hinter denen vielleicht nur wenige Personen stehen, Priorität eingeräumt werden.
- ★ Die ersten Diskurse im Kollegium sollten gerade an größeren Schulen nicht unbedingt in einer Gesamtkonferenz stattfinden. Manchmal ist es besser, die Gespräche in kleineren Gruppen (z. B. Fach- oder Jahrgangskonferenzen) zu beginnen.

---

[164] vgl. hierzu: Boldt (1999)

- ★ Für die Durchführung innerschulischer Fortbildungen sollten – wo immer möglich – Referentinnen und Referenten von außen eingeladen werden. Dies kann bei diesem Themengebiet, das die eigene Person in den Diskussion nicht „außen vor lässt", die offenere Auseinandersetzung fördern.
- ★ Man sollte sich darauf einstellen, dass die Verankerung des Themas „Reflexive Koedukation" in ein Schulprogramm nur dann gelingen wird, wenn über mehrere Jahre hinweg zu dem Thema gearbeitet wird. Neben kurzfristigen Erfolgen sollte man auch immer wieder mögliche Misserfolge in Betracht ziehen.
- ★ Wie bei vielen anderen Entwicklungsaufgaben einer Schule scheint es sinnvoll zu sein, neben der Diskussion auch immer wieder praktische Erfahrungen zu machen. Eine anschließende ehrliche und offene Evaluation des Erreichten oder auch Nichterreichten ist empfehlenswert.
- ★ Nicht alle Kollegen müssen von Anfang die Anstrengungen der Schule im Rahmen der „Reflexiven Koedukation" aktiv unterstützen. Manchmal ist es günstiger und effektiver, mit kleineren Projekten anzufangen und diese dann ordentlich zu dokumentieren. Die Auseinandersetzung mit den „Gegnern" sollte aber von Anfang an geführt werden.

Die im folgenden dargestellten Beispiele für innerschulische Fortbildungen und die Darstellung der Arbeit eines auf Bezirksebene gebildeten Arbeitskreises sollen verdeutlichen, wie sich KollegInnen untereinander fortbilden und zugleich „Rückendeckung" holen können.

8.3 Innerschulische Fortbildungen für Männer

Am Ende einer Fortbildung[165] äußerten sich die teilnehmenden Männer wie folgt: Die Fortbildung ...

- ★ hat mir verdeutlicht, dass ich mir als Jungenarbeiter in erster Linie über die eigene Motivation hinsichtlich der Jungenarbeit bewußt sein muss,
- ★ wird dazu führen, dass einzelne Projekttage im Bereich der Jungenarbeit zwar wichtig sind, Jungenarbeit aber Bestandteil der alltäglichen Erziehungsarbeit in der Schule werden sollte,
- ★ sollte dazu führen, dass wir uns in Zukunft so fit machen, dass wir anderen Kollegen bei der Planung und Durchführung von Jungenprojekten helfen können,
- ★ hat mich deshalb überzeugt, weil ich die Gespräche in der Männergruppe als sehr positiv empfunden habe und mittlerweile davon überzeugt bin, dass auch die Jungen aus meiner Klasse diese Form von Gesprächen und Begegnungen als sehr positiv einschätzen werden,

[165] vgl. hierzu Institut für geschlechtsbezogene Pädagogik (1998)

- ★ hat bei mir persönlich zum Angstabbau geführt,
- ★ hat bewirkt, dass ich mich dem Thema gegenüber mehr öffnen werde,
- ★ hat dazu geführt, dass mein Interesse an weiteren Fortbildungen zum Thema erheblich gestiegen ist,
- ★ war interessant und hat Spaß gemacht.

Das gemeinsame Fazit der Fortbildung konnte also nur lauten: „Gut, dass wir diese Erfahrungen auch im kleinen Kreis machen konnten. Wir sind persönlich einen Schritt weitergekommen, werden weiter an dem Thema arbeiten und uns auch intensiver in die Diskussion und Praxis der Jungenarbeit an unserer Schule einschalten."

Auch für die weitere schulische Arbeit erbrachte diese Fortbildung zumindest zwei kurzfristige Ergebnisse:

- ★ Für die Jungen einer Klasse haben zwei Kollegen verabredet, selbständig ein zweitägiges Jungenprojekt durchzuführen.
- ★ Die Kollegen äußerten den Wunsch, sich regelmäßig in einem innnerschulischen Arbeitskreis zu treffen, um die Realisierung von Jungenkonferenzen an der Schule zu planen. Zu diesen Treffen sollten auch Kollegen eingeladen werden, die nicht an der Fortbildung teilgenommen haben.

Viele Bildungsträger bieten mittlerweile Fortbildungen zum Thema „Jungenarbeit an Schulen" an. Angebunden an die Jugendämter, organisiert von den Gewerkschaften und kirchliche Einrichtungen, geleitet von Pro Familia oder regionalen Männervereinen werden regelmäßig Veranstaltungen zum Thema angeboten.

Auch wenn diese Fortbildungen in den letzten Jahren einen starken Zulauf erfahren haben, so nehmen an ihnen immer nur einzelne Personen einer Schule teil.

Wie die Reaktionen der Männer belegen, kann von diesen Fortbildungen ein wichtiger Impuls für die innerschulische Arbeit erfolgen, wenn eine etwas größere Anzahl von Personen an ihnen teilnimmt. Die Kollegen lernen sich neu kennen, man erfährt gemeinsam eine Persönlichkeitserweiterung. Auf der Basis dieser gemeinsamen Erfahrungen wird die Umsetzung von pädagogischen Schritten leichter fallen.

Für den Erfolg einer innerschulischen Fortbildung kann es förderlich sein, wenn diese durch eine „unbelastete Person", durch einen schulfremden Teamer geleitet wird, da die Themen, Inhalte und Methoden einen engen Bezug zur eigenen Persönlichkeit haben. Ein schulinterner Teamer verfügt über jede Menge Vorerfahrungen mit den anderen Kollegen, welche die Arbeit nicht unbedingt erleichtern.

Wird der schulische Rahmen verlassen, übernachtet man eventuell vor Ort, bespricht man auch die schulischen organisatorischen Rahmenbedingungen für die Umsetzung der Arbeit und setzt man die Methoden (vor allem aus dem Bereich der Körperarbeit und der Selbsterfahrung) vorsichtig und überlegt ein, so steht einem Gelingen der Fortbildung nichts mehr im Wege.

Ottemeier-Glücks hat die folgenden Ziele für Fortbildungen mit Lehrern zum Thema Jungenarbeit formuliert:

★ „Eine breite Reflexion der eigenen Person in ihren geschlechtsspezifischen Aspekten – mit einem Rückblick in die individuelle Geschichte der Mannwerdung und ihrer männlichen Begleiter – zur Ausbildung einer bewussten männlichen Identität.

★ Die Vermittlung von Wissen über die Sozialisation von Jungen und ihr Eingebundensein in das herrschende Geschlechterverhältnis, um Jungen wahrnehmen zu können mit ihren Problemen, denen, die sie haben, und denen, die Jungen anderen machen.

★ Die Erweiterung der konkreten Handlungskompetenz durch praktische Erfahrungen mit neuen und alten Lernformen und Methoden, die für Jungenarbeit sinnvoll sind.

★ Der Abbau der Angst vor anderen Männern und die Erfahrung, dass das Zusammensein mit Männern angenehm und aufbauend sein kann.

★ Entstehen soll ein pädagogisches Selbstverständnis, das die geschlechtsbezogene Sichtweise reflexiver Koedukation mit der ganzen Person in das eigene pädagogische Konzept integrieren und in die Praxis umsetzen kann.“ [166]

Dieser sicherlich hohe Anspruch wird durch die Teilnahme an einer einmaligen Fortbildung nicht erreicht. Immer wiederkehrende Fortbildungsangebote (ein bis zweimal pro Jahr für die interessierten Männer einer Schule) sind notwendig, um alle von Ottemeier-Glücks formulierten Ziele zu erreichen.

Da aber die Durchführung einer Fortbildung in der Regel ausreicht, um Männern die Erfahrung zu ermöglichen, dass man sich sehr wohl in einer Männergruppe gut bewegen und das Zusammensein auch als angenehm empfinden kann [167], sollen im folgenden einige Hinweise zur Gestaltung einer eintägigen Fortbildung [168] für einen Teil der Männer eines Kollegiums formuliert werden. Männer können auch nach einer eintägigen Fortbildung aufgrund ihrer Motivation für die Jungenarbeit Mut vermittelt bekommen, erste praktische Versuche zu starten.

---

166 Ottemeier-Glücks (1998: 23)

167 Diese Erfahrung ist m. E. eine Grundvoraussetzung dafür, dass sich Männer trauen, mit Jungen geschlechtsspezifisch zu arbeiten

168 Bei der Auswahl der Methoden für eine Fortbildung mit Männern sollte darauf geachtet werden, dass diese Methoden auch in der Arbeit mit Jungen eingesetzt werden können. Die Methoden sollten immer mit Inhalten verknüpft sein.

Die Beschreibung der Fortbildungsinhalte geht davon aus, dass sich eine Gruppe von ungefähr 15 Männern für einen gemeinsamen Fortbildungstag trifft.

Sollten sich genügend Kollegen einer Schule für das Fortbildungsangebot interessieren, so kann man diese Fortbildungen über die örtlichen Schulämter oder die Bezirksregierungen organisatorisch absichern.

8.4 Inhalte und Gestaltungshinweise für Fortbildungen mit Männern

Die Hinweise für die Gestaltung von Fortbildung können nur eine grobe Orientierung für die Planung solcher Veranstaltungen darstellen. Für die konkrete Ausgestaltung einer Fortbildung sollten langfristig mit den betroffenen Kollegen Verabredungen über die gewünschten Inhalte und Methoden getroffen werden.

Die folgenden Ausführungen sollen als Anregungen und Tipps für die Planung und Durchführung von Fortbildungen auf der Grundlage der vorherigen Absprachen dienen.

8.4.1 Vorstellungsrunde

Bei der Planung von Vorstellungsrunden und Einstiegsphasen in Fortbildungen sollte darauf geachtet werden, dass die methodischen Einstiege immer einen inhaltlichen Bezug zum Thema haben.

Variante 1: Schatzinsel[169]

Die Männer sitzen im Kreis auf Stühlen. Eine Vielzahl unterschiedlicher Gegenstände liegt auf einer Decke ausgebreitet in der Mitte des Kreises. Der Moderator begrüßt die teilnehmenden Personen und bittet sie, einen Gegenstand auszuwählen, der ihrer Meinung nach dafür geeignet ist, das Verhalten der Jungen gut zu beschreiben.

Nachdem jede Person sich einen Gegenstand ausgesucht hat, werden diese gegenseitig unkommentiert vorgestellt.

Danach erst wird die Frage gestellt, ob jemand noch eine Bemerkung machen möchte.

Der Moderator kann die Äußerungen der Männer ebenfalls im Raum stehen lassen. Er kann sie aber auch kommentieren und einige überleitende Sätze formulieren.

---

[169] Diese Methode ist im Kapitel 7.8 beschrieben

Variante 2: Visitenkarten

Auf einem Tisch verteilt liegen 12 Kärtchen, die mit Texten versehen sind und als Visitenkarten angeheftet werden sollen. Jede Karte ist zweimal vorhanden.

Männer, die die gleiche Karte gezogen haben, unterhalten sich über die Aussage. Zur Auflockerung kann noch ein Glas Saft gereicht werden.

★ „Jungen stören zwar öfter den Unterricht, insgesamt sind sie aber viel kreativer."

★ „Für Jungen wäre es besser, wenn sie Jungenschulen besuchen würden. Da würden sie sich offener entwickeln."

★ „Wenn Jungen in der Schule mehr stören als die Mädchen, dann verstehe ich das sehr gut"

★ „Toll finde ich an den Jungen die folgenden Dinge: ..."

★ „Jungen sind so, wie sie sind und können nicht verändert werden, weil die Väter Machos sind und sich aus er Erziehung heraushalten."

★ „Jungen leiden nie in der Schule." und

★ „An Jungen bewundere ich häufig ihre Coolheit."

könnten Inhalte der Visitenkarten sein.

Nach einem kurzen Austausch zu der jeweiligen Aussage werden die Karten neu verteilt.

Auf diese Weise gelingt es, mit den Männern schnell und zielgerichtet die inhaltliche Diskussion zu beginnen.

Variante 3: Arbeit mit Ampelkarten[170]

Der Moderator hat eine Folie mit Aussagen zu einem Themenschwerpunkt vorbereitet. Die einzelnen Aussagen werden nach und nach aufgedeckt. Die Männer entscheiden sich, ob sie der Aussage zustimmen, ob sie diese ablehnen oder sich enthalten wollen.

Hierzu benutzen sie die Ampelkarten.

Nach der jeweiligen „Abstimmung" wird die Aussage von den Männern inhaltlich diskutiert, wobei der Moderator das richtige Ergebnis wissen muss.

Im Anschluß wird die zweite Aussage aufgedeckt. Alle Männer legen sich fest und diskutieren wieder zum Thema.

Auf diese Weise wird ebenfalls ein methodisch interessanter, aber auch inhaltlicher Einstieg gefunden, an dem alle Männer zumindest per Abstimmung teilnehmen.

Zum Thema „Mädchen und Jungen in der Schule" kann zu folgenden Aussagen gearbeitet werden:

---

[170] Diese Methode ist Kapitel 7.1 beschrieben.

★ Durchschnittlich erhalten Mädchen 48% der unterrichtlichen Aufmerksamkeit.

★ Der Anteil der Jungen an Haupt- und Sonderschulen beträgt 53%.

★ In den letzten 10 Jahren ist der Anteil von jungen Frauen in männerdominierten Ausbildungs-Berufen auf über 10% gestiegen.

★ Der Anteil der Jungen mit Realschulabschluß und Q-Vermerk an Realschulen liegt auch heute noch etwas höher als der der Mädchen.

★ Das Verhältnis der inhaftierten männlichen Jugendlichen zu den weiblichen Jugendlichen beträgt 30 : 1.

+	?	-

(Dies sind die Lösungen zu den 5 Aussagen:

Aussage 1 ist falsch. Mädchen erhalten circa 38% aller Zuwendungen durch die LehrerInnen.

Aussage 2 ist falsch. Der Anteil der Jungen in Sonderschulen liegt bei ca. 70%.

Aussage 3 ist falsch. Der Anteil der Mädchen ist seit 1990 wieder zurückgegangen. Er liegt weit unter 10%.

Aussage 4 ist falsch: Die Mädchen erreichen auch an den Realschulen prozentual gesehen häufiger die höheren Abschlüsse.

Aussage 5 ist richtig.

8.4.2 Inhaltliche Inputs

Dem inhaltlichen Einstieg sollte dem Thema der Fortbildung entsprechend ein Referat mit Sachinformationen folgen.

Mädchen- und Frauenbilder in Mathematikbüchern

Den Einstieg in das Thema könnte ein Referat darstellen, welches die folgenden Zitate aufgreifen könnte. Der vollständige Text des Artikels „Die Rolle von Mädchen und Frauen in Schulbüchern – am Beispiel Mathematik“ [171] ist in einer Handreichung des Landes Baden-Württemberg nachzulesen [172]. Der Artikel erklärt, warum die Einführung eines Schulbuches von einer Landesregierung abgelehnt worden ist.

[171] Kriege (1995)

[172] Ministerium für Familie, Bildung und Kunst / Ministerium für Kultus und Sport (1995)

„Begründet wurde die Ablehnung im Wesentlichen mit der Darstellung von Frauen und Mädchen in den Aufgaben und den Illustrationen des Buches.

Die Gutachterin hatte die in den Texten genannten Männer- und Frauenberufe ausgezählt und die Abbildungen daraufhin untersucht, bei welcher Tätigkeit oder in welcher Funktion Männer und Frauen, Jungen und Mädchen gezeigt werden.

„Die Autoren sind ausschließlich Männer. Als Pädagogen haben sie auch mit Schülerinnen zu tun. Wenn ihre Darstellung der Frau mit ihren Erfahrungen im Unterricht konform geht, so liegt das gewiss nicht an der unterschiedlichen Veranlagung und Begabung von Mädchen und Jungen, und es ist ein Grund mehr für sie, Vorurteile und Rollenklischees abbauen zu helfen. Es gilt, Mädchen nicht zu entmutigen, sondern gerade zu mehr Selbstbewusstsein zu ermutigen und auch für das Fach Mathematik neu zu motivieren ... Den Autoren sollte die Genehmigung für dieses Schulbuch nicht erteilt werden,

- weil es einseitige Rollenbilder von Mann und Frau vorgibt, und darum einer auf berufliche und private Partnerschaft zielenden Erziehung und Entwicklung von Jungen und Mädchen entgegenwirkt,
- Mädchen und Frauen insbesondere dadurch diskriminiert, dass sie im Berufsleben nicht auftreten und somit ein zeitgemäßes Identifikationsangebot für Mädchen fehlt,
- und infolgedessen gegen den Grundsatz der Gleichberechtigung und Gleichheit von Mann und Frau verstößt, die Bestandteil unserer Verfassung sind ...“

„... Es ist z.B. eine Krankenschwester abgebildet, die zwar – laut Sprechblase – eine einfache Rechnung lösen kann, aber ihren Patienten damit fast umbringt. Der Bildtext lautet: „Herr Doktor, ich weiß gar nicht, warum es unserem Patienten so schlecht geht. Ich sollte ihm 20 Tropfen der Arznei Nr. 10 geben, und weil die ausgegangen ist, habe ich ihm 100 Tropfen von Nr. 2 gegeben. Nach Adam Riese müsste das doch stimmen!“

Die Gutachterin schreibt dazu: „Dieses Beispiel ist darum besonders erwähnenswert, weil es das einzige Bild ist, auf dem ein Mädchen in Ausübung eines Berufs gezeigt wird. Ausgerechnet das ist ein Witz des bis zum Überdruss strapazierten Musters ‘Typisch Frau!’ oder ‘Kleines Dummchen, lass besser das Denken, du hast doch andere Qualitäten!’“

„Gerade dadurch, dass diese Bilder im Unterricht nicht problematisiert werden, wirken sie unterschwellig und unkontrollierbar auf die Schülerinnen und Schüler. Frauen und Mädchen wurden auf nur zwei Bildern berufstätig dargestellt – als Krankenschwester und als Marktfrau –, während Männer als Kaufleute, Bauhandwerker, Feuerwehrleute, Landwirt, Viehhändler, Schäfer, Tankwart, Metzger, Wirt, Verkehrspolizist, Hotelmanager, Arzt und Zauberer abgebildet waren. Auch bei den Textaufgaben mussten die Kritikpunkte der Gutachterin anerkannt werden. In keiner Aufgabe kam eine Frau als handelnde Person aus der Berufswelt vor (Ausnahme: Lehrerinnen), während Männer „verdienen, Rechnungen zahlen, Versicherungen abschließen, Teppichboden verlegen, per Bausparvertrag sparen, Möbel kaufen, eine Firma besitzen, Fernsehgeräte reparieren...".

Gruppenbezeichnungen tauchten in den Textaufgaben zwar nur wenige auf, aber stets in der männlichen Form: So gab es den „Schüler, Klassensprecher, Bürger, Reiter, Fahrer, Bastler, Spieler, Läufer, Bürgermeister, Verkehrsteilnehmer" und nicht die „Schülerin, Klassensprecherin ...".[173]

Eine andere bisher unveröffentlichte Untersuchung, die nach einem Kriterienraster alle Textaufgaben eines in Nordrhein-Westfalen genehmigten Schulbuches analysiert hat, kommt zu dem folgenden Ergebnis:

„Wenigstens in der Mathematik scheint die Welt, verschont von Emanzipationsbestrebungen, noch in Ordnung zu sein. Hier bestimmt nach wie vor das Geschlecht eindeutig über die Rolle in der Gesellschaft, die traditionell besetzt ist ... Männer sind in ganz unterschiedlichen Berufen tätig. Sie haben es schon häufig geschafft, berühmt zu werden. Herr Sprenger ist unterwegs auf einer Dienstreise ... ein Handelsvertreter ist die ganze Woche unterwegs ... es gibt Auto- und Blumenhändler ... ein Spediteur fährt jeden Tag über 100 km zur Arbeitsstelle ... Herr Klein ist Vertreter ... Herr Klempermann kauft für seine Wirtschaft ein ... Bauer Haferkorn betriebt eine Schweinezucht ... Gärtner Nölte bringt den Garten von Frau Pioch in Ordnung ... Herr Moltke organisiert den Milchverkauf ... Herr Schmid ist Kundenbetreuer ... es gibt Tischler und Zimmermänner ... es gab viele bedeutende Mathematiker und Naturwissenschaftler ... Im Vergleich zu Männern wird über Frauen nur spärlich informiert. Frauen sind nur in wenigen Berufen vertreten. An der Supermarktkasse sitzt eine Kassiererin ... es gibt eine Kunstlehrerin, die Bilderrahmen einkauft ... es gibt Verkäuferinnen ... noch eine Kassiererin ... eine Verkäuferin schneidet Schinken ... Frau Wübbeler fährt mehr als 10 km täglich zur Arbeit ..."[174]

Die inhaltlichen Ausführungen können mit den im Kapitel 7.7 aufgezeigten Methoden zur Auswertung von Vorträgen und Filmen ausgewertet werden.

Bei diesem Thema kann es sich anbieten, in einer weiteren Phase der Fortbildung das Frauen- und Männerbild in den von der jeweiligen Schule verwandten Büchern zu analysieren.

8.4.3 Vertiefung verschiedener Fortbildungsthemen

Aufgrund der getroffenen Absprachen im Vorfeld der Fortbildung sollte in der nächsten Phase ein Thema vertieft behandelt werden. Dabei sollte auch die

[173] Alle Zitate aus: Kriege (1995: 170–172)
[174] unveröffentlichtes Manuskript von Klens (1997)

Frage geprüft werden, ob schon an dieser Stelle ein Blick auf die praktische Umsetzung im Rahmen der Jungenarbeit erfolgen kann.

So sind Frauen und Männer

Die Gruppe wird in Untergruppen zu je 3 oder 4 Personen aufgeteilt. Jede Gruppe erstellt mit Hilfe einer Tapetenrolle den Schattenriss eines Mannes.

Der Auftrag für die Gruppen lautet: „Unterteilt den Schattenriss in zwei Hälften. In die eine Hälfte sollen eher positive, in die andere Hälfte eher negative Eigenschaften von Männern eingetragen werden. Sprecht während der Arbeit bitte nicht miteinander."

Die Männer tragen nun die Eigenschaften in den Schattenriss ein. Wenn der Moderator das Gefühl hat, dass die Männer fertig sind, bittet er sie, zunächst noch in Kleingruppen über das entstandene Produkt zu reden.

In der nächsten Phase werden die auf diese Art und Weise erstellten drei oder vier Schattenrisse gegenseitig vorgestellt und verglichen. Gemeinsamkeiten und Unterschiede werden thematisiert.

Danach richtet sich der Blick auf die Frauen. Auch für die Frauen sollen Eigenschaften definiert werden. Dies geschieht in offener Diskussion, d. h. ein Mann schlägt eine Eigenschaft vor, die nach kurzer Diskussion in der Gruppe angenommen oder verworfen wird. Der Moderator oder ein Mitglied aus der Gruppe notiert die Stichpunkte auf einem vorbereiteten Schattenriss.

Hiernach könnte der Transfer auf die Arbeit mit den Jungen erfolgen. Dabei können u. a. die in diesem Buch dokumentierten Materialien zur Selbst- und Fremdwahrnehmung[175] mit den Männern ausprobiert, diskutiert und eventuell auf ihre jeweiligen Jungengruppen bezogen verändert werden.

Es fehlen die Männer
Methode 1: Methode 393[176]

Nach der Methode „393" werden die Männer gebeten, sich in Gruppen zu 3 Personen innerhalb von 9 Minuten über ihr Verhältnis zu ihrem eigenen Vater zu unterhalten. Dabei sollen sie versuchen, sich an schöne und positive aber auch an schwierige und schmerzhafte Situationen zu erinnern. Innerhalb der vorgegebenen Zeit haben sie darüber hinaus die Aufgabe, sich auf 3 gemeinsame Aussagen zum Thema „Mein Verhältnis zu meinem Vater" zu einigen.

Diese Aussagen werden danach im Plenum vorgetragen, wobei auffällt, dass die gemeinsam formulierten Aussagen sich mit den Erkenntnissen decken, die in wissenschaftlichen Untersuchungen und Berichten[177] dokumentiert werden.

---

[175] vgl. hierzu Kapitel 6.1 dieses Buches.
[176] Diese Methode ist im Kapitel 7.6 beschrieben.
[177] vgl. hierzu Sielert (1993)

Es fehlen die Männer

Methode 2: Soziometrische Linien[178] – Arbeit mit vorgefertigten Aussagen

In einer weiteren Phase können die Männer mit einem Teil dieser Erkenntnisse konfrontiert werden.

„Ich würde mich heute in meiner Männerrolle wohler fühlen, wenn ich in meiner Jugend ...

★ einen Vater gehabt hätte, der mir Partnerschaft vorlebt,
★ auch weiche Gefühle hätte äußern dürfen,
★ mehr lebenspraktische Fähigkeiten erworben hätte ...,
★ zärtlicher hätte sein dürfen ...,
★ einen verständnisvolleren und nicht nur coolen Kontakt zu Mädchen und Jungen gehabt hätte ...,
★ das Weinen nicht verlernt hätte ...,
★ mehr Gefühle hätte zeigen dürfen ...“[179]

Die Alternative zu der Methode „Soziometrische Linien“ besteht darin, dass die Aussagen – auf große Plakaten geschrieben – im Raum aufgehängt werden und die Männer diese mit farbigen Klebepunkten bewerten. Beide Methoden werden dazu führen, dass ein inhaltlicher Einstieg gut möglich ist und deutlich wird, dass Jungen in ihrer Jugend vielfältiger und besser gefördert werden können, wenn sich beide Geschlechter aktiv um die Erziehung kümmern.

Ziele und Inhalte von Jungenarbeit

Die vorherigen beiden Methoden haben – von den Erfahrungen der beteiligten Männer ausgehend durch Aussagen eines Wissenschaftlers ergänzt – die Männer für die Problematik „Es fehlen Männer“ sensibilisiert.

In der nun folgenden Phase soll deshalb der Versuch unternommen werden, sowohl Ziele als auch Inhalte für die Jungenarbeit zu bestimmen.

Die Zielbestimmung soll dabei in Zweierteams erfolgen. Die formulierten und auf Pappen aufgeschriebenen Ziele werden in einer anschließenden Runde aufgehängt und der Großgruppe vorgestellt. Ähnliche und sich inhaltlich überschneidende Zielformulierungen werden dabei nebeneinander gehängt.

Es folgt die letzte Phase. Um eine möglichst große Vielfalt von Vorschlägen zu erhalten, welche Inhalte in der Jungenarbeit möglich sind, sollen die Männer in Einzelarbeit die folgende Frage beantworten: „Wenn ich morgen mit der Jungenarbeit anfangen würde, dann würde ich mit den Jungen die folgenden Dinge machen: ...“

Das gegenseitige Vorstellen beendet diese Phase. Nachfragen zur Klärung des gegenseitigen Verständnisses sind erlaubt. Der Moderator verweist darauf, dass

---

[178] Diese Methode ist im Kapitel 7.9 beschrieben.

[179] Sielert (1993: 32–33)

in einer weiteren Phase der Fortbildung „Umsetzung der Jungenarbeit an der Schule“ Ideen, Tipps und Vorschläge zur Umsetzung der Jungenarbeit erarbeitet werden.

Jungen und Konflikte
Methode 1: Vernissage[180]

Die Aussage, zu der die Männer sich ein Bild aussuchen sollen, könnte wie folgt formuliert sein: „Wenn ich unter der Fragestellung: Wie lösen Jungen Konflikte? an die Jungen meiner Klasse oder an einen einzelnen Jungen denke, dann fällt mir dazu folgendes ein.“

Die Präsentation der einzelnen Bilder und ihre Erklärungen werden verdeutlichen, dass es sehr unterschiedliche Jungen gibt. Vermutlich wird deutlich werden, dass ein großer Teil der Jungen überhaupt nicht gewalttätig ist und dass viele Jungen sich nicht alltäglich in Konflikte begeben. Wahrscheinlich wird aber auch deutlich werden, dass fast alle Jungen Unterstützung für die Entwicklung eines partnerschaftlichen Umgangs benötigen. Wie diese Unterstützung aussehen kann, soll die nächste Übung verdeutlichen.

Jungen und Konflikte
Methode 2: Forumtheater[181]

Die Männer werden gebeten, sich an ein oder zwei Situationen zu erinnern, in denen Jungen aus ihrer Schule untereinander Konflikte hatten.

Der Zeit des Nachdenkens und Erinnerns folgt die Phase der gegenseitigen Vorstellungen. Nacheinander lassen die Männer die Situationen wieder lebendig werden.

Der Moderator erklärt nun, dass in der nächsten Stunde zu zwei dieser Situationen szenisch gearbeitet werden soll.

Die Gruppe erhält deshalb den Auftrag, sich für zwei der geschilderten Situationen zu entscheiden. Damit die vorherigen einzelnen Schilderungen nicht verloren gehen, ist es ratsam, diese stichwortartig auf einer Wandzeitung mitzuprotokollieren.

Die Gruppe legt sich fest und bittet die „Fallgeber“ noch einmal, die beiden Fälle möglichst genau zu beschreiben. Nachfragen durch die anderen Männer werden zur Verdeutlichung der Fälle beitragen, so dass nun die „Schauspieler“ bestimmt werden können.

Die „Probezeit“ sollte nicht allzu lange dauern, da es sich ja nicht um ein professionelles Theaterspielen handelt. Mit der Methode des im Methodenkapitel beschriebenen Forumtheater werden vielfältige Verhaltensweisen verdeutlicht.

---

180 Diese Methode ist im Kapitel 7.10 beschrieben.
181 Diese Methode ist im Kapitel 7.2 beschrieben.

Diese Methode hat sich auch in der Arbeit mit Jungen bewährt, da auf spielerische Weise deutlich wird, dass die Veränderung von Situationen von der aktiven und bewussten Einflußnahme der beteiligten Personen abhängig sind.

Berufs- und Lebensplanung

Der Einstieg in dieses Fortbildungsthema könnte durch einen kurzen Vortrag erfolgen, der die wichtigsten Daten zur geschlechtsspezifischen Aufteilung des Ausbildungs- und Arbeitsmarktes zusammenfasst und sich zugleich mit der Verteilung der Haus- und Familienarbeit auseinandersetzt.

Danach kann der Film „Alles Klar? ... Nichts ist Klar!" (Dauer: 46 Minuten) eingesetzt werden. Die Intentionen des Filmes, der für den Unterricht vom neunten Schuljahr eingesetzt werden kann sowie die Einsatzmöglichkeiten werden im folgenden beschrieben. Das dem Film beiliegende umfassende Begleitmaterial enthält zahlreiche weitere didaktisch-methodische Hinweise.

„Der Film will

★ die Jugendlichen anregen, über die eigenen Interessen, Wünsche, Träume, Bedürfnisse hinsichtlich der beruflichen Zukunft und der Beziehungen zu anderen nachzudenken und sie gegebenenfalls auch gegen Widerstände durchzusetzen;

★ den Jugendlichen vermitteln, dass Biographieplanung zumindest zwei Bezugspunkte hat: Beruf *und* Partnerschaft, Kinder, Familie;

★ die Jugendlichen darin unterstützen, sich mit den jeweiligen Bedingungen und Anforderungen der soziokulturellen Umwelt auseinanderzusetzen und auch bei Enttäuschungen nicht aufzugeben;

★ den Jugendlichen vermitteln, dass für die Berufsentscheidung sowohl arbeitsinhaltliche Interessen als auch das Interesse an der Verwertung der erworbenen Qualifikationen von Bedeutung sind;

★ den Jugendlichen vermitteln, dass Berufsfindung ein Prozess ist, der nicht mit der ersten Entscheidung für eine Berufsausbildung abgeschlossen ist;

★ aufzeigen, wie wichtig gerade in schwierigen Situationen Gespräche sind, sei es mit Freundinnen und Freunden oder Eltern oder Menschen, die manchmal eher zufällig des Weges kommen." [182]

Der Film gliedert sich in drei Teile:

★ „Im ersten Teil stehen die Entscheidungen für oder gegen einen bestimmten Beruf, für oder gegen eine Berufsausbildung überhaupt, für oder gegen ein Kind bereits im Jugendalter im Mittelpunkt."

★ Die konkrete Entscheidung bleibt offen. Der Film kann somit nach 20 Minuten abgeschaltet werden. Begründete Lösungen können von den Betrachtern entwickelt werden.

---

[182] Dieses und die weiteren Zitate sind der didaktischen Handreichung (1998: 10–11) mit dem gleichen Titel wie der Film entnommen.

★ „Im zweiten Teil des Filmes, einige Monate später, geht es darum herauszufinden: Was will ich wirklich? Es geht um erste Erfahrungen in der Berufsausbildung bzw. an der zweiten Schwelle beim Übergang von der Ausbildung in den Beruf und in ihren Beziehungen. Es geht um Ent-Täuschungen im Traumberuf, um die Konfrontation mit traditionellen Geschlechterstereotypen ... Offen bleibt am Ende dieser Filmsequenz, wie die einzelnen mit ihren Erfahrungen und Ent-Täuschungen umgehen."

★ Nach weiteren 21 Minuten kann der Film somit noch einmal unterbrochen werden. Wiederum mit dem Ziel, zu vermuten, für welche Wege sich die einzelnen Protagonisten entscheiden werden.

★ „Der dritte Teil des Films besteht aus einzelnen Statements der Hauptpersonen des Films. Sie werfen einen Blick zurück auf die im letzten Jahr gemachten Erfahrungen, versuchen sie einzuordnen und entwickeln neue Zukunftsperspektiven. Ob sie sich einlösen, ob sie zu positiven Entwicklungen oder neuen Enttäuschungen führen, bleibt offen. Deutlich wird, dass die Jugendlichen im Film sich besser kennengelernt haben, dass sie sich selber, ihre Interessen und Fähigkeiten besser einschätzen können und dass sie – allen Widrigkeiten zum Trotz – nicht aufgeben werden."

Die Auswertung des Filmes kann zu der Frage führen, wie mit dem Film u. a. in Jungengruppen in der Schule gearbeitet werden kann. Es kann sich aber eine Vorstellung weiterer Materialien zum Thema anbieten.

Ebenfalls vorstellbar ist die Diskussion über das an der Schule existierende Konzept zur Berufs- und Lebensplanung.

8.4.4 Entspannung und Auflockerung

Ein Fortbildungstag sollte immer wieder durch kleine Entspannungsübungen aufgelockert werden. Bei der Planung der Methoden sollte darauf geachtet werden, dass diese auch bei der Arbeit mit Jungen eingesetzt werden können.

Spiele zur Kooperation
Das Roboterspiel (1)

Jeweils zwei Personen spielen zusammen. Eine ist der Roboter, dem die Augen verbunden werden. Der Roboter setzt sich auf einen bestimmten Laut hin vorwärts in Bewegung setzt. Die andere Person ist der Ingenieur, der den zwischen den Mitspielern verabredeten Laut von sich gibt (Pip-Pip-Pip oder Bum-Bum-Bum ...). Schreit der Ingenieur „Stop", muss der Roboter stehenbleiben. Ziel dieses Kooperationsspiels ist es, dass sich alle Roboter in einem begrenzen Raum bewegen, ohne aneinanderzustoßen und sich zu zerstören.

Das Roboterspiel[183]

An diesem Spiel nehmen jeweils drei Personen teil.
Die zwei Roboter stehen sich Beginn des Spieles Rücken an Rücken gegenüber und starten per Knopfdruck vorwärts. Ziel ist es, die beiden Roboter so zusammenzuführen, dass sie mit den beiden Gesichtern sich gegenüberstehen. Dabei können sie aber auf Hindernisse (Spielraumrand, Gegenstände auf der Fläche und andere Roboter) treffen. Sobald die Roboter eines dieser Hindernisse erreichen, bleiben sie stehen und geben den verabredeten Laut (Pip-Pip-Pip oder Bum-Bum-Bum ...) von sich. Zum Glück gibt es den Ingenieur, der die zwei Roboter in einem begrenzten Raum wieder in Bewegung setzen kann, wenn sie auf die Hindernisse gestoßen sind. Sobald die Roboter diese Hindernisse erreicht, müssen sie stehenbleiben und den vorher verabredeten Laut von sich geben. Durch Berührung der rechten oder der linken Schulter kann sich der Roboter wieder in Bewegung setzen. Er dreht sich dabei in der jeweiligen Richtung um 90 Grad um seine Achse. Für den Ingenieur kann das Spiel eine schweißtreibende Angelegenheit werden.

Spiele zur Vertrauensbildung
Blinder Kreis / Blinde Kette

Alle Personen stehen gut verteilt mit geschlossenen Augen im Raum. Der Spielleiter gibt das Startsignal. Danach begegnen sich die Personen ruhig im Raum und bilden einen Kreis (oder der Größe nach eine Kette). Auch auf die letzte Person wird gewartet. Danach machen alle die Augen auf.

Partner führen / Partner führen und Gegenstände im Raum ertasten

Die Partner werden nach Sympathie eingeteilt. Ein Partner kann sehen, dem anderen werden die Augen verbunden. Der Sehende führt den Blinden durch den Raum, in dem Hindernisse versteckt sind. Mögliche Hindernisse sind:

- Kästen, auf die man steigen kann;
- Flaschen, die nicht umfallen dürfen;
- Ein Tisch, unter dem man eventuell durchkriechen muss;
- Seitliche Begrenzungen (Zickzackkurs).

Variationen:

- Der Blinde wird nur mit einer Hand geführt.
- Der Blinde wird nur mit einem Finger geführt.
- Der Blinde wird nur durch die Wärme der Hand geführt (dann allerdings ohne Hindernisse).

Der Blinde kann auch im Raum zu Gegenständen geführt werden und muss dann diese Gegenstände ertasten. Nachdem ca. 6 Gegenstände ertastet worden sind, nennt der Blinde die Gegenstände. Nach jedem Durchgang werden die Rollen getauscht.

[183] In Anlehnung an Rahier (2000)

Kreiseln lassen

Alle Männer stehen im Kreis, ein Mann in der Mitte.

Der Kreis muss dicht geschlossen sein, alle halten die Hände nach vorn. Der Mann in der Mitte läßt sich nach hinten fallen, wobei der Körper ganz straff gehalten werden muss, ohne einzuknicken. Der Mann in der Mitte wird am Rücken gehalten und im Kreis weitergereicht.

Die Person in der Mitte muss den anderen vollständig vertrauen (Bestes Zeichen hierfür: Er kann seinen Körper straff halten: Wer einknickt, hat kein Vertrauen).

Spiele mit Körperkontakt

(Spiele mit Köperkontakt sind behutsam einzuführen. Bei Fortbildungen mit Männern empfiehlt es sich, die hier vorgeschlagene Reihenfolge einzuhalten, da der Körperkontakt von Übung zu Übung intensiver wird)

Spiegel

Paare stehen sich gegenüber.

Eine Person beginnt, sich morgens zu waschen, zu kämmen. Alles, was nach dem Aufstehen wichtig ist, kann dargestellt werden. Die andere Person stellt den Spiegel dar und hat die Aufgabe, alle Bewegungen der anderen Person nachzumachen. Das geschieht natürlich seitenverkehrt. Wichtig ist, dass die vorgemachten Bewegungen deutlich zu erkennen sind. Das bedeutet auch, dass sie nicht zu schnell vorgemacht werden dürfen.

Das Marionettenspiel

Es werden Spielpaare gebildet. Die Marionette führt die Bewegungen aus, die der Marionettenspieler vorgibt. Die unsichtbaren Fäden befinden sich an den Händen, den Oberarmen, den Füßen, den Schulterblättern und dem Kopf. Die Berührungen erfolgen ganz behutsam, da die Marionette nicht beschädigt werden darf. Auch Kollisionen im Raum zwischen den einzelnen Marionetten sind zu vermeiden. Nach einigen Minuten tauschen die beiden Partner ihre Rollen.

Zauberstab[184]

Ein Holzstab (Besenstil, Stock, längerer Ast), der sogenannte Zauberstab verändert sich durch pantomimisches Spiel in andere Gegenstände. Eine Person nimmt den Zauberstab in die Hand und hat schon eine Vorstellung davon, in welchen Gegenstand sich der Stab verwandeln wird (die anderen Personen haben die Aufgabe, den Gegenstand zu erraten). Ohne Worte fordert er ein oder zwei andere Personen aus dem Stuhlkreis auf, an dieser pantomimischen Rateübung teilzunehmen. Der Spielleiter „positioniert“ die andere(n) Person(en) so, dass recht schnell deutlich wird, welcher Begriff erraten werden soll. Auf diese Weise entsteht unbewußt ein sehr vorsichtiger Köperkontakt.

---

[184] In Anlehnung an Rahier (2000)

Das Burgspiel

Nachdem ein Mann den Raum verlassen hat, stellen sich die anderen Männer im Kreis auf und fassen sich dabei an. Sie bilden eine Burg, in die die andere Person nur eintreten kann, wenn er das richtige „Klingelzeichen“ entdeckt hat. Dieses „Klingelzeichen“ ist vorher zwischen den Burgherren verabredet worden und kann in der Berührung eines Körperteils (Ohr, Nacken, kleiner rechter Finger ...) bestehen. Berührt der Mann die verabredete Stelle, öffnet sich die Burg.

8.4.5 Tipps zur Umsetzung der Jungenarbeit

Kollegen schätzen den Verlauf und die Ergebnisse von Fortbildungen häufig dann als erfolgreich ein, wenn möglichst praktische Hinweise für die Arbeit in der Schule vermittelt worden sind. Hinzu mag kommen, dass die Routine des Arbeitsalltags durch Fortbildungen unterbrochen wird.

In der Praxis der Schulen ist allerdings manchmal zu beobachten, dass eine Veränderung der pädagogischen Arbeit aufgrund von Fortbildungen nur selten erfolgt.

Dies kann unterschiedliche Ursachen haben.

Damit möglichst viele Kollegen nach Beendigung der Fortbildung beginnen können, die neuen Erkenntnisse in der Schulpraxis umzusetzen, empfiehlt es sich, ihnen sehr konkrete und praxisbezogene Materialien an die Hand zu geben.

Umsetzung der Jungenarbeit in der Orientierungsstufe (Organisation, Inhalte und Methoden)

Wenn Schulen der Sek. I mit der Mädchen- und Jungenarbeit beginnen wollen, dann wird dies häufig in den Jahrgangsstufen 5 und 6 geschehen.

Nachdem die Männer durch den bisherigen Verlauf der Fortbildung weiter für das Thema sensibilisiert worden sind und stärker als zu Beginn der Veranstaltung von der Notwendigkeit der Jungenarbeit überzeugt sein werden, macht es nun Sinn, ihnen Tipps und Anregungen für die Umsetzung der Arbeit zu geben.

Dabei erhalten sie in Form eines Readers verschiedene Materialien:

- ★ Ein Artikel zum Geschlechterverhältnis in der Schule (Lemmermöhle, Doris: Persönlichkeitsentwicklung und Geschlecht. Ziele und Ansatzpunkte einer geschlechterbewussten Mädchen- und Jungenbildung. In: Die Deutsche Schule Heft 2 1996)
- ★ Zwei Artikel zum Thema „Jungenkonferenzen“ (Beispiel für die Grundschule und die Sek. I)
  (Biermann, Christine/ Boldt, Uli: „Die Jungen packen eher bei den Männern aus“ – Jungenkonferenzen. In: PÄDAGOGIK Heft 5/ 1999 Hamburg 1999 und Biermann, Christine/Schütte, Marlene: Kommunikation und Interaktion am Beispiel der Mädchen- und Jungenkonferenzen. In: Landesinstitut für

Schule und Weiterbildung: Neue Wege zur Gestaltung der koedukativen Schule – Dokumentation der Fachtagung 12. und 13. März 1997. Soest 1998)

★ Materialpaket und Literaturhinweise mit inhaltlichen und methodischen Beispielen zur Jungenarbeit in den Jahrgängen 5 und 6 (Das Material kann aus diesem Buch zusammengestellt werden.)

Wenn die Zeit ausreicht, wird es Sinn machen, über die kurze Kommentierung der Materialien hinaus vielleicht das eine oder andere praktische Beispiel für die Jungenarbeit auszuprobieren. Dies kann die Motivation für die Arbeit mit den Jungen noch einmal erhöhen.

Berufs- und Lebensplanung

Die Umsetzung der geschlechterbewussten Bildungsarbeit an den einzelnen Schulen der Sekundarstufe I beginnt oftmals mit einer Neugestaltung der Inhalte bezüglich der Berufs- und Lebensplanung.

Auch zu diesem Thema sollte den Männern ein Reader an die Hand gegeben werden, der die folgenden Materialien enthalten kann:

★ Artikel zur Berufs- und Lebensplanung von Mädchen und Jungen (Lemmermöhle, Doris: Den eigenen Lebensweg entwerfen und gestalten. in: Computer + Unterricht (Heft 34/1999), 12ff.)

★ Materialien zur Problematisierung des Erweiterten Arbeitsbegriff in den Jahrgängen 5 und 6
(Boldt, Uli: Materialien zum Thema „Wer hilft mit bei der Hausarbeit? In: Boldt (2000) und: Materialien zum Thema Haushaltspass aus diesem Buch und: Biermann, Christine: Mädchen- / Jungenprojekte in den Forschungs- und Entwicklungsplänen von 1990–1997. In: Biermann, Christine (Hrsg.): Kritische Koedukation: Mädchen und Jungen in der Laborschule. Bielefeld 1997)

★ Materialien für geschlechtshomogene Unterrichtsphasen im Bereich der Vor- und Nachbereitung der Betriebs- und Berufspraktika (Selbstsicherheitstraining, Bewerberseminare, Vereinbarkeit von Familie und Beruf)

Organisatorische Hinweise

Oftmals stehen organisatorische Zwänge der Umsetzung einer geschlechterbewussten Bildung im Wege. Durch kreatives Nachdenken durch das Nutzen schulischer Nischen und durch die Suche nach Kooperationspartnern mag es leichter möglich sein, Ansätze wie die Durchführung von Mädchen- und Jungenkonferenzen in der Schule abzusichern.

★ Ideal ist es, wenn eine Klasse von einer Frau und einem Mann geleitet wird.

★ So können die doppeltbesetzten Stunden gut zur Trennung der beiden Geschlechter genutzt werden.

★ Gibt es in der Schule in den unteren Jahrgängen ein offenes Förderkonzept, so kann man die Mädchen- und Jungenarbeit gut in diesem Förderkonzept (auch abgesichert durch eine Festschreibung im Schulprogramm) verankern.
★ Gibt es dieses Förderkonzept nicht, so können durchaus auch Randstunden in der Form genutzt werden, dass ein Teil der SchülerInnen (die Mädchen oder die Jungen) mit Aufgaben nach Hause geschickt werden.
★ Wenn die Eltern den Bereich der geschlechterbewussten Bildung als für ihre Kinder bedeutsam einschätzen, muss die Schule sich dazu positiv verhalten. Der ständige Dialog mit den Eltern ist mit eine Grundvoraussetzung dafür, dass die Schule Ressourcen für diese Arbeit zur Verfügung stellen kann.
★ Für den Fall, dass es SchulsozialarbeiterInnen gibt, sollte man auf jeden Fall die Kooperation mit diesen suchen.
★ Gibt es diese nicht, so sollte man sich auf die Suche nach außerschulischen PartnerInnen begeben (Pro Familia, Jugendämter ...).
★ In Zusammenarbeit mit außerschulischen Einrichtungen sollten auch für kleinere Gruppen des Kollegiums Fortbildungen angeboten werden.

8.4.6 Evaluation und Auswertung

Auch wenn die Zeit knapp ist, sollte auf eine kurze Auswertung der Fortbildung nicht verzichtet werden. Der Moderator erhält auf diese Weise wichtige Hinweise für die weitere Planung seiner Arbeit. Folgende methodische Vorgehensweisen haben sich für die Evaluation von Fortbildungen bewährt:

Stummes Schreibgespräch

Im Raum verteilt liegen große Bögen und eine ausreichende Anzahl von Eddings. Diese sind mit den folgenden Satzanfängen beschriftet.

★ Was ich noch sagen wollte ...
★ Gelernt habe ich heute ...
★ Wichtig war für mich heute ...
★ Gar nicht gefallen hat mir heute ...
★ In der Zukunft werde ich ...

Die Bögen werden im stummen Schreibgespräch bearbeitet, indem die Satzanfänge beendet werden.
Zum Schluß gibt der Moderator eine kurze Rückmeldung über die wahrgenommenen Kommentare.

Telegramm

Die Männer werden gebeten, ein kurzes Telegramm (exakt 20 Worte) an ihre Schulleitung, an einen Kollegen, an die Lebenspartnerin ... zu schreiben und dabei Stellung zu der Fortbildung zu beziehen.

Die Telegramme werden in einer üblicherweise humorvoll geprägten Abschlußrunde vorgelesen und können dem Moderator übergeben werden.

Evaluationsbogen

Zu Beginn der Veranstaltung werden den Männern Evaluationsbogen gegeben. Sie werden gebeten, im Verlauf der Veranstaltung (während der Pausen) jeweils Teile dieses Bogens auszufüllen.

Der Moderator sammelt die Bogen beim Ende der Veranstaltung ein und sagt die Übersendung der Ergebnisse an die Männer zu.

8.5 Unterstützung durch regionale Arbeitskreise

„Ich sende Ihnen heute einen Vorschlag für einen „Regionalen Arbeitskreis Koedukation und Schulentwicklung" zu ...

Wir ... stellen uns vor, nach einem ähnlichen Konzept wie die schon seit einigen Jahren praktizierenden Arbeitskreise „Mädchen- und Jungenförderung" bei der Bezirksregierung Düsseldorf zu arbeiten ...

Anders als die Düsseldorfer Arbeitskreise wollen wir weitgehend „koedukativ" tagen, was phasenweise Trennungen bzw. Frauen- und Männersitzungen nicht ausschließt.

Vier ganztägige Sitzungen im Jahr, die thematisch zu Anfang eines jeweiligen Schuljahres mit Termin, Ort und Inhalt festgelegt werden, scheinen uns ein guter Rhythmus zu sein ...

Unterstützung von der Bezirksregierung erhoffen wir in Form von Freistellung der Mitglieder von ihrer jeweiligen Unterrichtsverpflichtung für den Sitzungstag, bei Bedarf Fahrtkostenerstattung und evt. Honorare für ReferentInnen ..."[185]

Die zuständige Bezirksregierung hat nahezu alle Wünsche der AntragstellerInnen wurden erfüllt.

Der Arbeitskreis ist gegründet, funktioniert nun schon im zweiten Jahr. Lediglich der gewünschte Umfang der vier Sitzungen im Jahr wurde von 8 Zeitstunden auf 5 reduziert.

Worin bestanden die Motive für die Bildung dieses Arbeitskreises?

Welche Aufgaben soll er erfüllen?

Wie sieht die praktische Arbeit aus?

Mehr oder weniger zufällig hatten Bielefelder LehrerInnen von der Existenz der in dem Schreiben angeführten Arbeitskreise in Regierungsbezirk Düsseldorf erfahren. Ein Mitglied dieses Arbeitskreis hatte mehrfach geschildert, dass im Düsseldorfer Raum seit einigen Jahren je ein Arbeitskreis zur Mädchen- und zur

---

[185] Aus einem Schreiben von Frau Biermann an die Bezirksregierung in Detmold (Bundesland NW) Juni 1999.

Jungenförderung existieren, die sich regelmäßig viermal pro Schuljahr treffen.

Während einer Tagung in der Laborschule Bielefeld zum Thema „Koedukation und Schulentwicklung“ entstand der Gedanke, sich regelmäßig schul- und schulformübergreifend treffen zu wollen. Das Ziel bestand in erster Linie in einer Intensivierung des Erfahrungsaustausches zwischen KollegInnen, die an den Schulen überwiegend als „EinzelkämpferInnen“ arbeiten.

Der Genehmigung des Arbeitskreises durch die Bezirksregierung erfolgte rasch die inhaltliche Konkretisierung seiner Aufgabenfelder. Währen des ersten Treffens formulierten die 20 TeilnehmerInnen (14 Frauen und 6 Männer) ihr Interesse an

- ★ Inhaltlichen Diskussionen (Grundlagenliteratur, Konzepte der Mädchen- und Jungenarbeit, Koedukation und Schulprogrammentwicklung usw.),
- ★ Informationsaustausch (Fortbildungen, Unterrichtsmaterialien, außerschulische Unterstützung, Finanzierungstipps usw.),
- ★ Austausch über Methoden (Material- und Ideenbörse, Methoden selber ausprobieren usw.) und
- ★ Entwicklung der Curricula (Veränderung der Inhalte und Methoden in einzelnen Fächern, neue Konzepte im Bereich von Sexualerziehung und Berufs- und Lebensplanung usw.).

Inhaltlich und methodisch werden die Sitzungen jeweils von einer Frau und einem Mann vorbereitet. Die Vorbereitung und Durchführung wechselt zwischen den einzelnen TeilnehmerInnen ab.

Eine endgültige Einschätzung der Bedeutung dieses Arbeitskreises ist zu diesem Zeitpunkt sicherlich noch nicht möglich. Die Reaktionen der TeilnehmerInnen auf die ersten Treffen lassen aber die folgenden Schlüsse zu:

- ★ Der regelmäßige Austausch fördert die eigenen inhaltlichen Kompetenzen in Bezug auf das Thema.
- ★ Er fördert zugleich in hohem Maße die eigene Methodenkompetenz.
- ★ Die KollegInnen können sich gestärkter den innerschulischen Diskussionen stellen. Für diese Diskussionen können sich die TeilnehmerInnen gegenseitig in die Schulen einladen.
- ★ Zwischen den Treffen können einzelne Personen sich zwecks intensiverem Erfahrungsaustausches treffen.
- ★ Für eine Intensivierung der Arbeit in der Männergruppe sollten noch mehr männliche Mitglieder gefunden werden.

Zu hoffen ist, dass diese Erfahrungen Mut machen, ähnliche Arbeitskreise in vielen Orten entstehen zu lassen.

9 Zur Arbeit mit den Eltern

Einstellungen und Meinungen von Mädchen und Jungen werden entscheidend von den Elternhäusern mitgeprägt. Auch die Eltern tragen dazu bei, dass die Jugendlichen geschlechtsspezifische Einstellungen entwickeln, wobei der Einfluß der Mütter und Väter häufig eher unbewusst und subtil ausgeübt wird. Oftmals ist den Eltern ihre Funktion bezüglich der Entwicklung der Geschlechtsidentität ihrer Kinder nicht bewusst.

Vor diesem Hintergrund ist es unverständlich, dass die Lehrkräfte nicht intensiver versuchen, die Eltern inhaltlich in die Erziehungsarbeit miteinzubeziehen. Elternarbeit reduziert sich oftmals auf die Verkündung von Formalia, auf die Bekanntgabe von Klassenfahrtterminen und -zielen. Inhaltliche Diskussionen mit den wichtigen Ratgebern der Mädchen und Jungen, den Eltern, finden leider häufig nicht statt.

„Neue pädagogische Ansätze wie die geschlechterbewusste Bildungsarbeit bieten die Chance, in einen Dialog und inhaltlichen Austausch mit den Eltern zu treten. Führt man diese Auseinandersetzung nicht, so wird nicht nur die Chance vergeben, die Eltern stärker und ihrer Bedeutung angemessen in die pädagogische Arbeit einzubinden. Man kann auf diese Weise leicht Unverständnis, Widerstände, Irritation und Protest gegen eine grundsätzlich von den Elternhäusern befürwortete Arbeit produzieren. Zweifel an der inhaltlichen Arbeit der Schule durch die Eltern wird aber das Erreichen der Zielsetzungen auf Seiten der Jugendlichen erschweren.“ [186]

Auch bezüglich der Elternarbeit sollten die LehrerInnen darauf achten, dass sie die Eltern dort abholen, wo sie stehen. Die Meinungen der Eltern zu erfragen, ihre Fragestellungen ernst zu nehmen sollte Vorrang haben gegenüber einem fachdogmatischen und autoritären Auftreten von Seiten der LehrerInnen. Es gilt, die Kompetenzen der Eltern bezüglich ihrer pädagogischen Arbeit anzuerkennen und sie durch gemeinsame Begegnungen mit den anderen Eltern und durch den Austausch mit der Schule zu erhöhen.

Innerhalb des Modellversuches „Konfliktbewältigung für Mädchen und Jungen“ hat die begleitende Elternarbeit einen wichtigen Schwerpunkt der Arbeit ausgemacht. Von der Erkenntnis ausgehend, dass es leider „noch zu wenig Ansätze für die Elternfortbildung gibt“ [187], haben die PädagogInnen verschiedene Ansätze der Arbeit mit den Eltern ausprobiert. Ihre Erfahrungen lassen sich in wenigen Empfehlungen zusammenfassen:

★ Aus arbeitsökonomischen Gründen bietet es sich an, Elternabende von verschiedenen Klassen zusammenzufassen.

[186] Boldt (2000)
[187] Senatsverwaltung für Schule, Jugend und Sport Berlin (1998: Bd. 1; 183)

★ Die Arbeit mit den Eltern sollte über die verschiedenen Schuljahre hinweg kontinuierlich und regelmäßig stattfinden. Ein Elternabend pro Schuljahr zu einem Themengebiet, das der Jungen- und Mädchenarbeit zugeordnet werden kann, sollte zum „Pflichtprogramm“ der Elternarbeit gehören.[188]

★ Es bietet sich an, spezielle Arbeitskreise für die Mütter und Väter anzubieten, damit intensiver zu der Frage gearbeitet werden kann, wie Geschlechtsstereotypen von den beiden Geschlechtern an die Töchter und Söhne weitervermittelt werden.

★ Es bietet sich an, für einige inhaltliche Fragestellungen ReferentInnen[189] einzuladen (An einigen Schulen arbeiten speziell ausgebildete BeratungslehrerInnen oder SozialarbeiterInnen, die diese Rolle übernehmen können.).

★ Die Angebote für Eltern sollten nicht nur in Referaten und langen Vorträgen bestehen, sondern durch Methoden gestaltet und aufgelockert werden, die die Eltern motivieren und überzeugen können.

★ Elternarbeit im Rahmen der geschlechterbewussten Bildungsarbeit sollte ebenso wie die praktische Arbeit mit den Mädchen und Jungen möglichst vor Beginn der Pubertät einsetzen.

Ergänzend zur klassen- oder jahrgangsbezogenen Elternarbeit sollte auch die Schulpflegschaften grundsätzlich über die Arbeit informiert werden.

Die Verankerung der geschlechterbewussten Bildungsarbeit im Schulprogramm einer Schule sichert nicht nur formal diesen Arbeitsschwerpunkt ab, sondern bietet darüberhinaus eine weitere Möglichkeit, die inhaltliche Diskussion mit den Eltern zu führen.

[188] An vielen Schulen werden die normale Elternarbeit ergänzend Elternstammtische durchgeführt. Die dort vorherrschende ungezwungenere Atmosphäre bietet oftmals einen guten Rahmen, unterschiedliche Themen und Fragestellungen vertiefend zu besprechen.

[189] Der Serviceteil bietet einen Überblick über Einrichtungen und Institutionen, die in der Regel kostenlos ReferentInnen für die Elternarbeit zur Verfügung stellen.

10 Ein Ausblick, der Mut macht

Der Gesamtschulkollege Christian, der seit ca. zehn Jahren praktische Erfahrungen im Bereich der Jungenarbeit und durch die Leitung von Fortbildungen für Männer macht, hat in einem mit ihm geführten Gespräch die folgenden Aussagen gemacht, die allen an der Jungenarbeit interessierten Männern Mut machen können. Zugleich spiegeln die Äußerungen von Christian auch einige Probleme wieder, die sich wahrscheinlich an jeder Schule ergeben werden.

„... als unsere Klasse im achten Jahrgang war, traten die Frauen an uns heran. Die hatten ein Projekt geplant, das „Mädchen und Berufswelt" hieß. **Und was machen wir mit den Jungs?** 14 Jungs – da waren die Klassenlehrer überfordert, weil es kein Konzept gab, keine Ideen, was denn da gemacht werden sollte ...

... und da haben wir dann ganz schnell gemerkt, **die achte Klasse ist überhaupt nicht geeignet, wenn nicht vorher schon 'ne Jungenarbeit gemacht wird, dann haben wir in der achten Klasse schon verspielt.** Und deswegen haben wir ganz schnell dann die Sache umgestellt, haben gesagt, wir müssen im fünften Jahrgang anfangen ...

... von Anfang an waren wir **immer eine Gruppe**, ich war nie alleine. Das habe ich immer als gut empfunden ...

... waren wir immer zu viert – na ja, drei LehrerInnen und Ulla als Sozialarbeiterin. Wir haben immer versucht, **die Sozialarbeiterinnen mit einzubeziehen**, weil es ja auch ein ganz wichtiges Thema der Schulsozialarbeit ist ...

... und was ich immer gemerkt habe, es ist die Bereitschaft da, zu sagen: selbst, wenn ich nicht genau dahinterstehe, selbst, wenn ich damit Probleme habe, ich sehe erst mal zu, was ihr da macht. Und **ich laß mich einfach erst einmal ein**, das finde ich eine ganz wichtige Sache. **Das empfinde ich als Chance in diesem Kollegium ...**

... einige Kollegen sagen aber auch, dass ihnen die **Vielfalt von Aufgaben über den Kopf wächst**, andere meinen, dass Schule wichtigere Aufgaben hat. Wiederum andere sagen, dass Schule doch nur eine Aufgabe hat, nämlich die der Wissensvermittlung ...

... allerdings hilft in diesem Fall die **Institutionalisierung** ganz gut. Wir haben dann vor ungefähr sieben Jahren **einen Beschluß der Lehrerkonferenz herbeigeführt, dass im fünften Schuljahr ein Mädchen- und Jungenprojekt stattfindet**. Und zwar auch mit diesen Thematiken: Selbstbehauptung, Selbstwahrnehmung und mit dem Konzept. Da hatten wir dann irgendwie eine ganz gute Diskussion davor und 60 % der Lehrer und Lehrerinnen haben dann zugestimmt und in der Schulkonferenz war auch allgemeine Zustimmung ...

... den Beschluss haben wir nie umgeschmissen ... unser Schulleiter hat uns immer gut unterstützt. Die erste Unterstützung war die, zu sagen, hier der äußere Rahmen, den gebe ich euch. Das heißt, wenn irgendein Lehrer sagt, ich mache das Projekt nicht mit und meine Klasse darf auch nicht und will auch nicht, dann werde ich als Schulleiter dafür sorgen, dass die Klasse das Projekt macht ...

... für mich persönlich war das eine ganz schwere Aufgabe: Ich hatte ja mehrere Aufgaben. Ich musste erst mal selbst ran, mich selbst rantasten, mich selbst schlaufragen, mich selbst bilden und ich musste gleichzeitig auch andere Kollegen überzeugen, dass sie zwei Projekttage mit den Jungs durchhalten ...

... wir hatten Teamer von Pro Familia, die uns fortgebildet haben. **Die Fortbildungen waren das Beste überhaupt.** Ich habe dadurch ganz viel gelernt: bezüglich der geschlechtsspezifischen Sichtweise und auch in Bezug auf Methoden ...

... danach haben wir dann Projekttage durchgeführt. **Die Erfahrungen waren durchaus sehr unterschiedlich.** Also die einen waren sehr begeistert davon, einfach mal rauszugehen, vor allem, weil unser Projekt nicht in der Schule stattfand, sondern im Freizeitzentrum. Das haben die als eine gute Idee empfunden und haben das weitergeführt. Ich weiß noch, dass ein Kollege richtige „Aha-Erlebnisse" hatte und gesagt hat, das müssen wir unbedingt weitermachen. Und andere wiederum, die haben schlechtere Erfahrungen gemacht, für die war eben auch diese Unsicherheit sehr groß. Und diese Unsicherheit wurde nicht bearbeitet, sondern weggeschoben. Und wenn man zum Beispiel im neunten Schuljahr nachfragte, dann war nichts mehr da ...

... dem Neuen abwartend gegenüberstehen, ist wohl wirklich eine allgemeine Haltung der Pädagogen. Das ist schon klar. Und bei uns ist es eben so, durch die etwas unsicheren Anfänge gibt es immer noch die Haltung: Na ja, das Mädchen und Jungenprojekt ist umstritten. **Und wir müssen immer wieder kämpfen.** Das finde ich auch nicht schlecht. Das regt ja auch immer wieder die Diskussion an und auch durch die Art und Weise, wie es dann diskutiert wird, merke ich immer wieder, wohin die ganze Sache läuft, ob ich mit Unterstützung rechnen kann oder mit mehr Gegenwind ..."[190]

[190] Auszüge aus einem im Jahr 1998 geführten Gespräch mit Christian Gembus (Lehrer an einer Bielefelder Gesamtschule)

11 Serviceteil

Die in dem Serviceteil enthaltenen Informationen erheben nicht den Anspruch auf Vollständigkeit. Sollten wichtige Hinweise bezüglich einiger Veröffentlichungen (vor allem des didaktischen Materials) oder der Kooperationspartner fehlen, so sind der Autor und der Verlag daran interessiert, hierzu Informationen zu erhalten.

Für die einzelnen Veröffentlichungen und Materialien werden stichwortartig die Inhalte skizziert.

11.1 Grundlagenliteratur

Kaiser, Astrid (Hrsg.): Koedukation und Jungen. Soziale Jungenförderung in der Schule. Weinheim 1997

★ Darstellung der männlichen Sozialisation
★ Ansätze zur Förderung der sozialen Kompetenzen von Jungen
★ „Hausarbeitsdidaktische" Anregungen für die Arbeit in der Schule

Landesjugendamt Westfalen-Lippe – Fachberatung Jugendarbeit (Hrsg.) Leitbild Männlichkeit?! – Was braucht die Praxis der Jungenarbeit? Münster 1996

★ Breite Darstellung der Leitbilddiskussion
★ Kontroverser Diskurs über das Problem „Männlichkeit"
★ Didaktische Anregungen zur Unterstützung der Jungen in Bezug auf ihre Identitätsentwicklung
★ *(Bezugsadresse: Landesjugendamt Westfalen-Lippe – Fachberatung Jungenarbeit, Warendorferstr. 25, 48133 Münster)*

Landesjugendamt Westfalen-Lippe – Fachberatung Jugendarbeit (Hrsg.): Methoden aus der Jungenarbeit. Münster 1998

★ Arbeitsprinzipien zur Jungenarbeit
★ Praxisberichte zur Jungenarbeit (Alkohol und Männlichkeit; Sexualität; Berufsorientierung usw.)
★ *(Bezugsadresse: Landesjugendamt Westfalen-Lippe – Fachberatung Jungenarbeit, Warendorferstr. 25, 48133 Münster)*

Möller, Kurt (Hrsg.): Nur Macker und Macho? Geschlechtsreflektierende Jungen- und Männerarbeit. Weinheim und München 1997

★ Grundzüge männlicher Sozialisation
★ Inhalte und Methoden zur geschlechterbewussten Arbeit mit Jungen
★ Darstellung von Praxismodellen für die Jungenarbeit

Schnack, Dieter/Neutzling, Rainer: Kleine Helden in Not. Jungen auf der Suche nach Männlichkeit. Hamburg 1990
- ★ Darstellung der Sozialisationsbedingungen von Jungen
- ★ Skizzierung der Probleme von Jungen
- ★ Begründung für die Entwicklung von Konzepten zur Jungenarbeit

Schnack, Dieter/Gesterkamp, Thomas: Hauptsache Arbeit? Männer zwischen Beruf und Familie. Hamburg 1996
- ★ Darstellung der Veränderungen im Bereich der Erwerbsarbeit
- ★ Konsequenzen für die Berufs- und Lebensplanung von Jungen durch die Veränderung im Bereich der Erwerbsarbeit

Zimmermann, Peter: Junge, Junge! Theorien zur geschlechtstypischen Sozialisation und Ergebnisse einer Jungenbefragung. Dortmund 1998
- ★ Darstellung von Sozialisationstheorien von Jungen
- ★ Präsentation von Ergebnissen der Schulforschung
- ★ Diskurs über die Frage der Notwendigkeit der Entwicklung einer Jungenpädagogik

11.2 Didaktische Materialien

Grote, Christof/Reidt, Guido, Wegner, Lothar: Bennys Beziehungskiste. Reusen 1998
- ★ Entscheidungsspiel zum Thema Liebe, Freundschaft und Lebensplanung
- ★ *(Bezugsadresse: Arbeitskreis Jungenpädagogik Reutlingen, c/o Lothar Wegner, Jesingerstr. 4, 72119 Reusen)*

Klaus ter Horst u. a.: TabuDU
- ★ In diesem Lernspiel geht es um das Thema Sexualität. Dabei stehen Themen wie Grenzen achten und sexuelle Belästigung im Vordergrund. Es kann mit Jugendlichen ab 14 Jahren gespielt werden.
- ★ *(Bezugsadresse: Fachhandel Donna Vita – Adresse in Kapitel 11.3)*

Landesinstitut Schleswig-Holstein: 88 Impulse zur Gewaltprävention
- ★ Beschreibung von Projekten mit Schulklassen in unterschiedlichen Schulformen, Schulstufen
- ★ Darstellung der Grobplanung und der Erfahrungsberichte
- ★ Darstellung von Methoden
- ★ *(Bezugsadresse: Landesinstitut Schleswig-Holstein für Praxis und Theorie der Schule (IPTS), Schreberweg 5, 24119 Kronshagen bei Kiel)*

Landesstelle Jugendschutz Niedersachsen: Halbe Hemden – Ganze Kerle. Hannover 1998
- ★ Knappe theoretische Auseinandersetzung mit dem Thema Jungen und Gewalt

- ★ Darstellung von Methoden für die Jungenarbeit
- ★ Praktische Hinweise für die Durchführung von Jungenarbeit
- ★ *(Bezugsadresse: Landesstelle Jugendschutz Niedersachsen, Leisewitzstr. 26, 30175 Hannover)*

Medienprojekt der Stadt Wuppertal: Jungenlust – Jungenfrust: Jungensexualität". Wuppertal 1997

- ★ Diese zwölfteilige Videoproduktion kann beim Medienprojekt der Stadt Wuppertal (Neumarkt 10, 42103 Wuppertal) ausgeliehen und gekauft werden.
- ★ Außerdem können unter der gleichen Adresse die folgenden Videoproduktionen ausgeliehen oder erworben werden:
  - ★ „Sexualität No. 3" (Eine Zusammenstellung von 43 themenzentrierten Jugendvideoproduktionen (250 Min.)
  - ★ „nicht mit uns" (9 Jugendvideoproduktionen gegen sexualisierte Gewalt: 74 Min.)
  - ★ „hitan. Zur Beschneidung von moslemischen Jungen" (Eine thematische Jugendvideoproduktion: 35 Min.)

Neutzling, Rainer/Fritsche, Burkhard: Ey Mann, bei mir ist es genauso! Cartoons für Jungen – hart an der Grenze vom Leben selbst gezeichnet. Köln 1992

- ★ Zeichnerische Präsentation alltäglicher Lebenssituationen von Jungen
- ★ Darstellung diverser Themen wie z. B. Ausgrenzung, Außenseiter und sexueller Mißbrauch an Jungen

Niedersächsisches Frauenministerium: Alles Klar? ... Nichts Ist Klar!

- ★ Film zur Berufsorientierung und Lebensplanung
- ★ *(Bezugsadresse: Niedersächsisches Landesinstitut für Fort- und Weiterbildung im Schulwesen und Medienpädagogik (Dezernat 4), Stiftstr. 13–15, 30153 Hannover)*

Pro Familia: Das Sexspiel

- ★ Ein Spiel für Jugendliche ab circa 13 Jahren, indem es um Freundschaft, Liebe und Sexualität geht. Gedanken werden ausgetauscht, Gefühle benannt und das Reden über die Themen gefördert.
- ★ *(Das Spiel ist bei den örtlichen Stellen von Pro Familia und bei dem Versandhandel Donna Vita – Bezugsadresse in Kap. 11.3 – zu beziehen.)*

Senatsverwaltung für Schule, Jugend und Sport (Hrsg.): Mädchen sind besser – Jungen auch. Konfliktbewältigung für Mädchen und Jungen – ein Beitrag zur Förderung sozialer Kompetenzen in der Grundschule. Berlin 1998

- ★ Beschreibung der Ziele und Intentionen eines Bund- Länder-Modellversuches mit dem Thema „Mädchen sind besser – Jungen auch" und Darstellung der Ergebnisse
- ★ Darstellung von Konzepten zur Konfliktbewältigung für die Mädchen- und Jungenarbeit

★ Auflistung von Methoden und Materialien zu verschiedenen Inhalten der Mädchen- und Jungenarbeit

Sielert, Uwe: Jungenarbeit – Praxishandbuch für die Jungenarbeit (Teil 2). Weinheim – München 1993

★ Konzeptionelle Hinweise für die Jungenarbeit (schulische und ausserschulische)
★ Didaktische Anregungen
★ Methodische Hinweise und Materialien zu verschiedenen Themen der Jungenarbeit
★ Darstellung der Grundlagen der Jungensozialisation

Torsten Otting: Das Jungenspiel

★ Brettspiel für Gruppen
★ Themenbreiche sind: „Liebe, Freundschaft, Sexualität“, „Zukunftsperspektiven“, „Mann / Frau“ und „Gewalt“
★ *(Bezugsadresse: Thorsten Otting, Hermannstr. 42a, 33602 Bielefeld)*

Ucello: Junge, Junge

★ CD-Rom mit Liedern zur Jungenarbeit
★ *(Erhältlich beim Versand Donna Vita – Adresse s. o.)*

Verlag an der Ruhr: Müssen Jungen aggressiv sein? Mülheim 1998

★ Methoden und Übungen zur Arbeit mit Jungen
★ Beschreibung eines 20-stündigen Kurses zur Jungenarbeit

11.3 Jugendliteratur

Bass, Ellen/Kaufmann, Kate: Wir lieben, wen wir wollen. Berlin 1999

Auszug aus dem Klappentext: „Ein Buch, das homosexuellen Jugendlichen dabei hilft, sich selbst anzunehmen und die Anerkennung anderer einzufordern.“

Bauer, Marion Dane (Hrsg.): Am I blue? 14 Stories von der anderen Liebe. Hamburg 1996

Auszüge aus dem Klappentext: „Die 17-jährige Winnie liebt Tommy, den heißesten Skater von Santa Cruz, bis Tommy ihr eröffnet, was er selbst soeben herausgefunden hat: Er liebt Männer. – Thea und Cindy fliegen vom Internat, weil ihnen ‘unzüchtige Handlungen’ unterstellt werden. Und erst da wird beiden klar, was sie im Geheimen schon lange wussten: dass sie sich lieben“ … „14 meisterhafte Storys über die Verwirrung der Gefühle – ausgelöst durch die alles entscheidende Frage: Warum liebe ich anders als die anderen?“

Bolte, Marion/Corves, Gisela/Maiwurm, Bärbel: Total verknallt – Ein Liebeslesebuch. Hamburg 1994

Aus dem Klappentext: „In diesem Buch erzählen Jugendliche von ihrer großen Liebe, von Herz und Schmerz, von Traumtypen und Schönheitsidealen, von Leidenschaften, cooler Anmache und zarten Annäherungsversuchen.“

Braun, Joachim/Kunz, Daniel: Weil wir Jungen sind – Körper, Sexualität und Lust

Aus dem Klappentext: „Joachim Braun und Daniel Kunz ... haben die häufigsten Fragen von Jungen zu Themen zusammengefasst und alphabetisch geordnet. Die alphabetische Reihenfolge soll helfen, schnell das Thema zu finden, das am meisten interessiert."

Grossmann, Thomas: Schwul – Na Und? Hamburg 1999

Auszug aus dem Klappentext: „Die eigene Sexualität entdecken, Partner finden, sich endlich nicht mehr verstecken und tarnen – dazu will dieses Standardwerk für jungen Homosexuelle ... Mut machen. Offen und persönlich geschrieben, will es dazu beitragen, die vielen Vorurteile und Zerrbilder abzubauen."

Klaus Kordon: Das ist Harry. München 1996

Auszug aus dem Klappentext: „Einer, der am liebsten in der Besenkammer vor sich hinträumt, der Fußball hasst und Puppen liebt, so einer – das ist Harry. Zusammen mit den zwei älteren Brüdern Rolli und Jochen, der Mutter und einer Tante wächst er im Nachkriegsdeutschland auf engstem Raum auf. „Nach wem der Junge bloß kommt?" sagt Tante Ida oft. "In unserer Familie hat es so einen noch nie gegeben!" Rolli und Jochen setzen alles daran, dass aus dem 'Mädchenbruder' ein 'richtiger' Junge wird, doch Harry findet ganz eigene Wege sich zu behaupten"

Lebert, Benjamin: Crazy. Köln 1999

Auszug aus dem Klappentext: „Das war alles ein wenig viel für mich heute: Anstatt zu schlafen, eine Feuerleiter hinaufzuklettern, zu saufen, was das Zeug hält, mal eben ein bißchen zu vögeln und nebenbei erwachsen zu werden. Das reicht für eine Nacht. Da würde jeder kotzen, glaube ich."

Robshaw, Brandon: Die phantastischen Abenteuer des Raincot Man. Hamburg 1995

Aus dem Klappentext: „Mit allem hätte Tim gerechnet, nur nicht damit, dass seine selbsterfundenen Comic-Helden einmal lebendig werden könnten. Zu allem Überfluss übertragen sie ihm auch noch ihre magischen Kräfte. Plötzlich ist Tim, der Mickrige, der stärkste Jungen auf dem Schulhof – damit muss er erst einmal fertig werden!"

11.4 Kooperationspartner, Adressen

Deutscher Gewerkschaftsbund

★ Bezuschusste Seminarfahrten für Schulklassen zum Thema Berufs- und Lebensplanung für Mädchen und Jungen

Donna Vita

- ★ Fachhandel für didaktische Materialien zu verschiedenen Themen der Mädchen- und Jungenarbeit
- ★ Regelmäßige Herausgabe eines Kataloges mit ausführlichen Beschreibungen der Materialien
- ★ *(Adresse: Donna Vita, Postfach 5 – Post Husby, D-24973 Runmark)*

Institut für geschlechtsbezogene Pädagogik, c/o „Alte Molkerei Frille", Freithof 16, 32469 Petershagen

- ★ Durchführung von Seminaren für Mädchen und Jungen
- ★ Fortbildungen für Frauen und Männer
- ★ Vermittlung von TeamerInnen

Institut für Sexualpädagogik: Huckarterstr. 12, 44147 Dortmund

- ★ Angebot von Fortbildungen
- ★ Berufsbegleitende Fortbildungen
- ★ Versand von Materialien
- ★ *(Adresse: Institut für Sexualpädagogik, Huckarterstr. 12, 44147 Dortmund)*

Örtliche Jugendämter, örtliche Beratungsstellen wie Pro Familia oder Arbeiterwohlfahrt, örtliche Polizeistellen

- ★ Vermittlung von ReferentInnen für die Elternarbeit
- ★ Angebot von Fortbildungen für LehrerInnen
- ★ Vermittlung von TeamerInnen für die Mädchen- und Jungenarbeit
- ★ Angebot von bezuschussten Fahrten von Schulklassen mit geschlechtsspezifischen Inhalten

12 Methodenübersicht

Seite	Name der Methode	Selbst- und Fremdwahrnehmung	Förderung der Kommunikation	"Einfach nur mal Spielen" - Aktion	Raumaneignung/ Ausgrenzung/ Grenzziehung	Körpererfahrungen	Sexualerziehung	Berufs- und Lebensplanung	Lebenskompetenzen
117	Arbeit mit Bekanntschaftsanzeigen		x					x	x
120	Arbeit mit Lebenslinien		x					x	x
55	Arbeit mit Traumreisen					x			x
103	Bennys Beziehungskiste		x				x		x
66	Blinde unter sich			x		x			
81	Blindes Gehen durch den Raum	x				x			
61	Buchstabensalat			x					
106	"Coming out" - Vorlage für Forumtheater	x	x				x		
61	Das Atomspiel			x					
70	Das Burgspiel	x		x	x	x			
173	Das Marionettenspiel		x			x			
70	Das Pinguinspiel			x					
71	Das Schwungtuch			x					
65	Das Wäscheklammerspiel			x					
72	Das Zugabteil				x	x			
73	Der dunkle Tunnel	x			x	x			
53	Der geheime Freund	x	x	x					
81	"Die Bildhauer"	x		x		x			x
49	Die Torte	x	x						x
110	Eine fast altägliche Geschichte: Ist Werner schwul?		x				x		x
129	Einen Jungenkalender gestalten		x	x					
63	Energizer "Zwanzig kleine Zwerge"			x					
62	Energizer"Ich bin der Hannes"			x					
40	Entscheidungsspiel "Wie gut kennt mich die Gruppe?"	X	x						
170	Film "Alles klar? ... Nichts ist klar!"		x					x	x
100	Film: Sex - eine Gebrauchsanweisung für Jugendliche		x				x		x
91	Fit für Freundschaften		x				x	x	
69	Fremder Besucher	x	x						
93	Freundschaften- Flirttipps		x				x		
129	Frühstück			x				x	x
130	Gestalten von Plakatwänden		x	x				x	x
132	Gestaltung eines Jungenraums		x	x					x
130	Gestaltung von Schulwänden		x	x				x	x
93	Grabbelsack		x				x		x
97	Grenzziehung - Sexuelle Belästigung		x		x		x		
97	Grenzziehungen - Arbeit mit Körperzeichnungen		x		x		x		x
99	Grenzziehungen - Geschichte ohne Ende		x	x	x		x		x
74	Gruppen im Raum				x	x			
140	Gruppenbildungen		x						
124	Haushaltspass	x	x					x	x
47	Ich traue mich	x							
173	Kreiseln lassen			x		x			
64	Kreuz, Pik, Herz und Karo - Eine Farbe gewinnt			x		x			
142	Kugellager/ Karusseldiskussion	x	x						

Seite	Name der Methode	Selbst- und Fremdwahrnehmung	Förderung der Kommunikation	"Einfach nur mal Spielen" - Aktion	Raumaneignung/ Ausgrenzung/ Grenzziehung	Körpererfahrungen	Sexualerziehung	Berufs- und Lebensplanung	Lebenskompetenzen
131	Lied "Angeber"		x						
130	Maskenbau		x	x					
80	Massage "Autowaschanlage"	x	x	x		x			x
78	Massage "Pizza backen"	x				x			x
80	Massage "Tiere und Musikinstrumente"	x				x			x
76	Massage "Wer war es?" (1)	x		x		x			x
76	Massage "Wer war es?" (2)	x		x		x			x
77	Massage "Wer war es?" (3)	x		x		x			x
79	Massage "Wettermassage"	x				x			x
53	Meine besten 5 Eigenschaften	x	x						
118	"Mein Leben in zwanzig Jahren"		x					x	x
112	Meinungsspiel: " Wie stelle ich mir mein Leben vor?	x	x					x	x
143	Meinungsspiele	x	x						
133	Methode "Ampelkarten"	x	x						
135	Methode "Forumtheater"		x	x					
146	Methode 464		x						
147	Methoden zur Auswertung von Filmen und Vorträgen		x						
85	Miteinander Reden - Variante 1: "Ich weiß schon alles"		x				x	x	x
86	Miteinander Reden - Variante 2: "Symbole"		x				x	x	x
87	Miteinander Reden - Variante 3: "Begriffe"		x				x	x	x
88	Miteinander Reden "Der große Preis"		x	x			x	x	x
172	Partner führen/ Gegenstände im Raum ertasten			x		x			
123	Partnerschaftsmodelle		x					x	x
66	Pferderennen			x		x			
66	Plätze tauschen			x		x			
128	Räume gestalten		x	x					x
72	Ringkampf nach Regeln	x		x		x			
91	Saunabesuch und Sport			x		x			x
51	Schattenrisse	x	x						
151	Schatzinsel		x						
62	Schreimauer			x					
50	Soziometrische Linien		x						
152	Soziometrische Übungen	x	x						x
173	Spiegel		x			x			
171	Spiele zur Kooperation: Das Roboterspiel (1)		x	x		x			
172	Spiele zur Kooperation: Das Roboterspiel (2)		x	x		x			
172	Spiele zur Vertrauensbildung: Blinder Kreis/ Blinde Kette			x		x			
128	Sportliche Aktivitäten	x	x	x					
62	Spots in Movement			x					
176	Stummes Schreibgespräch	x	x						
131	Tanzen	x		x					
176	Telegramm	x	x						
131	Theaterarbeit	x	x	x					
77	Vergnügungskarussel	x				x			x

Seite	Name der Methode	Selbst- und Fremdwahrnehmung	Förderung der Kommunikation	"Einfach nur mal Spielen" - Aktion	Raumaneignung/ Ausgrenzung/ Grenzziehung	Körpererfahrungen	Sexualerziehung	Berufs- und Lebensplanung	Lebenskompetenzen
96	"Verhütungsmittelshow"		x	x			x		x
154	Vernissage		x						
114	Versteigerung von "Werten"		x					x	x
95	Versteigerungsaktion "Was will ich wissen?"		x				x		x
54	Videoarbeit "Typen darstellen"	x	x			x			
49	Videoarbeit "Wir lernen uns kennen"	x	x			x			x
99	Videofilme zur Sexualerziehung für Jungen		x		x		x		x
163	Visitenkarten		x						
49	Wahrheit oder Lüge		x	x					
54	Warme Duschen	x	x						
107	Wissenquiz		x				x		x
67	Wortkette		x	x					
173	Zauberstab		x	x		x			
62	Zeitlupe			x					
53	Zufällige Beschreibung einer Person	x	x						
57	Zum Umgang mit Schimpfwörtern	x	x		x				x
110	Zwei Filme zum Thema Homosexualität						x		x
62	Zweikampf			x		x			

13 Literaturverzeichnis

Arbeitsgemeinschaft Jugend und Bildung e. V. (Hrsg.): Frauen und Männer: Gemeinsame Aufgaben gleichberechtigt wahrnehmen. Wiesbaden 1997

Baer, Ulrich/Berker, Peter/Böseke, Harry/Bort, Wolfgang/Bücken, Eckart und Hajo/ Engelmann, Andreas/Freitag-Becker, Edeltrud: Remscheider Spielkartei. Remscheid (o. J.)

Bauer, Marion Dane (Hrsg.): Am I blue?. 14 Stories von der anderen Liebe. Hamburg 1996

Biermann, Christine/Schütte, Marlene: Kommunikation und Interaktion am Beispiel der Mädchen- und Jungenkonferenzen. In: Landesinstitut für Schule und Weiterbildung: Neue Wege zur Gestaltung der koedukativen Schule – Dokumentation der Fachtagung 12. und 13. März 1997. Soest 1998

Biermann, Chr./Heuser, Chr.: Haus- und Familienarbeit als schulisches Lernfeld. Kritisch-koedukative Arbeit an der Laborschule Bielefeld: In Tornieporth, G. / Bigga, R. (Hrsg.): Erwerbsarbeit – Hausarbeit; Baltmannsweiler 1994

Biermann, Christine: Mädchen-/ Jungenprojekte in den Forschungs- und Entwicklungsplänen von 1990–1997. In: Biermann, Christine (Hrsg.): Kritische Koedukation: Mädchen und Jungen in der Laborschule. Bielefeld 1997

Biermann, Christine/Boldt, Uli: „Die Jungen packen eher bei den Männern aus" – Jungenkonferenzen. In: PÄDAGOGIK Heft 5/1999 Hamburg 1999

Boldt, Uli: Bei uns gehören Ansätze reflexiver Koedukation zum Schulprogramm – Zur geschlechterbewussten Arbeit mit Jungen und Männern. In: Westermann: Praxis Schule 5–10. Heft 6/1999

Boldt, Uli: Jungen stärken. Zur Modernisierung männlicher Lebensentwürfe. Berlin 2000

Block, Francesca Lia: Winnie und Tommy. In: Bauer, Marion Dance: Am I blue. 14 Stories von der anderen Liebe. Hamburg 1996

Brantenberg, Gerd: Die Töchter Egalias; Berlin 1980

Bundesministerium für Bildung, Wissenschaft, Forschung und Technologie: Berufsbildungsbericht 1998. Magdeburg 1998

Bundeszentrale für gesundheitliche Aufklärung (Hrsg.): Sexualpädagogische Jungenarbeit (Expertise im Auftrag der BZgA von Reinhold Mundig). Köln 1995

Bundeszentrale für gesundheitliche Aufklärung (Hrsg.): Kompetent, authentisch und normal. Aufklärungsrelevante Gesundheitsprobleme, Sexualaufklärung und Beratung von Jungen (Eine qualitative Studie im Auftrag der BZgA von Reinhard Winter und Gunter Neubauer). Köln 1998a

Bundeszentrale für gesundheitliche Aufklärung (Hrsg.): Aids. Material für 7. bis 10. Klassen. Köln 1998b

Connell, R. W.: Teaching the boys: New Research of Masculinity, and Gender Strategies for Schools. In: Teachers College Record 98. S. 206–235

Cornelißen, Waltraud / Gille, Martina / Knothe, Holger / Meier, Petra / Queisser, Hannelore / Stürzer, Monika: Junge Frauen – junge Männer. Daten zur Lebensführung und Chancengleichheit. Opladen 2002

Deutsches PISA-Konsortium (Hrsg.): PISA 2000. Basiskompetenzen von Schülerinnen und Schülern im internationalen Vergleich. Opladen 2000

Dil, Anja: Mädchen- und Jungenstunden in Niedersachsen. Süddeutsche Zeitung vom 17. Dezember 1998

Faulstich-Wieland, Hannelore/Horstkemper, Marianne: „Trennt uns bitte, bitte, nicht!“. Opladen 1995

Feldhoff, Jürgen/Otto, Karl A. u. a.: Projekt Betriebspraktikum. Bielefeld 1995

Garden, Nancc: Elternsprechtag. In: Bauer, Marion Dane (Hrsg.): Am I blue? 14 Stories von der anderen Liebe. Hamburg 1996

Gesterkamp, Thomas: gutesleben.de. Die neue Balance von Arbeit und Liebe. Stuttgart 2002

Glücks, Elisabeth/Ottemeier-Glücks, Franz Gerd: Geschlechtsbezogene Pädagogik – Ein Bildungskonzept zur Qualifizierung koedukativer Praxis durch parteiliche Mädchenarbeit und antisexistische Jungenarbeit. Münster 1994

Hagemann-White, Carol: Geschlecht und Erziehung – Versuch einer theoretischen Orientierung im Problemfeld der Koedukationsdebatte. In Pfister, G. (Hrsg.): Zurück zur Mädchenschule? Pfaffenweiler 1988

Heckt, Dietlinde Hedwig: Die „ungleiche Gleichheit“ und ihre didaktischen Konsequenzen. In: Praxis Schule 5–10. Heft 6/ Dezember 2003. Braunschweig 2003

Helmlé, Eugen: Hausarbeit ist keine Arbeit. In: Papa – Charly hat gesagt ...“ (Band 2). Hamburg 1977

Hempel, Marlies: Geschlechterverhältnis und Lebenswirklichkeit – curriculare Überlegungen zum Sachunterricht. In: Oechsle, Mechthild/Wetterau, Karin 2000 (S. 289ff.)

Hinzpeter, Werner/Lippoth, Achim: Harte Jungs, weiche Seele. Stern 24/2000

Jahnke-Klein, Sylvia: Sinnstiftender Mathematikunterricht für Mädchen und Jungen. Baltmannsweiler 2001

Johanning, Werner: Spielerische Methoden für die Vorbereitung und Nachbereitung von betrieblichen Praktika. Bielefeld 2003 (unveröffentlichtes Manusskript)

Kaiser, Astrid: Koedukation und Jungen. Soziale Jungenförderung in der Schule. Weinheim 1997

Kaiser, Astrid (Hrsg.): Praxisbuch Mädchen- und Jungenstunden. Baltmannsweiler 2001

Karl, Holger: Tricks und Kniffe sind nicht gefragt – Methoden in der Jungenarbeit, In: Glücks, Elisabeth/Ottemeier-Glücks, Franz-Gerd: Geschlechtsbezogene Pädagogik – Ein Bildungskonzept zur Qualifizierung koedukativer Praxis durch parteiliche Mädchenarbeit und antisexistische Jungenarbeit. Münster 1994

Klens, Ulrike: Die Welt der Zahl – Wie sieht das Mathematikbuch 5. Jahrgang aus dem Westermann Verlag die Geschlechter. Unveröffentlichtes Manuskript Bonn 1997

Koch-Priewe, Barbara (Hrsg.): Schulprogramme zur Mädchen- und Jungenföderung. Weinheim 2002

Krabel, Jens: Müssen Jungen aggressiv sein? Eine Praxismappe für die Arbeit mit Jungen. Mülheim 1998

Kriege, Jürgen: Erfahrungen eines Autorenteams: Die Rolle von Mädchen und Frauen in Schulbüchern – am Beispiel Mathematik. In: Ministerium für Familie, Frauen, Bildung und Kunst/ Ministerium für Kultur und Sport. Stuttgart 1995: S. 169ff.

Krumpholz-Reichel, Anja: Aber innen ganz weich. In: Psychologie heute Dezember 1998

Kultusministerium Sachsen: Chancengleichheit von Mädchen und Jungen an den Schulen in Sachsen-Anhalt. Anregungen für die Schulpraxis. Magdeburg 1996

Landesinstitut für Schule und Weiterbildung (Hrsg.): Adams neue Kleider. Neues Männerbild und Männerbildung. Soest 1994

Institut für geschlechtsbezogene Pädagogik: Jungenarbeit an Schulen – ein Projektbericht. Petershagen1998 (Bezugsadresse: Institut für geschlechtsbezogene Pädagogik. Freithof 16, 32469 Petershagen)

Lemmermöhle-Thüsing, Doris/Höke, Christiane/Bueren, Bernadette: Traumberufe – Berufswünsche – Berufe. Band 2 der Reihe: „Wir werden, was wir wollen!". Düsseldorf 1991

Lemmermöhle-Thüsing, Doris/Müller, Regina/Wendt, Ellen / Berhorst, Britta: „Arbeit? Arbeit!". Band 2 der Reihe: „Wir werden, was wir wollen!". Düsseldorf 1992

Lemmermöhle-Thüsing, Doris/Dokter, Andrea,/ Höke, Christiane/ Müller, Regina/ Wendt, Ellen: „Meine Zukunft? Kinder und Beruf. Aber das ist eben fast unmöglich". Band 6 der Reihe: „Wir werden, was wir wollen!". Düsseldorf 1993

Lemmermöhle-Thüsing, Doris/Höke, Christiane/ Dokter, Andrea, / Schnitz, Beate/ Wendt, Ellen: Frau setzt sich durch. Band 5 der Reihe: „Wir werden, was wir wollen!". Düsseldorf 1994

Lemmermöhle, Doris: Persönlichkeitsentwicklung und Geschlecht. Ziele und Ansatzpunkte einer geschlechterbewussten Mädchen- und Jungenbildung. In: Die Deutsche Schule Heft 2 1996

Lemmermöhle, Doris: Geschlechterverhältnisse und Bildung – Überlegungen zu einer veränderten Mädchen- und Jungenbildung. In: Grossenbacher, S. (Hrsg.): Schule und soziale Arbeit in gefährdeter Gesellschaft. Bern 1997, S. 270ff.

Lemmermöhle, Doris/Höke, Christiane: „Durch das Mädchenprojekt hat sich schon viel geändert" – Berufsorientierung im Spannungsfeld widersprüchlicher Lebensentwürfe. In: Hänsel, Dagmar (Hrsg.): Handbuch Projektunterricht. Weinheim und Basel 1997

Lemmermöhle, Doris: Den eigenen Lebensweg entwerfen und gestalten. In: Computer + Unterricht (Heft 34/ 1999)

Lemmermöhle, Doris/Nägele, Barbara: Lebensplanung unter Vorbehalt – Jungen und Mädchen in Brandenburg zwischen Bildungs- und Beschäftigungssystem. Mössingen-Talheim 1999

Lintzen, Brigitte/Middendorf-Greife, Hedwig: Die Frau in ihrem Körper. Baltmannsweiler 1998

Meuser, Michael: Männlichkeit und politische Bildung – Anmerkungen aus geschlechtersoziologischer Perspektive. In: Oechsle, Mechthild/Wetterau, Karin 2000 (S. 101 ff.)

Ministerium für Familie, Frauen, Bildung und Kunst/Ministerium für Kultus und Sport: Schule der Gleichberechtigung. Stuttgart 1995

Ministerium für Frauen, Jugend, Wohnungs- und Städtebau des Landes Schleswig-Holstein: Dokumentation des Pilotprojektes Fortbildungsreihe Jungenarbeit. Felde (ohne Jahresangabe)

Ministerium für Schule und Weiterbildung, Wissenschaft und Forschung des Landes Nordrhein-Westfalen und Ministerium für Frauen, Jugend, Familie und Gesundheit des Landes Nordrhein-Westfalen: Initiativprogramm „Selbstbehauptung und Konflikttraining für Mädchen und Jungen an Schulen." Düsseldorf 1999

Ministerium für Schule und Weiterbildung, Wissenschaft und Forschung des Landes Nordrhein-Westfalen: Richtlinien für die Sexualerziehung in Nordrhein-Westfalen. Düsseldorf 1999

Ministerium für Frauen, Jugend, Gesundheit und Familie NRW: Abschlussbericht „Jungenarbeit an Schulen. Düsseldorf 1999

Mundig, Reinhold: Zur Situation sexualpädagogischer Arbeit mit Jungen. in: Winter, Reinhard: Stehversuche – Sexuelle Jungensozialisation und männliche Lebensbewältigung durch Sexualität Schwäbisch Gmünd und Tübingen 1993, S. 93–106

Mundig, R.: Sexualpädagogische Jungenarbeit (1995); Band 1 der Schriftenreihe „Forschung und Praxis der Sexualaufklärung und Familienplanung“ der Bundeszentrale für gesundheitliche Aufklärung. Köln 1995

Möller, Kurt: Männlichkeit und männliche Sozialisation. Empirische Befunde und theoretische Erklärungsansätze. In Möller, Kurt: Nur Macher und Macho? Geschlechtsreflektierende Jungen- und Männerarbeit. Weinheim und München 1997

Niedersächsisches Frauenministerium: Alles Klar? ... Nichts Ist Klar!. Didaktische Materialien zum Kurzspielfilm über Berufsfindung und Lebensplanung – Hintergründe, Zusammenhänge, Entwicklungstendenzen. Hannover 1998

Oechsle, Mechthild/Wetterau, Karin (Hrsg.): Politische Bildung und Geschlechterverhältnis. Opladen 2000

Ott, Ursula: Fass mich bloß nicht an. In Zeitschrift Brigitte 2/2004

Ottemeier-Glücks, Franz Gerd: Will ich den Jungen ein begreiflicher Mann sein? – Umgang mit Männlichkeit im Schulalltag. In: PÄDAGOGIK Heft 5/ 1999 Hamburg 1999

PÄDAGOGIK Heft 5/ 1999: Jungen und Männer in der Schule. Hamburg 1999

Passelt/Schumacher: Projekthandbuch: Gewalt und Rassismus. Mülheim 1993

Praxis Schule 5–10 Heft 6/Dezember 2003: Bildungsverlierer: Jungen?. Braunschweig 2003

Preuschoff, Gisela: Gewalt an Schulen und was dagegen zu tun ist. Köln 1992

Rahier, Rainer: Spielhinweise. Unveröffentlichtes Manuskript Duisburg 2000

Riederle, Josef: Wenn die Lust erwacht – Pädagogische Arbeit mit Jungen zu Sexualität und Selbstbefriedigung. Kiel 1995

Richter, Dagmar: Aufklärung, Differenzierung und Kompetenzentwicklung – Geschlechterorientierung als didaktisches Prinzip der politischen Bildung. In: Oechsle, Mechthild / Wetterau, Karin 2000 (S. 197ff.)

Röhner, Charlotte: Bildungsverlierer: Jungen? Zur Koedukationsdebatte nach Pisa. In: Praxis Schule 5–10. Heft 6/Dezember 2003 Braunschweig 2003

Rohrmann, Tim: Jungen in Kindertagesstätten. In: Kaiser, Astrid 1997 (S. 18–28)

Rohrmann, Tim: Echte Kerle. Jungen und ihre Helden. Hamburg 2001

Romberg, Johanna: Jungs. In Geo 3/2003

Schnack, Dieter/Gesterkamp, Thomas: Hauptsache Arbeit: Männer zwischen Beruf und Familie. Hamburg 1996

Schnack, Dieter/Neutzling, Rainer: Kleine Helden in Not – Jungen auf der Suche nach Männlichkeit. Hamburg 1990

Schnack, Dieter/Neutzling, Rainer: Die Prinzenrolle. Über die männliche Sexualität. Hamburg 1993

Schnack, Dieter/Neutzling, Rainer: „Der Alte kann mich mal gern haben!“ – Über männliche Sehnsüchte, Gewalt und Liebe. Hamburg 1997

Senatsverwaltung für Schule, Jugend und Sport Berlin: Mädchen sind besser – Jungen auch. Konfliktbewältigung für Mädchen und Jungen. Ein Beitrag zur Förderung sozialer Kompetenzen in der Grundschule (2 Bände). Berlin 1998

Sielert, Uwe: Wie Jungen zu Jungen gemacht werden – Aspekte geschlechtsspezifischer Sozialisation. In: nds Heft 21/1992

Sielert, Uwe: Jungenarbeit – Praxishandbuch für die Jungenarbeit (Teil 2). Weinheim und München 1993

Sielert, Uwe: Liebe in Kauf nehmen, um Sexualität zu bekommen? In: Winter, Reinhard: Stehversuche – Sexuelle Jungensozialisation und männliche Lebensbewältigung durch Sexualität. Schwäbisch-Gmünd und Tübingen 1993, S. 55–70

Sielert, Uwe: Ich bin nicht wie Mama ... in: BZgA (Hrsg.): Der Mann im Kinde – Dokumentation 1. Fachkongress zur sexualpädagogischen Jungenarbeit. Köln 1996

Sielert, Uwe: Jungenarbeit. Praxishandbuch für die Jungenarbeit Teil 2. Weinheim 2002

Singer: Maßstäbe für eine humane Schule. Mitmenschliche Beziehung und angstfreies Lernen durch partnerschaftlichen Unterricht. Frankfurt am Main 1981

Spiegel-online: Minister fordert Männerquote an Schulen. 29. September 2003

Staatsinstitut für Schulpädagogik und Bildungsforschung (Hrsg.): „Typisch Junge? Typisch Mädchen". München 1996

Strzedzinski, Thomas: Sozialpädagogische Arbeit mit Jungen – auch in der Schule? In: PÄDAGOGIK Heft 9/1994 Weinheim Beltz Verlag

Männerwege GbR – Bentheim, Alexander/Firme, Michael/Hase, Andreas: Switchboard – Informationsdienst für Männer – Monatszeitschrift für Männer- und Jungenarbeit. Hamburg

Tornieporth, G./Bigga, R. (Hrsg.): Erwerbsarbeit – Hausarbeit; Baltmannsweiler 1994)

Westermann: Praxis Schule 5–10. Heft 6/ 1999: Jungen und Mädchen in der Schule

Willems, Horst/Winter, Reinhard (Hrsg.): Was fehlt, sind Männer – Ansätze praktischer Jungen- und Männerarbeit. Schwäbisch Gmünd und Tübingen 1991

Willems, Horst/Winter, Reinhard: Fehlen Männer? Zur Einführung (1991). In: Winter, Reinhard/Willems, Horst: Was fehlt, sind Männer – Ansätze praktischer Jungen- und Männerarbeit. Schwäbisch Gmünd und Tübingen 1991, S. 5–18

Winter, Reinhard (Hrsg.): Stehversuche. Sexuelle Jungensozialisation und männliche Lebensbewältigung durch Sexualität. Schwäbisch Gmünd und Tübingen 1993

Winter, Reinhard: Jungenarbeit – ein Perspektivenwechsel. In: Brandes, Holger/Bullinger, Hermann (Hrsg.): Handbuch Männerarbeit. Weinheim 1996

Winter, Reinhard: Jungenarbeit ist keine Zauberei. In: Möller, Kurt 1997 (S. 147–164)

Winter, Reinhard: Jungenarbeit in Stuttgart – Ergebnisse und Perspektiven aus der Stuttgarter Studie von 1997. In: Jugendgesundheitsprojekt e. V. Stuttgart (Hrsg.): Jungenarbeit in Stuttgart – Dokumentation der Auftaktveranstaltung des Jungengesundheitsprojektes e. V. Stuttgart. Tübingen 1998

Zieske, Andreas: Der geschlechterdifferente Blickwinkel eröffnet neue Perspektiven. In Kaiser, Astrid: Koedukation und Jungen. Soziale Jungenförderung in der Schule. 1997 (S. 59–69)

Zieske, Andreas: „Jungenarbeit an der Schule" – Ziele, Probleme, Praxisansätze. In: PÄDAGOGIK Heft 5/1999 Hamburg 1999

Zimmermann, Peter: Junge, Junge! Theorien zur geschlechtsstypischen Sozialisation und Ergebnisse einer Jungenbefragung. Dortmund 1998

Zulehner, Paul M./Volz, Rainer: Männer im Aufbruch – Wie Deutschlands Männer sich selbst und wie Frauen sie sehen. Ostfildern 1999